ESSAI

SUR

L'ART DE LA GUERRE

PAR

ÉDOUARD DUSAERT

CAPITAINE D'ARTILLERIE

ANCIEN ÉLÈVE DE L'ÉCOLE POLYTECHNIQUE

TOME TROISIÈME.

PARIS.

CHALLAMEL, COMMISSIONNAIRE EN LIBRAIRIE,
13, RUE DE LA HARPE.

J. DUMAINE, rue et passage Dauphine, 36

L. HACHETTE ET Cie, rue Pierre-Sarrazin, n. 12.

ALGER.

BASTIDE, LIBRAIRE, Place Nationale.

DUBOS FRÈRES, rue Bab-Azoun.

1850.

Paris. — Imprimerie de W. Remquet et Cie, rue Garancière, n. 5, derrière Saint-Sulpice.

V

ESSAI

SUR

L'ART DE LA GUERRE.

PARIS.
IMPRIMERIE DE W. REMQUET ET Cie,
Rue Garancière, 5, derrière Saint-Sulpice.

ESSAI

SUR

L'ART DE LA GUERRE

PAR

ÉDOUARD DUSAERT

CAPITAINE D'ARTILLERIE

ANCIEN ÉLÈVE DE L'ÉCOLE POLYTECHNIQUE

TROISIÈME PARTIE.

PARIS.

CHALLAMEL, COMMISSIONNAIRE EN LIBRAIRIE,
13, RUE DE LA HARPE,

J. DUMAINE, rue et passage Dauphine, 36. | L. HACHETTE ET Cie, rue Pierre-Sarrazin, n. 12.

ALGER.

BASTIDE, LIBRAIRE, Place Nationale. | DUBOS FRÈRES, rue Bab-Azoun.

1850.

[illegible]

[illegible]

[illegible]

CHAPITRE PREMIER.

Organisation générale des Armées.

PARAGRAPHE PREMIER.

Considérations générales.

Bien organiser une armée, c'est en déterminer les élémens pendant la paix, de telle façon que la guerre venant à éclater, ces élémens se trouvent promptement réunis et tout préparés, soient individuellement les meilleurs possibles, et présentent, dans leur concours simultané, les moyens les plus efficaces de combattre et de vaincre l'ennemi.

La première conséquence qui découle de ces conditions, c'est que les armées soient, en majeure partie, formées de corps constitués en permanence, composés de vieilles troupes des différentes armes, fréquemment exercés aux mouvemens et aux manœuvres qui s'exécutent en campagne et convenablement disposés sur le territoire, principalement aux frontières.

Indépendamment des grands avantages que procure l'existence de ces corps, pour l'initiative qu'il importe tant de prendre à la guerre, elle en présente encore d'autres. Les généraux et les officiers de tous grades, les premiers surtout, acquièrent des connaissances fort essentielles et, disons-le, trop rarement répandues parmi eux : ils apprennent la tactique des armes auxquelles ils n'appartiennent pas, et leur emploi combiné avec celle qui leur est familière. Les soldats, incessamment en contact les uns avec les autres, s'instruisent aussi, apprennent à se connaître, à s'apprécier, et puisent dans leurs relations de chaque jour cet amour-propre, cette union, cette confiance qui sont des leviers si puissans pour les succès militaires.

Enfin, la division des armées en corps permanens favorise l'accomplissement d'une condition importante : elle permet de distribuer l'avancement au choix d'une manière plus éclairée et plus équitable, en le répartissant, à proportions égales, entre ces différens corps, et dans chacun d'eux entre tous les officiers d'une même arme et non entre ceux d'un même régiment (1).

---

(1) On fait allusion ici à ce qui se pratique dans l'armée française. Dans l'infanterie et dans la cavalerie, l'avancement jusqu'au grade de capitaine inclusive-

Il n'y a d'ailleurs à faire à l'existence de corps d'armée organisés en permanence aucune objection sérieuse; elle n'est nullement nuisible à l'instruction spéciale des troupes. L'artillerie elle-même, qui embrasse le plus de choses et exige le plus de soins, peut pousser aussi loin que possible l'enseignement qui lui est nécessaire, en établissant et répartissant convenablement les corps sous le rapport des lieux et des ressources.

En France, les points de Lyon, Besançon, Strasbourg, Metz, Lille, Paris et d'autres encore, choisis comme quartiers-généraux, permettraient de remplir toutes les conditions désirables pour l'instruction des troupes des trois armes.

Chacun des corps dont nous venons de parler doit être divisé lui-même en un certain nombre de parties, destinées à des emplacemens et à des rôles distincts dans l'ordre de bataille.

Ces parties composées, comme les corps eux-mêmes, d'une certaine quantité d'infanterie, de cavalerie et d'artillerie, sont commandées par des généraux ayant sous leurs ordres les officiers spé-

---

ment, a lieu par régiment, en raison des vacances qui s'y présentent. Ce mode est vicieux et contraire à l'équité. Il en résulte, en effet, que suivant que les vacances sont rares ou nombreuses, les officiers d'un régiment se trouvent lésés ou favorisés comparativement à ceux d'un autre régiment où les choses se passent d'une manière différente. Avec le système suivi, il n'est pas rare de voir un officier sorti dans les premiers rangs de l'École militaire, ayant constamment servi avec zèle et distinction, passer capitaine trois ou quatre ans plus tard qu'un ancien condisciple, beaucoup moins méritant, mais ayant eu le bonheur de tomber dans un régiment où les chances d'avancement étaient plus favorables.

ciaux desdites armes et se trouvent de leur personne sous les ordres immédiats des chefs de corps d'armée. Enfin, ces derniers obéissent à un généralissime, commandant supérieur de l'armée entière.

Il résulte de ce qui précède que les principaux élémens qui constituent, indépendamment de sa force numérique, la valeur intrinsèque d'une armée, et doivent être déterminés avec soin dans son organisation, sont les suivans:

1° La division convenable de l'armée en différens corps et de ceux-ci en parties destinées à satisfaire aux exigences du champ de bataille;

2° La proportion et la répartition convenables des trois armes dans les corps d'armée et dans leurs divisions;

3° La valeur propre de chaque arme en particulier: de l'infanterie, de la cavalerie et de l'artillerie;

4° La distribution éclairée des commandemens supérieurs; le bon choix du généralissime, des chefs de corps d'armée, des généraux commandant les divisions de ces corps; enfin, l'accord des grades avec l'autorité à exercer, de telle façon que celle-ci soit toujours promptement et rigoureusement obéie.

Analysons succinctement ces élémens divers, et cherchons à signaler les conditions les plus essentielles à remplir, pour qu'ils soient les meilleurs possibles, individuellement et dans leur ensemble.

PARAGRAPHE II.

Du partage des armées en corps d'armée, et de ceux-ci en divisions.

Au point où est arrivé de nos jours le perfectionnement de l'art militaire, une armée se divise ordinairement en quatre corps, dont un de droite, un du centre, un de gauche et un de réserve. Cette division semble, en effet, la meilleure et doit être conservée comme type général : elle est à-la-fois le fruit de l'expérience, du mouvement des choses vers le progrès et de la logique. Elle permet aux armées de se déployer convenablement pour vivre, pour occuper offensivement ou pour défendre de vastes étendues de terrain : Elle assure la protection de leurs flancs : elle établit entre leurs différentes parties une liaison qui les aide à se prêter un mutuel secours : elle favorise l'action si essentielle du bon commandement, en faisant que les ordres du chef se transmettent et s'exécutent promptement et avec simultanéité : elle décompose une force, trop compacte pour agir efficacement par toute sa masse, en forces partielles dont le concours et l'ensemble produisent le plus grand effet qui puisse être produit : Enfin elle se prête, de la manière la plus avantageuse, à toutes les conditions, à toutes les convenances qui doivent être observées dans les opérations de la stratégie.

Relativement à la force des corps d'armée, il convient qu'elle soit sensiblement la même pour tous; car on ne sait pas à l'avance celui qui sera destiné à exercer le principal effort : Ce rôle, dans le cours d'une campagne, peut échoir à chacun, à celui de la réserve aussi bien qu'à ceux du centre et des ailes. Toutefois, le premier devant, dans sa mission habituelle, se tenir en arrière des trois autres, prêt à leur porter un secours opportun et efficace, il importe qu'il soit le plus mobile, franchisse avec facilité et promptitude tous les obstacles de terrain et puisse, au besoin, passer partout.

Nous avons établi dans la deuxième partie de cet ouvrage, qu'il convenait de ne pas former des armées de plus de 100,000 à 120,000 hommes; en adoptant donc ce chiffre comme limite du commandement à donner à un généralissime, on obtient celui de 30,000, comme le maximum de la force à attribuer aux corps d'armée. Quant à la limite inférieure de ceux-ci, elle doit manifestement satisfaire à la condition que quatre réunis forment un effectif de plus de 30,000 hommes; ce qui la fixe à une dixaine de mille.

Des motifs analogues à ceux qui militent pour diviser les armées en quatre corps, militent pour partager ces derniers en quatre parties distinctes, l'aile droite, l'aile gauche, le centre et la réserve, sensiblement égales en force, mais dont la dernière possède une mobilité supérieure à celle des autres.

Cela posé, pour indiquer d'une manière précise et complète la répartition des différentes armes dans la division et la subdivision précitées, nous allons considérer une armée de 100,000 hommes et détailler cette répartition, telle que nous la jugeons convenable, dans les circonstances générales de la guerre; de là il sera facile de déduire comment il conviendra de la faire, dans une armée d'une force numérique quelconque.

PARAGRAPHE III.

De la proportion et de la répartition convenables des différentes armes dans les corps d'armée et dans leurs divisions.

L'expérience des longues guerres de la république et de l'empire a fait considérer les proportions suivantes, comme étant généralement les plus favorables à adopter, pour les trois armes qui composent les armées, savoir :

Pour l'infanterie, 5/8 environ de l'effectif total;

Pour la cavalerie, 1/5 environ de l'infanterie, ce qui revient à 1/8 du même effectif;

Pour l'artillerie, 5 pièces par 2000 combattans, ce qui, eu égard à la composition du personnel des batteries, équivaut approximativement en hommes à 1/11 de l'effectif général;

Enfin, le complément de celui-ci pour les pontonniers, le génie militaire, les ouvriers d'artillerie, le train des parcs, le train des équipages comprenant les vivres, les ambulances, le campement. Les équipages de siège, s'il en existe, sont exclus des proportions précédentes et doivent être comptés à part.

Cela posé, nous exposerons relativement auxdites proportions, quelques considérations auxquelles il est indispensable d'avoir égard, pour les éventualités de l'avenir. Si l'expérience les a fait regarder et choisir comme étant généralement les meilleures par le plus grand capitaine des temps modernes, l'empereur Napoléon, il est à remarquer que le système de guerre auquel elles ont été appropriées, bien que porté à un grand degré de perfection, n'en a pourtant pas encore atteint l'apogée.

L'étude approfondie des campagnes de la république et de l'empire, montre que les armées de cette époque ont presque toujours négligé ou mal rempli deux soins des plus importans : celui d'établir des communications actives et sûres entre leurs différentes parties, et celui de reconnaître exactement les positions et les mouvemens de l'ennemi : or, cette négligence ou cette incurie ont compromis bien des opérations stratégiques et le résultat de bien des batailles.

D'un autre côté, les trente-quatre années de paix qui viennent de s'écouler ont été mises à profit par les nations de l'Europe pour pousser au progrès de l'art militaire, soit en perfectionnant les élémens anciens des armées, soit en y introduisant des élémens nouveaux, fruits d'importantes découvertes. C'est ainsi qu'en France l'infanterie a été rendue plus manœuvrière, plus mobile; et s'il reste encore beaucoup à faire sous ce rapport, si l'amélioration n'a été que partielle et incomplète, il faut reconnaître cependant qu'elle a été réelle. L'artillerie surtout a fait un pas immense. Les changemens et les simplifications apportés à son matériel ainsi qu'à son personnel l'ont amenée chez nous à un point de perfection qu'il serait difficile de dépasser, d'une manière notable. Enfin, l'invention des fusées *à la congrève* et celle plus récente des armes à tige sont de nature, sinon à révolutionner complètement la tactique, du moins à y introduire des modifications importantes, surtout si l'expérience de la guerre confirme pour les premières, d'un effet moins sûr que les secondes, ce que semblent promettre les essais tentés pendant la paix. (1)

Il résulte des faits que nous venons de signaler que les conditions à remplir, pour bien mener les guerres futures, diffèrent de celles qui existaient pour les guerres anciennes : par suite, il peut en être

---

(1) Nous reviendrons sur ce sujet dans un chapitre spécial.

de même des convenances relatives à la proportion et à la répartition des différentes armes. Cherchons à analyser la question d'une manière succincte.

L'infanterie, comme nous l'avons déjà dit ailleurs et comme nous en indiquerons bientôt les moyens, l'infanterie peut et doit être rendue plus mobile, par une instruction convenable et par la simplification des manœuvres qui la concernent : elle est susceptible d'être amenée progressivement à faire, au besoin, trois ou quatre lieues au pas de course. La conséquence naturelle de ce perfectionnement, celle qui se présente tout d'abord à l'esprit, comme la plus immédiate et la plus importante, serait de permettre de diminuer dans les armées la proportion de la cavalerie. Or, on comprend, sans qu'il soit besoin d'y insister, l'immense avantage qu'il y aurait à cela. L'organisation et l'entretien de cette arme en campagne sont fort onéreux : elle exige pour sa subsistance et sa conservation des soins difficiles à donner, des conditions parfois impossibles à bien remplir : elle ne peut être employée dans tous les terrains : elle est sujette à de grandes pertes, en dehors de celles causées par l'ennemi : elle a surtout ce défaut grave que les cavaliers démontés, et leur nombre est bientôt fort grand, deviennent des soldats à peu près inutiles et occasionnent momentanément, plus d'embarras qu'ils ne rendent de services.

D'un autre côté, il revient à la cavalerie dans les guerres de l'avenir un rôle qui, s'il n'est pas nouveau, doit être mieux exécuté qu'il ne l'a été jusqu'à présent, rôle de la plus haute importance, qu'elle seule peut remplir, auquel il convient d'en consacrer un bon nombre, et qui consiste à établir, par des communications fréquentes et sûres, le concert, la confiance entre les différentes parties d'une même armée, à instruire exactement et rapidement de toutes les dispositions, de toutes les démarches de l'adversaire.

En outre, bien qu'il convienne dans les premières guerres de n'employer qu'avec réserve et à titre d'essai les fusées *à la congrève*, en attendant que l'expérience ait statué sur leur conservation en campagne, sur les embarras et les inconvéniens du transport, sur la commodité, la justesse, les effets du tir exécuté par des hommes exposés aux feux de l'ennemi, il est manifeste que la nécessité de se prémunir contre ce terrible moyen de destruction doit porter à augmenter la cavalerie, qui est l'arme la plus apte à en arrêter promptement les ravages, en le détruisant.

On voit par ce qui précède que s'il existe des motifs puissans pour diminuer l'effectif de la cavalerie dans l'organisation actuelle des armées, il en est d'autres qui militent au contraire en faveur de son augmentation. Or, dans le doute sur la question de savoir lesquelles des raisons à considérer, et qui sont toutes d'un grand poids, doivent l'emporter dans la balance, il paraît convenable d'attendre la décision de l'expérience et de laisser provisoirement les choses dans l'état où elles se trouvent. Nous avons donc résolu, dans l'organisation que nous nous sommes proposé d'indiquer d'une armée de 100,000 hommes, de conserver pour l'infanterie et pour la cavalerie, les proportions respectives de 5/8 et de 1/8 de l'effectif total: seulement nous avons regardé la première comme un maximum et la seconde comme un minimum, par le motif que l'infanterie n'a pas encore toute la mobilité désirable. Arrivons à l'artillerie.

Cette arme, qui depuis sa création a été employée à la guerre dans une proportion constamment et rapidement croissante, à mesure qu'elle a avancé dans la voie du progrès, s'est sensiblement perfectionnée chez toutes les nations de l'Europe depuis la paix de 1815. En France, avons-nous dit, elle a fait un pas immense. Son matériel a été considérablement amélioré sous le triple rapport de la simplicité, de la mobilité, de la justesse et de l'efficacité du tir: son personnel aussi a subi des modifications importantes et utiles: il est donc naturel et avantageux d'en augmenter l'emploi, et nous proposerons d'en porter la quantité de 5 pièces à 8 pièces par 2,000 hommes d'infanterie et de cavalerie, ou, ce qui revient au même, à 4 pièces par 1,000 hommes. Seulement, comme il est essentiel de ne pas diminuer la mobilité des armées par un accroissement trop sensible de leurs équipages, comme, en outre, les essais à faire sur les fusées *à la congrève* introduiront nécessairement dans ceux-ci un certain nombre de voitures ou de moyens de transport nouveaux, comme enfin il faut admettre que l'usage de ces fusées, lors même qu'il ne répondrait pas à l'espoir qu'on en a conçu, ajoutera des effets efficaces aux effets de l'artillerie ordinaire, nous croyons convenable de n'augmenter que la quantité des bouches à feu, sans augmenter celle des munitions destinées à leur tir. Ainsi, dans le mode actuellement usité en France, on approvisionne les pièces de campagne à 400 coups, dont moitié dans les caissons qui suivent les batteries, moitié en réserve au parc. Nous les supposerons approvisionnées à 300 coups seulement, de sorte que le double approvisionnement d'une batterie de six bouches à feu suffira à une batterie de 8. Le nombre de caissons destinés au transport des munitions de l'infanterie et de la cavalerie restera le même. Ces caissons contiendront 60 cartouches par homme de la première arme et 30 par homme de la seconde. Chaque fantassin portera en outre 40 cartouches dans sa giberne et chaque cavalier 10.

Quant à la proportion ainsi qu'aux calibres des tubes de fusées à employer dans les premières guerres, nous estimons qu'il convient de fixer l'une à 2 par 1,000 combattans d'infanterie ou de cavalerie et d'adopter pour les autres ceux de 54 millimètres et de 67 millimètres, qui correspondront respectivement aux pièces de 8 et de 12, et seront approvisionnés de la même manière. Les canons et les obusiers entreront en égal nombre dans les batteries, qui, au lieu de se composer, comme dans le système actuel, de six bouches à feu, ne se composeront plus que de quatre, mais seront réunies, autant que possible, par deux de même espèce, soit canons de 12 et obusiers de 16 centimètres, soit canons de 8 et obusiers de 15 centimètres, soit tubes de fusées de 67 millimètres ou de 54 millimètres. Une batterie quelconque sera commandée par un capitaine, ayant sous ses ordres un lieutenant en premier et un lieutenant en second ou sous-lieutenant. Deux batteries, de même espèce, réunies seront placées sous le commandement d'un chef d'escadron, et un capitaine en second sera chargé du soin de leur matériel. Celles de canons et d'obusiers auront un effectif de 127 hommes et de 144 chevaux ou de 155 hommes et de 153 chevaux, suivant qu'elles seront montées ou à cheval : celles de fusées n'en auront qu'un de 42 hommes et de 50 chevaux ou de 45 hommes et de 50 chevaux, suivant qu'elles seront à pied ou à cheval (1).

D'après les considérations qui précèdent, nous adopterons pour les différentes armes entrant dans l'organisation des armées, les proportions suivantes, qui nous semblent provisoirement les meilleures pour les guerres à venir :

---

(1) La convenance de cette composition du personnel et du matériel des batteries sera démontrée ultérieurement, au chapitre spécial de l'artillerie.

Infanterie, environ et au plus 5/8 de l'effectif général.
Cavalerie, environ et au moins 1/8 » »
Artillerie, environ 1/7 » »

Pour le personnel des batteries, et pour le matériel : 2 canons, 2 obusiers et 2 tubes de fusées approvisionnés à 300 coups par 1,000 hommes :

Le reste de l'effectif pour le génie militaire, pour les équipages de pont et de parc, pour le transport des vivres, des ambulances, du campement.

Cela posé, indiquons comment, en se basant sur ces chiffres et en se conformant aux prescriptions établies ci-dessus, relativement à la mobilité des réserves, on composera les quatres corps, égaux en nombre, en lesquels se divise une armée d'environ 100,000 hommes.

COMPOSITION GÉNÉRALE D'UN CORPS D'ARMÉE DU CENTRE OU DES AILES.

Il existe dans un corps d'armée deux parties distinctes : l'une, comprenant les élémens propres de combat, ceux qui doivent figurer et servir contre l'ennemi sur le champ de bataille ; l'autre renfermant, avec un personnel convenable, avec des objets de rechange ou d'un usage peu fréquent, tout ce qui est particulièrement nécessaire à la subsistance, à l'entretien des hommes et des chevaux ainsi qu'aux réparations du matériel.

La première se compose de quatre divisions,

dans lesquelles sont combinées les trois armes et dont une est plus mobile que les autres, comme devant leur servir de réserve, plus d'une réserve d'artillerie destinée à frapper, aux points importans, de ces coups prompts, vigoureux et imprévus qui décident une affaire. Elle possède en outre les moyens de se mouvoir avec facilité, de surmonter les obstacles de terrain qui se présentent d'ordinaire sur les champs de bataille.

La seconde, sous la dénomination de parc, comprend une partie des munitions de toute espèce, un équipage de pont, des voitures d'outils, d'objets d'artifice, de rechange, d'approvisionnemens divers pour l'artillerie : il convient même que la réserve de cette arme y soit comprise et marche à sa tête, toutes les fois que dans les mouvemens le parc suit de près la division de réserve ; ce dernier contient encore un approvisionnement convenable pour la nourriture des hommes, des chevaux et des bêtes de somme, les équipages nécessaires aux ambulances, au campement, à la réparation et à l'entretien d'un nombreux matériel, enfin, le personnel qu'exigent tous les objets que nous venons de mentionner. Essayons de donner dans deux tableaux synoptiques un aperçu exact des parties dont nous avons établi la distinction : ils se rapporteront indifféremment à un corps d'armée du centre ou des ailes, ceux-ci ayant une composition identique.

(*Tableaux ci-contre.*)

7[illegible]

50[illegible]
4[illegible]

(1) # Partie du Corps d'Armée spécialement destinée au combat.

	Officiers. Environ 1 pour 25 S. Officiers et soldats.	Sous-Officiers et Soldats.	Chevaux de troupe, de selle, ou de trait.	Voitures.	Chevaux d'Officiers.
Infanterie.					
7 Régiments, dont 1 extrà-mobile, à 3 Bataillons de 760 à 800 hommes chacun	560	15,960	.	.	105
Cavalerie.					
5 Régiments de 6 Escadrons, à 110 hommes et à 100 chevaux par Escadron...	240	3,000	3,000	.	540
1 Régiment de 5 Escadrons d'Eclaireurs .... d°	35	500	500	.	89
Artillerie.					
Bouches à feu. (2 Canons, 2 Obusiers et 2 Tubes de fusées par 1000 combattants d'Infanterie et de Cavalerie. Environ 1/6 des Canons et Obusiers et 1/3 des Tubes, de gros calibre.) — Dans les Divisions. Environ les 5/6 du nombre total. Dans la division de réserve, en général, des batteries de 8, ou de fusées de 54 millim., dont les 2/3 à cheval. — 3 batteries de 12 ,........	12	384	342	48	30
10 ... d° ... de 8 montées	40	1,270	1,140	160	105
2 ... d° ... de 8 à cheval	8	270	306	28	24
3 batteries de fusées de 67 millimètres	12	126	90	12	32
4 ... d° ... d° ... de 54 mill. à pied.	16	168	120	16	42
1 ... d° ... d° ... de 54 mill. à cheval.	4	45	50	4	40
En réserve. Environ le 1/6 du nombre total (Batteries à cheval). — 5 batteries de 8, à cheval (1)........	20	660	735	65	54
2 batteries de fusées de 54 mill. à cheval	8	90	100	8	24
3 petits équipages de pont de 6 bateaux (pontons) chacun. — La moitié d'une Compagnie de pontonniers de 150 hommes, (1 Capit.ne et 2 Lieutenants)...	3	75	.	24	7
Les 2/3 d'une Compagnie du train des Ponts, à 132 hommes et à 210 chevaux........	4	88	140	.	2
Génie Militaire.					
Deux Compagnies. (Des outils et quelques approvisionnements pour mines, transportés dans des chariots)..........)	8	240	18	4	42
Totaux........	937	22,843	6,524	366	1,070

Nota. Les Cavaliers à pied de la Cavalerie marchent avec le Parc.

Toutes les voitures sont attelées à 6 chevaux, excepté les Affûts de rechange et les voitures du Génie qui ne le sont qu'à quatre.

Les batteries de 12 et celles en réserve n'ont pas de Caissons pour munitions d'Infanterie : parmi les autres, celles de 8 montées en ont 3, et celles à cheval, 6. Un Caisson contient 23,520 Cartouches pour fusil à percussion ordinaire, ou les 4/5 de ce nombre, c'est-à-dire 18820 pour fusil à tige.

(1) Les batteries à cheval de la réserve d'Artillerie, n'ayant pas de Caissons d'Infanterie, ont 6 chevaux de trait et 3 Conducteurs de moins que les autres.

(1) # Parc du Corps d'Armée.

	Officiers ou Employés supérieurs	Sous-officiers, soldats, et employés divers	Chevaux de trait, de selle ordinaires	Voitures	Chevaux d'officiers
Artillerie.					
Caissons pour l'approvisionnement des pièces à 150 coups	·	·	·	139	·
Chariots contenant les caisses pour l'approvisionnement des tubes de fusées à 150 coups	·	·	·	50	·
Caissons complétant l'approvisionnement des batteries en cartouches, à 60 par Combattant	·	·	·	17	·
d'Infanterie et à 20 par tête pour tous les autres hommes	1	75	·	60	3
Équipage de pont de 25 bateaux (la moitié seulement de la Compagnie de Pontonniers avec le Capitaine en second)	·	·	·	·	·
Affûts de rechange (1 pour 2 batteries) forges, voitures d'outils, d'ustensiles et de matériaux d'artifices, d'objets et d'approvisionnements divers	·	·	·	25	·
Train des Parcs, 6 Compagnies et 1/3 à 132 hommes et à 210 chevaux	15	886	1330	·	30
Ouvriers d'Artillerie (1 Compagnie)	4	100	·	·	10
Un Officier supérieur, 4 Capitaines et 10 Gardes ou ouvriers d'État, préposés au service de l'Artillerie, faits par des hommes pris alternativement dans les batteries	5	10	·	·	16
Totaux pour l'Artillerie	25	1,021	1,330	254	59
Subsistances militaires.					
10 jours de vivres pour les hommes (y compris les Officiers)	·	·	·	68	·
Un troupeau de 250 bœufs, suivant l'armée, 5 jours d'avoine pour les chevaux et le troupeau	·	·	·	83	·
Préposés aux subsistances (Comptables et Employés divers)	6	9	9	·	18
Ambulances, Campement, Comptabilité des Corps, &c.					
Transport des tentes pour les malades, pour les blessés, pour les Officiers de tous grades; transport des instruments, médicaments et objets divers de l'ambulance	·	·	·	14	·
Infirmiers militaires	·	200	·	·	·
Officiers de santé attachés à l'ambulance	40	·	·	·	80
Caisse et Comptabilité du Corps d'armée	·	·	·	4	·
Officiers et Employés de l'Intendance	3	2	2	·	6
Cavaliers à pied (10 par Escadron)	·	350	·	·	·
2 forges et une voiture d'outils et de matériel, par Régiment de Cavalerie	·	·	·	18	·
Voitures à vide	·	·	·	30	·
Forges, matières et outils pour la réparation des équipages	·	·	·	6	·
Ouvriers du train des équipages (1 Compagnie)	4	100	·	·	10
Train des équipages (5 Compagnies à 132 hommes et à 210 chevaux)	10	660	1,050	·	20
1 Officier supérieur commandant le train des Équipages, et 3 lieutenants adjoints	4	·	·	·	10
Totaux pour les subsistances, l'ambulance, &c.	67	1,321	1,061	210	144
Totaux pour le parc	92	2,342	2,391	464	203
Totaux pour le Corps d'Armée, moins le personnel et les chevaux des États-majors	1,029	25,185	4,932	827	1,273

Nota. Toutes les voitures sont attelées à quatre chevaux, excepté celles de l'Équipage de pont, qui le sont à 6. L'approvisionnement en cartouches est calculé de telle sorte, qu'en l'ajoutant à celui des batteries, on ait, indépendamment de ceux que contiennent les gibernes, 60 cartouches par Combattant d'Infanterie, dont 1/7 pour fusil à tige, et 20 cartouches pour tous les autres hommes, fantassins ou cavaliers. Ceux du Génie, ceux des Escadrons d'Éclaireurs, enfin les servants à pied et ouvriers de l'Artillerie, ainsi que les Pontonniers, sont armés de fusils ou mousquetons à tige.

Telle est approximativement (*tableaux ci-dessus*) la manière dont un corps d'armée se décompose en une partie active et en une partie passive, et dont ces parties sont formées de troupes de différentes armes, de personnels, de matériels et d'approvisionnemens divers. La seconde, renfermant tout ce qui généralement n'est pas indispensable à la première, pour engager et terminer une affaire, tout ce qui l'embarrasserait dans ses mouvemens, est prête à le lui fournir au moment du besoin et se tient constamment en contact avec elle. Elle-même est entretenue dans ses élémens, soit par un grand parc général destiné à alimenter toute l'armée et la suivant à quelques jours de marche, soit par un parc particulier dans lequel on a utilisé toutes les ressources du pays. Indiquons maintenant comment les élémens de la première partie se répartissent entre les différentes divisions qui la composent.

RÉPARTITION DES DIFFÉRENTES ARMES DANS LES DIVISIONS D'UN CORPS D'ARMÉE DU CENTRE OU DES AILES.

DIVISION DU CENTRE OU D'UNE AILE (1).

		Officiers.	Sous-Officiers et Soldats.	Chevaux de troupe de selle ou de trait.	Voitures.	Chevaux d'Officiers.
INFANTERIE (2)	Deux régiments (6 bataillons de 760 à 800 hommes chacun)	160	4,560	»	»	30
CAVALERIE.	Un régiment (6 escadrons de 100 chevaux chacun)	42	600	600	»	108
	Un escadron d'éclaireurs pour les reconnaissances	6	100	100	»	14
ARTILLERIE.	Une batterie de 12	16	127	116	16	42
	Trois batteries de 8, montées . . .		366	342	48	
	Une batterie de fusées de 67 millimètres		43	30	6	
	Une batterie de ... de 54 millimètres (à pied)	8	42	30	6	24
	Un petit équipage de pont de 6 bateaux	»	»	»	»	»
	(Le 1/6 d'une compagnie de pontonniers de 150 h. avec 1 officier).	1	25	»	7	1 ou 2
	Les 2/3 d'une compagnie du train des parcs	2 ou 1	29	53	»	1 ou 2
GÉNIE. . . .	Le 1/3 d'une compagnie (avec des outils et des approvis. de mines).	2	53	5	4	3
	Totaux.	236	5,939	1,273	80	222

(1) Les trois divisions de la droite, de la gauche et du centre sont composées de la même manière.

(2) Le 1/3 des hommes d'infanterie (une compagnie par bataillon), les éclaireurs, les servans à pied d'artillerie et les pontonniers, enfin les soldats du génie, sont armés de fusils ou mousquetons à tiges.

DIVISION DE RÉSERVE.

		Officiers.	Sous-officiers et Soldats.	Chevaux de troupe de selle ou de trait.	Voitures.	Chevaux d'officiers.
INFANTERIE (1)	Un régiment actif-mobile de 3 bataill. de 750 à 800 h. chacun	80	2,250	»	»	45
CAVALERIE.	Deux régiments (6 escadrons de 100 chevaux chacun)	34	1,360	1,300	»	206
	Deux escadrons d'éclaireurs (de 100 chevaux chacun)	17	200	200	»	47
ARTILLERIE.	Une batterie de 8, montée	4	137	141	46	10 ou 11
	Deux batteries de 8, à cheval	8	270	326	20	24
	Une batterie de fusées de 54 millimètres, à pied	4	43	30	4	11
	Une batterie de fusées de 54 millimètres, à cheval	4	43	50	4	10
GÉNIE.	La moitié d'une compagnie (avec des outils et des approv. pour mines)	2	53	5	1	3
	Totaux	203	4,316	1,905	53	334

Indépendamment de ses quatre divisions de la droite, de la gauche, du centre et de la réserve, un corps d'armée comprend encore une réserve particulière, exclusivement formée d'artillerie, laquelle pour un corps du centre ou des ailes se compose, ainsi qu'il a été dit :

	Officiers.	Sous-officiers et Soldats.	Chevaux de troupe de selle ou de trait.	Voitures.	Chevaux d'officiers.
De 5 batteries de 8, à cheval	20	660	735	65	54
De 2 batteries de fusées de 54 millimètres, à cheval	8	90	100	8	21
TOTAUX	28	750	835	73	75

(1) Le quart des hommes d'infanterie (deux compagnies par bataillon), les éclaireurs, les servans à pied de l'artillerie et les pontonniers, enfin, les soldats du génie sont armés de fusils ou mousquetons à tiges.

Cette réserve spéciale dans l'ordre de marche doit suivre en général la division de réserve et marcher en tête du parc, protégée par quelques escadrons de celle-ci. Il convient également qu'un escadron d'éclaireurs ait pour mission d'éclairer les flancs et les derrières du parc et de mettre les troupes qui l'escortent en garde contre les coups de main de l'ennemi.

Cela posé, entrons dans quelques explications succinctes pour faire comprendre et justifier la formation des tableaux synoptiques que nous venons d'exposer.

Infanterie.

On a adopté pour l'infanterie des bataillons peu nombreux, parce que les améliorations qu'il importe d'introduire sans retard dans l'instruction de cette arme exigent beaucoup de soins et de surveillance; parce que le bataillon étant l'unité pour le combat, les manœuvres, soit pour les ploiemens soit pour les déploiemens, s'exécutent d'autant plus rapidement qu'il est moins considérable; parce qu'enfin la qualité des troupes est préférable à leur quantité.

Dans le but de rendre la division de réserve plus mobile que les autres, on l'a composée d'une manière différente : on lui a donné moins d'infanterie, plus de cavalerie et de l'artillerie de petit calibre, dont la majeure partie à cheval. Indépendamment de cette différence, qui ressort de l'inspection des tableaux synoptiques, il doit encore en exister une, que nous allons signaler, dans les qualités des soldats d'infanterie employés d'un côté ou de l'autre.

Dans la division de réserve, les hommes seront choisis parmi les plus vigoureux, les plus agiles et les plus adroits. Ils seront légèrement équipés, exercés à manœuvrer au pas de course et sauront nager. Destinés à suivre dans ses mouvemens une partie de l'artillerie (les batteries de 8 montées et celles de fusées à pied), à la protéger, à combattre éventuellement et de loin l'artillerie ennemie, qui causerait des dommages trop considérables, ces hommes seront, dans la proportion d'un quart, armés de fusils à tige qu'ils auront appris à manier convenablement (1). Ils porteront dans leur équipement une ceinture légère en peau de bouc divisée en compartimens qui seront à l'occasion remplis d'air et leur faciliteront alors le passage des fleuves et des rivières (2). Enfin ils formeront des régimens spéciaux qui prendront la dénomination d'infanterie extra-mobile.

La demi compagnie du génie, attachée à chaque division du corps d'armée, et destinée spécialement à aplanir les obstacles à sa marche, devra, sous le rapport de la mobilité, satisfaire aux mê-

---

(1) Les détails sur l'instruction de l'infanterie sont donnés au chapitre spécial qui la concerne.

(2) Idée émise par Napoléon dans ses observations sur un pont jeté sur le Rhin par Jules César.

mes conditions que l'infanterie de la division de réserve. Elle sera équipée comme elle et armée également de fusils à tige.

Quant aux fantassins des divisions du centre et des ailes, on cherchera par des exercices fréquens, à leur donner le plus possible des qualités de ceux dont nous venons de parler. Un huitième d'entre eux au moins (une compagnie par bataillon) devra pouvoir manœuvrer au pas de course et posséder à un degré convenable l'agilité et l'adresse du corps. Ces hommes, équipés de la même manière que les soldats d'infanterie extramobile et armés de fusils à tige, seront destinés à éclairer aux petites distances, à combattre en tirailleurs, à protéger l'artillerie, la construction des ponts, etc.

Cavalerie.

Des motifs analogues à ceux que nous avons déduits pour la composition des bataillons d'infanterie, en outre, la difficulté de nourrir et de conserver les chevaux à la guerre, le besoin de les soigner avec une sollicitude, une vigilance plus grandes peut-être qu'on ne le fait en général, enfin cette vérité que la cavalerie agit moins par le nombre et par l'effet matériel que par les qualités et par l'effet moral, tous ces motifs réunis ont fait adopter, comme unité de cette arme pour le combat, l'escadron de 110 hommes seulement et de 100 chevaux.

Dans le même but de mobilité qui a fait donner à la division de réserve moitié moins d'infanterie qu'aux autres divisions, on lui a donné deux fois autant de cavalerie.

Les escadrons d'éclaireurs, spécialement destinés aux reconnaissances, doivent être formés, comme cela a été dit ailleurs, d'hommes de choix sous le rapport de l'agilité, de l'adresse en équitation et dans le maniement des armes, de l'intelligence et de l'instruction. Appelés à se mouvoir au loin et à l'abandon sur le front, les flancs et les derrières de l'ennemi, sujets à rencontrer ses officiers d'état-major, ses généraux, à les voir souvent à de petites distances, ces hommes seront armés de bons mousquetons à tige et fort exercés à leur tir.

Artillerie.

Ce n'est pas ici le lieu de détailler les motifs qui nous ont porté non-seulement à augmenter la proportion des pièces dans les armées, à y introduire des élémens de destruction nouveaux, mais encore à apporter des modifications au matériel et au personnel actuellement en usage. Ces changemens, qui ont eu principalement pour objet d'égaliser le nombre des canons et des obusiers, de former des batteries de 4 pièces, commandées chacune par un capitaine et deux lieutenans, enfin de réunir deux à deux ces batteries sous les ordres d'un chef d'escadron ayant pour adjoint un capitaine en second chargé du matériel, trouveront naturellement leur explication au chapitre spécial de l'arme. Nous nous bornerons pour le moment aux quelques observations que voici :

Les calibres les plus forts, ceux de 12 pour les canons et de 16 centimètres pour les obusiers, ceux de 67 millimètres pour les tubes de fusées ont été répartis entre les trois divisions du centre et des ailes. Afin de mettre l'artillerie de la division de réserve en rapport avec la composition en infanterie et cavalerie, on lui a donné des batteries du plus faible calibre dont le plus grand nombre à cheval. Enfin, la réserve particulière de l'artillerie a été exclusivement composée de batteries à cheval.

Par la manière dont a été ainsi combinée la répartition des différentes armes dans un corps d'armée, ce corps a été placé dans les conditions les plus favorables pour combattre avec avantage. En effet, en dehors des ressources respectables que présente sa ligne de bataille, il possède dans l'infanterie de la division de réserve, appuyée par son artillerie montée, dans la cavalerie de la même division, appuyée par son artillerie à cheval, enfin, dans la réserve spéciale de l'artillerie, trois grands renforts, trois moyens puissans de sauver un point compromis, ou de décider une affaire chancelante. Or, ce chiffre trois est précisément celui des divisions déployées sur la susdite ligne de bataille.

Les divisions du centre et des ailes sont pourvues, chacune, d'un petit équipage de pont de 6 bateaux, suffisant pour passer les ruisseaux et les petites rivières. En outre, le corps d'armée renferme dans son parc un équipage de 25 bateaux, lequel réuni à la moitié de celui d'un corps voisin permet de construire un pont, propre au trajet des plus grands cours d'eau, des fleuves, tels le Rhin, le Danube. Une armée de 100,000 hommes a ainsi dans ses trois corps du centre et des ailes, les moyens de jeter deux grands ponts et cela est suffisant. Toutefois, il serait préférable que chacun de ces corps pût en jeter un, en réunissant les ressources de ses divisions et de son parc, et il est possible d'arriver à ce résultat, par un arrangement bien combiné du matériel (1).

Ainsi que cela ressort des tableaux synoptiques, les pièces et les tubes de fusées ont un double approvisionnement de 150 coups, dont la moitié suit les batteries et dont l'autre moitié marche avec le parc. Une batterie de 12 et d'obusiers de 16 centimètres a 9 caissons de munitions à son usage; une batterie de 8 et d'obusiers de 15 centimètres en a 6 : une batterie de fusées a quatre chariots (un par tube) (2). Indépendamment des munitions

---

(1) En France, les équipages de pont, dits de réserve et d'avant-garde, ne remplissent pas les conditions désirables. Le pont de réserve est un peu trop lourd pour le transport : celui d'avant-garde n'offre pas assez de stabilité.

(2) Les fusées sont contenues dans des caisses, dites de montagne, transportées dans de petits chariots ainsi que les tubes, les affûts-trépieds et les baguettes directrices. Chaque caisse contient 10 fusées de 54 mill. ou 6 de 67 mill. et pèse environ 38 kilog.

d'artillerie, les batteries de 8, n'appartenant pas à la réserve de l'arme, ont 3 caissons de cartouches d'infanterie, si elles sont montées, et 4, si elles sont à cheval. Le complément de l'approvisionnement pour mousqueterie est au parc et tel, comme nous l'avons dit déjà, qu'il y ait en sus de ce que contiennent les gibernes, 60 cartouches par combattant d'infanterie et 20 pour tous les autres hommes, fantassins ou cavaliers.

D'après ce qui précède, le nombre des voitures de l'artillerie est de 80 dans chacune des divisions du centre ou des ailes, de 53 dans la division de réserve, de 73 à la réserve de l'arme, et de 314 au parc, ce qui fait un total de 677 voitures pour tout le corps d'armée.

Les canonniers-servans à pied et les canonniers-pontonniers sont armés d'un mousqueton à tige avec baïonnette. Pour conserver l'uniformité on a donné le même armement aux ouvriers d'artillerie.

Subsistances.

Arrivons maintenant aux subsistances et entrons dans quelques détails sur ce sujet important.

Les vivres indispensables en campagne sont le pain ou le biscuit, la viande et le sel. Avec eux le soldat peut subsister : toutefois, pour qu'il puisse le faire sans incommodités et braver impunément l'intempérie des saisons, pour qu'il conserve sa santé intacte et avec elle son énergie physique et morale, à travers les chaleurs accablantes de l'été, les pluies, les froids, les frimats de l'hiver, il convient qu'aux deux alimens indiqués on en joigne un autre dans sa nourriture habituelle : il convient surtout qu'on lui procure pour se désaltérer une autre boisson que l'eau.

A cet égard, il nous semble qu'il n'y a rien de mieux à faire que d'imiter ce que pratique depuis dix-neuf ans en Afrique l'armée française. Les soldats expéditionnaires ont une nourriture qui se compose de biscuit, de viande, de sel, de riz, de sucre, de café, et l'expérience a démontré l'excellence de ce régime dans les circonstances les plus opposées qui puissent se présenter à la guerre, à savoir : dans des marches en plaine, par les températures les plus élevées, et dans des excursions à travers les montagnes, par la pluie, la neige et des froids rigoureux.

Le riz est à-la-fois une substance fort nutritive et un bon préservatif contre la dyssenterie, qui est une des plus grandes calamités des armées. Le café, fort étendu d'eau et légèrement sucré, est une boisson agréable et aussi salutaire au corps par les fortes chaleurs que par les temps d'humidité et de gelée : Il soutient, stimule l'énergie physique et garantit souvent de la fièvre. Ses qualités hygiéniques lui ont valu en Algérie l'honneur d'un dicton militaire : *La soupe au café est la santé du soldat.*

Nous admettrons, d'après cela, qu'en Europe comme en Afrique, la nourriture habituelle des troupes en campagne, ou plus justement, celle à comprendre dans les approvisionnemens, se composera de pain ou de biscuit, de viande, de sel, de riz, de sucre et de café. Les proportions de ces alimens pour un homme et pour un jour seront les suivantes, que l'expérience a démontrées convenables :

Ration de pain, $0^{k},750$: ration de biscuit.	$0^{k},640$
id. de viande	0, 300
id. de sel	0, 017
id. de riz.	0, 060
id. de café	0, 012
id. de sucre	0, 012
Poids d'une ration complète.	$1^{k},041$

Cela posé, les approvisionnemens de vivres à emporter par une armée seront fixés par les considérations suivantes :

Ainsi que nous l'avons observé déjà dans la première partie de notre ouvrage, les puissances du continent européen ont si bien profité des loisirs de la paix, pour se défendre contre l'invasion étrangère, pour préserver leur territoire par la double et formidable création de moyens de résistance actifs, d'obstacles matériels, nouveaux, qu'on ne peut plus raisonnablement songer à entreprendre contre aucune d'elles des expéditions d'une grande étendue et d'une longue durée.

D'un autre côté, les différentes contrées de l'Europe sont généralement pourvues en abondance de tout ce qu'il faut pour y vivre. Elles sont en état de fournir à une armée envahissante les ressources qui lui sont nécessaires, par le triple moyen des réquisitions, de l'enlèvement des dépôts de l'armée défensive, de la création successive de places d'approvisionnement : elles permettent, en un mot, d'appliquer le précepte de César : *La guerre doit nourrir la guerre.*

Il résulte de ces faits que l'objet des approvisionnemens d'une armée doit se borner à la faire subsister assez longtemps, pour rassembler des vivres dans le pays où elle se trouve, et, le cas échéant, pour achever un mouvement d'une centaine de lieues, au plus, dont la rapidité empêcherait de s'occuper au dehors des moyens de subsistance. Or, en se pourvoyant de dix jours de vivres au départ, en profitant, avec un soin vigilant, des ressources que présente pour leur renouvellement, pour l'établissement de magasins successifs de dépôt, le théâtre de la guerre, nous estimons qu'on doit être en mesure de faire face à toutes les éventualités.

En effet, outre le biscuit, le riz, le sel, le café, le sucre, transportés par les équipages, chaque soldat peut facilement emporter dans son sac pour cinq jours au moins de ces denrées (1). De plus, il est possible, en maintes occasions, de ménager

(1) Nous avons vu en Afrique les soldats porter des vivres pour huit ou dix jours ; ce qui ne les empêchait pas de faire au besoin des marches forcées.

celles-ci sans nuire à la santé des troupes, en augmentant un peu la ration de viande, ce qui n'occasionne que le léger embarras d'ajouter quelques bœufs au troupeau suivant l'armée. Enfin, après quelques semaines d'entrée en campagne, l'effectif de cette dernière diminue par les maladies autant que par le feu de l'ennemi; et en usant alors des expédiens indiqués, il est aisé de faire durer pendant vingt ou vingt-cinq jours les approvisionnemens primitifs de dix. Or, dans cet intervalle, une armée convenablement mobile peut faire cent cinquante à deux cents lieues et décider sans peine le sort d'une campagne : c'est cinq fois le temps que mit Bonaparte à terminer celle à jamais mémorable de Rivoli; c'est autant qu'en employa à sa plus glorieuse et à sa plus importante, à celle de Hohenlinden, le général Moreau, qui ne brillait pourtant ni par la promptitude de sa résolution, ni par la vigilance et l'activité de sa conduite.

L'approvisionnement d'une armée en vivres se trouvant ainsi fixé à ce qui est nécessaire pour subsister pendant dix jours, voyons quels devront être strictement le nombre et la composition de ses équipages.

Évaluation des Équipages. — Vivres.

D'abord, comme nous venons de le dire, l'alimentation en viande sera fournie par un troupeau de bœufs qui suivra les troupes. Un bœuf de force moyenne pouvant donner environ 1,000 rations, un corps de 25,000 hommes en consommera journellement 25, et par conséquent 250 en dix jours. En en portant le nombre à 350, ce qui n'occasionnera pas un grand embarras, on sera donc en mesure de satisfaire largement aux besoins, et même d'augmenter éventuellement la ration de viande pour ménager les autres provisions.

Les troupes en campagne mangeront habituellement du pain; mais il ne faudra emporter à cet effet ni approvisionnemens de blés, ni boulangeries organisées à l'avance : ce serait un encombrement de matériel et de personnel inutile pour le but à remplir, et nuisible à la rapidité des mouvemens qu'il faut s'efforcer de porter aussi loin que possible.

Le froment est dans tous les pays d'Europe la base de la nourriture : on en trouve partout. Sur les lieux où l'on sera, on en réunira la quantité convenable et on la distribuera aux soldats, qui feront leur pain eux-mêmes, et qui au bout de peu de temps le feront excellent. Nous avons constaté nous-même ce fait en Afrique, où nous avons mangé en expédition de fort bon pain, fait avec du blé tiré des silos arabes. Un moulin à bras, porté par un homme, peut donner en quelques heures la farine nécessaire à la subsistance journalière d'une compagnie ou d'un escadron. Un four de campagne, construit également en quelques heures, sert à cuire le pain. Rien de plus simple et en même temps de plus économique que ce système, qui devra être employé toutes les fois qu'on pourra disposer de cinq ou six heures sur vingt-quatre.

D'après cela, les vivres à transporter par les équipages ne se composeront, à moins de cas exceptionnels, que de biscuit, de riz, de sel, de café et de sucre. Or, les rations journalières de ces denrées pour un homme pesant $0^k,74$, celles d'un corps de 25,000 hommes pèseront ensemble 18,500 kilogrammes, et par suite l'approvisionnement pour dix jours formera un chargement de 185,000 kilogrammes.

Cela posé, quatre bons chevaux attelés à un chariot bien construit traîneront facilement un poids de 3,000 kilogrammes et conserveront pendant toute une journée de marche une mobilité qui leur permettra de suivre les troupes. Par suite, 64 chariots suffiront pour transporter les vivres d'un corps d'armée de 25,000 hommes, en y comprenant 10 rations par officier de grade inférieur à celui de colonel. Ce nombre sera augmenté de quatre, a' par division, pour le transport des cuisines des officiers-généraux et des colonels, auxquels il convient de donner, dans de certaines limites, les moyens d'exercer l'hospitalité. Les autres officiers, dans les circonstances habituelles de la guerre, et lorsque les ressources des pays occupés permettront de vivre sans toucher à celles de réserve, vivront avec leur solde, à la manière dont cela se pratique en garnison. Dans le cas contraire, ils auront la même nourriture que le soldat, auquel ils doivent l'exemple de la sobriété, aussi bien que celui du courage et de l'abnégation en toutes choses. On se bornera à réserver une petite place pour les ustensiles de leurs cuisines, dans les voitures affectées au transport des objets de campement. Quant aux marmites et aux gamelles destinées aux troupes, celles-ci seront chargées de les porter elles-mêmes à tour de rôle.

Après la nourriture des hommes, il faut songer à celle des chevaux et du troupeau. A cet effet, on emportera un approvisionnement de cinq jours d'avoine, à raison de 4k,50 par bête et par jour, ce qui fera le chargement de 83 voitures.

Ambulance, Campement, Équipages divers.

Les objets de campement se composeront des tentes destinées à abriter les blessés, les malades et les officiers de tous grades. Indépendamment d'eux, il y aura à transporter les instrumens, les médicamens et tout le matériel nécessaire à l'ambulance. Voyons le nombre de voitures qu'il faudra pour le chargement total.

Une tente du poids de 50 kilogrammes peut abriter convenablement 16 fantassins ou 10 cavaliers; mettons, en moyenne, 12 hommes. En supposant donc qu'une circonstance, exceptionnellement malheureuse, oblige à loger le cinquième de l'effectif des troupes sous les tentes, dont il est ici question, il en faudra 417 pour un corps de 25,000 hommes; en en ajoutant à ce nombre 183 pour les officiers, auxquels il convient de donner une place plus large, on aura un total de 600 qui pèseront ensemble 50,000 kilogrammes et formeront par conséquent le chargement de 10 voitures. 2 autres voitures seront chargées du matériel de l'ambulance ; 2, des cuisines des officiers ; 18, des forges et objets pour la cavalerie ; 1, de la caisse et de la comptabilité du corps d'armée ; 6, des forges, matières et outils nécessaires pour la réparation des équipages. Enfin, 20 voitures marchant à vide pourront servir à divers usages, mais seront plus particulièrement destinées à recevoir les sacs des hommes de l'infanterie, dans les momens où il sera urgent d'obtenir de cette arme une mobilité extrême.

Quant aux moyens de campement des troupes valides, celles-ci en seront chargées elles-mêmes. L'expérience de la guerre d'Afrique a donné à cet égard un enseignement des plus utiles, dont il importe de tirer profit. Un soldat, sans augmenter sensiblement le poids de son bagage, peut porter sur son sac une petite tente suffisante pour abriter 6 hommes au bivouac.

En résumé, les équipages d'un corps d'armée de 25,000 hommes, du centre ou des ailes, équipages destinés au transport des vivres, de l'ambulance et du campement, se composeront de 210 voitures, de 1,061 chevaux de trait ou de selle pour la troupe, de 144 chevaux d'officiers : ils comprendront un personnel de 67 officiers et employés supérieurs, de 1,321 sous-officiers, employés inférieurs et soldats. Les équipages de l'artillerie, marchant avec eux au parc, auront un matériel de 251 voitures, un effectif de 1,550 chevaux de troupe, de 59 chevaux d'officiers, un personnel de 25 officiers, de 1,021 sous-officiers et soldats. Enfin, la partie du corps d'armée spécialement destinée au combat, comprendra 937 officiers, 22,845 sous-officiers et soldats, 566 pièces et voitures d'artillerie, 6,541 chevaux de troupe et 1,070 chevaux d'officiers. Le total général, en exceptant le personnel et les chevaux des états-majors, sera ainsi de 1,029 officiers, de 25,185 sous-officiers et soldats, de 8,952 chevaux de troupe, de 1,273 chevaux d'officiers, et de 827 voitures.

Cela posé, voyons de quelle manière il convient d'organiser le corps d'armée de réserve, sa partie destinée spécialement au combat, son parc, et enfin, chacune des divisions en lesquelles la première se décompose.

COMPOSITION GÉNÉRALE DU CORPS D'ARMÉE DE RÉSERVE.

Ainsi que nous l'avons démontré dans la deuxième partie de cet ouvrage, il importe d'avoir dans une armée certains corps plus mobiles que les autres, qu'on puisse faire arriver rapidement sur les points importans, pour y déterminer une notable supériorité numérique, y surprendre l'ennemi et frapper des coups décisifs.

Dans l'armée que nous considérons ici, le rôle dont nous parlons est destiné au corps de réserve, lequel se tient généralement en arrière des trois autres qui s'avancent de front, prêt à les renforcer, suivant les besoins ou les convenances. Pour que ce corps remplisse bien son objet, il faut qu'indépendamment de l'agilité de ses troupes, son artillerie et ses équipages soient rendus aussi simples, aussi peu nombreux, aussi légers que possible, et qu'au besoin il puisse passer par les chemins les plus difficiles, par ceux impraticables aux voitures. C'est là le but que nous avons cherché à atteindre dans son organisation.

A cet effet, nous avons d'abord banni de son artillerie le calibre de 12 et adopté celui de 8 comme le plus fort. Voulant conserver toutefois la proportion ci-dessus établie, de 4 bouches à feu par 1,000 combattans d'infanterie et de cavalerie, indépendamment des tubes de fusées, nous avons substitué aux pièces du premier calibre des obusiers de 12 centimètres, qui sont assurément loin de les valoir, mais qui peuvent cependant produire encore des effets recommandables et offrent, par leur transport à dos de mulet, cet avantage important que tous les terrains leur sont accessibles (1).

---

(1) En diminuant un peu le calibre des obusiers de 12 centimètres, de manière à leur permettre de tirer, avec une justesse convenable, les boulets de 8; en augmentant en même temps un peu leur poids ou seulement en employant un procédé pour les rendre plus lourds pendant le tir, on peut augmenter sensiblement leurs effets, comme nous le verrons au chapitre spécial de l'artillerie.

On a suppléé par les moyens suivans à la privation éventuelle et momentanée du matériel de 8, dans les cas rares, mais à prévoir, où il ne pourrait suivre un mouvement décisif et rapide à travers des chemins fort difficiles.

Parmi les batteries de fusées, comprises dans la même proportion que ci-dessus dans la composition de l'artillerie, on a organisé celles à pied à l'instar des batteries de montagne, et celles à cheval de telle façon qu'elles puissent à volonté être transportées par des mulets. On a disposé également dans des caisses transportables à dos de mulet, une grande partie des munitions d'infanterie. On a augmenté l'effectif de celle-ci ainsi que celui de la cavalerie, en augmentant les bataillons d'une vingtaine d'hommes et les escadrons d'une dizaine d'hommes et d'une dizaine de chevaux. Cet accroissement a pu s'effectuer sans entraîner celui du corps d'armée, en raison de la diminution du personnel des équipages. Enfin, l'on a armé de fusils à tige le quart des troupes d'infanterie (2 compagnies par bataillon), choisies d'ailleurs dans leur totalité parmi les hommes les plus agiles, les plus vigoureux, les plus adroits de l'armée, et organisées, équipées, dénommées extra-mobiles, comme celles des divisions de réserve.

Dans la formation du parc, on a eu égard aux considérations que voici. Le corps de réserve est généralement placé en arrière des autres dans la ligne d'opérations, et doit se rabattre sur l'un d'eux pour y accumuler des moyens supérieurs à ceux de l'ennemi. Il peut donc se servir de leurs équipages de pont pour passer les grands cours d'eau, profiter de leurs préparatifs et de leurs ressources pour s'aider dans l'entretien des subsistances, dans les soins à donner aux malades et aux blessés. D'ailleurs, il est par sa destination spéciale moins sujet à éprouver de grandes pertes.

D'après cela, on a parmi les équipages de l'artillerie supprimé celui de pont. Dans ceux destinés au transport des subsistances, on s'est borné à comprendre cinq jours de vivres pour les hommes et trois jours d'avoine pour les bêtes de somme et le troupeau. Dans les équipages affectés au transport de l'ambulance et du campement, on a réduit à 40 le nombre des voitures : on a diminué du quart le personnel des officiers de santé et des infirmiers militaires. La suppression de l'équipage de pont, ainsi que les diverses réductions dont nous venons de parler, ont amené naturellement la réduction du train des parcs d'artillerie et de celui des équipages militaires.

Enfin, au lieu d'employer exclusivement au parc des chevaux de trait, on y a employé 488 mulets, garnis de bâts et propres à-la-fois au trait et au transport à dos. On a eu ainsi pour but, au cas prévu où le corps d'armée serait obligé de marcher sans voitures, de pourvoir convenablement au transport des munitions, à celui d'une quantité suffisante de vivres, d'un nombre raisonnablement calculé de malades, de blessés, de tentes, de médicamens et d'objets pour l'ambulance, etc. On a pris les mesures de telle sorte, que les mulets, distraits pour ce nouveau service du transport des voitures, fussent remplacés par les chevaux devenus disponibles dans les batteries de 8, dont les pièces et les caissons ne seraient momentanément attelés que de 4 chevaux au lieu de l'être de 6.

Les tableaux ci-contre indiquent dans sa partie destinée au combat, et dans son parc, la composition du corps d'armée de réserve. Cette composition, comme on peut en juger, donne à ce corps avec un allégement du matériel d'artillerie, avec une diminution, une simplification des équipages et du personnel du parc, avec un choix d'ailleurs particulier de l'effectif des combattans, une mobilité beaucoup plus grande que celle des trois autres : elle lui procure surtout l'immense avantage de marcher au besoin sans voitures, en emportant les deux tiers de son artillerie, et de pouvoir passer par des chemins non frayés, par les terrains les plus difficiles.

Dans la première partie, les batteries de montagne composées de 4 obusiers de 12 centimètres, d'un effectif de 124 hommes, de 68 mulets, de 10 chevaux et pourvues, comme celles de 8, d'un approvisionnement total de 300 coups par pièce, ces batteries transportent chacune trente caisses de cartouches d'infanterie et en ont autant au parc. Les batteries de fusées, organisées pour le transport à dos de mulet, comprennent; celles de 67 millimètres, un effectif de 85 hommes, de 55 mulets et de 6 chevaux; celles de 54 millimètres, un effectif de 64 hommes, de 54 mulets et de 6 chevaux. Les quatre batteries de fusées, à cheval, organisées comme il a été indiqué ci-dessus, et comprenant 180 hommes et 200 chevaux dont 96 de trait, exigent pour leur transformation en batteries à pied

(2) Partie du Corps d'Armée spécialement destinée au combat.

	Officiers (environ 1 par 25 Officiers et Soldats)	S. Officiers et Soldats	Chevaux de troupe et mulets	Voitures	Chevaux d'Officiers
Infanterie.					
7 Régiments extra-mobiles à 3 Bataillons de 780 à 820 hommes chacun	560	16,380	.	.	105
Cavalerie.					
5 Régiments de 5 Escadrons, à 130 hommes et à 130 chevaux par Escadron	210	3,300	3,300	.	540
1 Régiment de 5 Escadrons d'Éclaireurs ... idem	35	550	550	.	89
Artillerie.					
Bouches à feu. (1 Canon de 8, 4 Obusiers de 15 centim., 2 Obusiers de 12 centim. et 2 Fusées de fusées par 1,000 Combattants d'Infanterie et de Cavalerie. Environ 1/3 des tubes du Calibre de 67 millimètres.) — Dans les Divisions. (Les 4/5 du nombre total des bouches à feu. Les batteries de la Division de réserve, destinées à suivre la Cavalerie, à cheval.) — 6 batteries de 8 montées	24	762	684	96	63
1 batterie de 8 à cheval	4	135	153	14	10
10 batteries d'Obusiers de 12 centim.(1)	40	1,240	780	.	105
3 batteries de fusées de 67mm, à dos de mulets(2)	12	255	183	.	63
3 batteries de fusées de 54mm, à dos de mulets	12	192	120	.	
1 batterie de fusées de 54mm, à cheval	4	45	50	4	11
En réserve. (Le 1/5 du nombre total. Batteries à cheval.) — 3 batteries de 8, à cheval	12	405	459	42	63
3 batteries de fusées de 54mm, à cheval(3)	12	135	150	12	
3 petits Équipages de Pont de 6 bateaux chacun(4) — La moitié d'une Compagnie de Pontonniers de 150 hommes, 1 Capne et 2 Lieutenants	3	75	.	24	7
Les 2/3 d'une Compagnie du Train des Parcs à 132 hommes et à 210 chevaux	1	88	140	.	2
Génie Militaire.					
Deux Compagnies (des outils et quelques approvisionnements pour mines, transportés à dos de mulets)	8	220	[illegible]	.	12
Totaux	937	23782	6 [illegible]	189	1,070

(1) Chaque batterie d'Obusiers de 12 centimètres, dite de montagne, comprend un matériel de 4 pièces, 5 affûts, 74 Caisses d'obus, 30 Caisses de munitions d'Infanterie, 2 Caisses de forge portative, 4 Caisses d'outils et rechanges et un effectif de 134 hommes, de 68 mulets et de 10 chevaux.

(2) Les batteries de fusées à pied sont organisées à l'instar de celles de montagne. Une batterie de 67 millimètres comprend, outre les tubes, les affûts trépieds et les baguettes directrices, 100 Caisses de fusées, 2 de forge, 2 d'outils et rechanges, et un effectif de 85 hommes, de 55 mulets et de 6 chevaux. Une batterie de 54 millimètres les 60 Caisses de fusées, 2 de forge, 2 d'outils et rechanges 64 hommes, 34 mulets et 6 chevaux.

(3) Les batteries de fusées à cheval restent organisées comme il a été dit ci-dessus, mais doivent pouvoir être transformées en batteries semblables aux précédentes ; à cet effet, leurs voitures et 8 autres voitures des batteries de 8 sont attelées de mulets garnis de bâts, propres à la fois au trait et au transport à dos.

(4) Le matériel comprend 12 nacelles légères, du poids de 360 à 375 Kilogr., se démontant chacune en 3 parties susceptibles d'être transportées à dos de mulets.

(2) # Parc du Corps d'Armée.

	Officiers et Employés supérieurs.	S.Officiers, soldats et Employés divers.	Chevaux de trait attelés.	Voitures.	Chevaux d'Officiers.
Artillerie.					
Caissons pour un approvisionnement à 150 coups, des pièces de 8 et des Obusiers de 15 centim.	.	.	.	67	.
740 Caisses pour un approvisionnement à 150 coups, des Obusiers de 12 centimètres	.	.	.	12	.
300 Caisses de montagne, contenant des Cartouches d'Infanterie	.	.	.	6	.
300 Caisses de fusées de 67 millimètres et 120 Caisses de fusées de 54 millimètres, avec les tubes, les affûts-trépieds, &a.	.	.	.	15	.
Caissons complétant l'approvisionnement des batteries en cartouches, à 60 par Combattant d'Infanterie et à 20 par tête pour tous les autres hommes	.	.	.	9	.
5 Affûts de rechange, 2 forges pour les batteries de 8, outils, artifices, approvisionnements divers	.	.	.	10	
Chariots contenant 7 affûts de montagne démontés, des outils et objets de rechange pour les batteries d'obusiers de 12 centimètres et de fusées	.	.	.	2	.
Train des Parcs, deux Compagnies et 2/3 à 132 hommes et à 210 chevaux ou mulets (1)	5	352	560	.	10
Ouvriers d'Artillerie (1/2 Compagnie)	2	50	.	.	5
Un Officier supérieur, 2 Capitaines et 6 Gardes ou ouvriers d'état, préposés au service de l'Artillerie, fait par des hommes tirés des batteries	3	6	.	.	10
Totaux pour l'Artillerie	10	408	560	121	25
Subsistances.					
5 jours de vivres pour les hommes, Officiers compris	.	.	.	35	.
Un troupeau de 200 bœufs suivant l'armée	.	.	.	.	.
3 jours d'avoine pour les chevaux, mulets et le troupeau	.	.	.	40	.
Préposés aux subsistances (Comptables et Employés divers)	4	6	6	.	12
Ambulance, Campement, &a.					
Transport des tentes pour les malades, pour les blessés, pour les Officiers de tous grades, transport des instruments, médicaments et objets divers de l'ambulance	.	.	.	10	.
Infirmiers militaires	.	150	.	.	.
Officiers de santé de l'ambulance	30	.	.	.	60
Caisse et Comptabilité du Corps d'Armée	.	.	.	1	.
Officiers et Employés de l'Intendance	3	2	2	.	6
Cavaliers à pied (10 par Escadron)	.	350	.	.	.
Une forge de campagne et 2 forges de montagne démontées, avec Caisses d'outils et de matériel, par Régiment de Cavalerie	.	.	.	12	.
Voitures à vide	.	.	.	15	.
Ouvriers du train des Équipages (1/2 Compagnie)	2	50	.	.	5
Train des Équipages (3 Compagnies à 132 hommes et à 210 chevaux ou mulets) (2)	6	396	630	.	12
Un Officier supérieur commandant le train des Équipages et 2 lieutenants adjoints	3	.	.	.	8
Totaux pour les Subsistances, l'ambulance, &a.	48	954	638	113	103
Totaux pour le Parc	58	1,362	1,198	234	128
Totaux pour le Corps d'Armée, moins le personnel et les chevaux des États-majors	995	25,144	7,787	423	1,198

(1) Le train des parcs d'Artillerie comprend 154 mulets garnis de bâts, propres à la fois au trait et au transport à dos, et destinés à porter au besoin les 300 Caisses de cartouches d'Infanterie.

(2) Le train des Équipages comprend 334 mulets garnis de bâts, propres à la fois au trait et au transport à dos, et destinés à porter au besoin des objets de l'ambulance, du campement, des forges pour la Cavalerie, et des vivres.

236 hommes, 136 mulets et 24 chevaux de selle. Il convient, d'après cela, parmi les chevaux de l'artillerie, de remplacer 144 chevaux de trait par des mulets garnis de bâts, propres à la fois au trait et au transport à dos, et d'équiper pour les conduire le nombre de conducteurs nécessaires. Il convient encore de faire une semblable substitution pour les 42 chevaux des équipages de pont qui deviendront disponibles, lorsque les 21 voitures de ces équipages seront laissées en arrière et attelées seulement de 4 chevaux. Les 42 mulets de remplacement porteront alors douze nacelles légères, faisant partie du matériel, et se démontant chacune en trois parties. Ils porteront en outre quelques fortes cinquenelles ainsi que les piquets et les masses nécessaires pour les fixer. Les nacelles serviront au besoin à passer les munitions à sec, sur les petits cours d'eau : les cinquenelles aideront au passage des troupes.

Au parc, dans les circonstances habituelles où le corps d'armée suivra des chemins praticables aux voitures, 906 chevaux ou mulets seront employés à trainer celles-ci et 182 marcheront haut le pied, en supposant les voitures vides attelées de deux seulement. Les mulets seront au nombre de 488, garnis de bâts et disposés pour le transport à dos. Lorsque celui-ci sera rendu nécessaire, par le passage des troupes à travers des chemins non frayés et très difficiles, ils seront conduits par 244 hommes, convenablement équipés, et chargés: 1° des

300 caisses de cartouches d'infanterie du parc; 2° des médicamens, etc., pour l'ambulance, et de 100 tentes pour les malades, les blessés et les officiers; 3° de cinq cents cacolets, une paire par mulet, placés deux à deux, sur des caisses de vivres, ou sur des sacs d'avoine dont on opérera au besoin le déchargement par une distribution faite aux hommes et aux animaux; 4° Enfin, de 24 caisses pour forges de montagne, 4 par régiment de cavalerie.

Ces dispositions seront rendues réalisables dans le cas que nous considérons, par la réduction à 4 chevaux de tous les attelages de l'artillerie, et à 2 chevaux de ceux des voitures vides du parc, ensuite par l'emploi des bêtes de somme de ce dernier, marchant haut le pied. En sus de l'approvisionnement transporté par les mulets de cacolets, chaque homme portera quatre jours de vivres et chaque cheval de troupe ou mulet deux jours d'avoine. On pourra ainsi sans difficultés se pourvoir de cinq jours de vivres pour les hommes, et de trois pour les bêtes de somme, ce qui sera suffisant pour un mouvement décisif opéré du centre de l'armée sur une de ses ailes, ou de celles-ci sur le flanc de l'ennemi.

Relativement aux quatre divisions en lesquelles se décomposera la partie du corps de réserve destinée au combat, leur formation, pour ce qui concerne l'artillerie, sera naturellement variable avec les circonstances dont nous avons établi la distinction.

Dans les cas ordinaires où les mouvemens s'effectueront par des chemins praticables aux voitures, chaque division du centre ou des ailes comprendra :

2 batteries de 8, montées ;
2 batteries d'obusiers de 12 cent.;
1 batterie de fusées de 67 mill., à mulet ;
1 batterie de fusées de 54 mill., à mulet.

Son infanterie se composera de 2 régimens, (6 bataillons de 780 à 820 hommes) soit 4,680 hommes.

Sa cavalerie se composera d'un régiment (6 escadrons à 110 chevaux), plus d'un escadron d'éclaireurs, soit 770 chevaux.

Elle possédera, en outre, un petit équipage de pont de 6 bateaux, et pour le service de celui-ci, le 1/6 d'une compagnie de pontonniers à 150 hommes et les 2/9 d'une compagnie du train des parcs.

Enfin, elle aura une demi-compagnie du génie munie d'outils et de quelques approvisionnemens de mines, pour aplanir les passages difficiles, etc.

La division de réserve comprendra :

1 batterie de 8, à cheval ;
4 batteries d'obusiers de 12 cent.;
1 batterie de fusées de 54 mill., à cheval.

Elle possédera, en outre, un régiment d'infanterie; 2340 hommes.

Deux régimens de cavalerie, plus deux escadrons d'éclaireurs; 1540 chevaux.

Une demi-compagnie du génie. 53 hommes.

Enfin, la réserve particulière de l'artillerie se composera de :

3 batteries de 8, à cheval;
3 batteries de fusées de 54 mill., à cheval.

Comme nous l'avons dit précédemment, le quart des troupes d'infanterie (2 compagnies par bataillon) sera armé d'armes à tige, et il en sera de même des soldats du génie, des éclaireurs à cheval, des servans à pied, pontonniers et ouvriers de l'artillerie.

Dans les cas, sinon exceptionnels, du moins rares, où la rapidité d'un mouvement décisif exigera qu'on laisse en arrière toutes les voitures, l'artillerie de la partie du corps d'armée, destinée au combat, sera réduite à 10 batteries d'obusiers de 12 cent., à 3 batteries de fusées de 67 mill., et à 7 batteries de fusées de 54 mill., à mulet. Chaque division du centre, ou des ailes comprendra alors :

2 batteries d'obusiers de 12 cent.;
1 batterie de fusées de 67 mill., à mulet;
1 batterie de fusées de 54 mill., à mulet.

Elle aura 14 mulets chargés de nacelles et de

cinquenelles pour le passage des petits cours d'eau, et un détachement de 25 pontonniers.

La division de réserve comprendra :

2 batteries d'obusiers de 12 cent.;
2 batteries de fusées de 54 mill., à mulet.

La réserve particulière de l'artillerie aura la même compositiou.

Quant à l'infanterie, à la cavalerie et au génie, les différentes divisions en resteront composées dans les circonstances actuelles, comme dans celles examinées précédemment.

Avant de quitter le sujet que nous venons de traiter, il nous reste à faire une observation importante.

Nous avons supposé, dans ce qui précède, que les divisions d'un corps d'armée étaient composées d'une proportion convenable de chacune des trois armes, et commandées respectivement par des généraux divisionnaires, placés sous les ordres d'un chef supérieur. Cette disposition est en effet la meilleure pour les circonstances générales de la guerre, où il convient qu'un corps puisse combattre dans les limites de son importance, avec les mêmes facilités et des élémens de même nature qu'une armée entière. Toutefois, lorsque les quatre corps qui composent celle-ci se trouvent présens sur un même champ de bataille, et que l'un d'eux ne forme plus qu'une partie intégrante de la masse générale, il est souvent avantageux de réunir ou de moins fractionner dans chacun l'infanterie, la cavalerie et l'artillerie. On simplifie ainsi les élémens de combat de même que les commandemens, et on obtient mieux des différentes armes tous les effets qu'elles sont susceptibles de produire, soit en utilisant plus complètement leurs propriétés particulières, soit en dirigeant plus convenablement leur concours; il faut donc que les commandemens soient répartis de manière à se prêter à cette combinaison et, pour qu'elle s'opère de la manière la plus favorable, il importe qu'il existe dans chaque corps, des généraux spécialement versés dans les tactiques de l'infanterie, de la cavalerie et de l'artillerie.

Dans le cas que nous avons considéré, voici par exemple des dispositions qui peuvent être adoptées avec avantage.

Dans un quelconque des corps d'armée, les divisions réunies du centre et des ailes présenteront une masse de 6 régimens, c'est-à-dire de deux brigades ou d'une division d'infanterie, et une masse de 5 régimens ou d'une brigade de cavalerie. En outre, les mêmes divisions fourniront une artillerie de 12 batteries de campagne et de 6 batteries de fusées à pied, dans les trois corps de la ligne de bataille, et une artillerie de 6 batteries de 8, de 6 batteries d'obusiers de 12 centimètres, et de 6 batteries de fusées, à dos de mulet, dans le corps de réserve, qui formera pour le combat le grand noyau de la réserve de l'armée.

Chacune des masses que nous venons de désigner, sera placée sous le commandement d'officiers généraux spécialement habitués à son maniement ; celles de l'artillerie seront divisées de manière à appuyer les autres, selon les convenances (1).

La réserve de chaque corps d'armée comprendra un régiment d'infanterie et deux régimens de cavalerie. Celle d'un corps du centre ou des ailes aura en outre 3 batteries de 8, dont deux à cheval, et [illegible] batteries de fusées, dont une à cheval : celle du corps de réserve aura 1 batterie de 8 à cheval, 1 batterie de fusées à cheval, plus 4 batteries d'o-[illegible] centimètres.

La réserve particulière de l'artillerie sera composée de [illegible] batteries de 8 à cheval et de 2 batteries de fusées à cheval, dans chacun des corps du centre et des ailes : dans le corps de réserve, elle le sera de 5 batteries de 8 à cheval et de 5 batteries de fusées également à cheval.

Par les dispositions indiquées, il restera disponibles, pour les adjoindre dans le combat au corps de réserve de l'armée, 9 batteries de 8 à cheval et les 20 escadrons d'éclaireurs, qui, habilement employés, pourront contribuer puissamment à procu-

(1) La cavalerie, dont il est ici question, sera exclusivement soutenue par des batteries de 8 montées dont la mobilité est assez grande pour la suivre dans tous ses mouvements.

rer la victoire. Les éclaireurs qu'il importe de ménager en raison de leur petit nombre, de leur mission spéciale et difficile, et des services qu'ils rendent, seront excellens pour recueillir des trophées dans une poursuite active de l'ennemi battu.

PARAGRAPHE IV.

De la valeur propre de chacune des trois armes.

La valeur d'une arme dépend d'un grand nombre d'élémens, parmi lesquels on peut citer comme les principaux, comme ceux en lesquels tous viennent se confondre, son organisation et son instruction.

Celles-ci sont naturellement soumises à des conditions particulières à leur spécialité ; mais elles se rattachent aussi par des points communs à celles des autres armes. Ce sont ces points sur lesquels nous voulons exposer quelques observations succinctes, nous réservant d'examiner les conditions dans les chapitres spéciaux de l'artillerie, de l'infanterie et de la cavalerie.

Pour que les différentes armes qui composent

une armée soient bien organisées et convenablement instruites, il faut :

1° Qu'elles possèdent, au moment d'une guerre, des soldats consommés dans leur métier;

2° Qu'elles aient à leur tête les officiers les plus braves, les plus intelligens, les plus actifs, les plus propres, enfin, à bien remplir leur emploi, en même temps qu'à fournir de bons officiers-généraux;

3° Que l'émulation y soit sans cesse entretenue et stimulée par la répartition exclusive de l'avancement au choix et des avantages entre les plus aptes, les plus zélés, les plus méritans par leurs services;

4° Qu'il y ait entre l'avancement dans les unes et l'avancement dans les autres, un rapport équitable et établi de telle sorte, que les officiers les plus recommandables, à quelque arme qu'ils appartiennent, arrivent les premiers aux commandemens supérieurs;

5° Que tout en récompensant dignement les services, la retraite des officiers de tous grades soit réglée de manière qu'il n'y ait à la guerre que des officiers propres à en supporter les fatigues et les privations.

Analysons rapidement ces conditions générales, et cherchons à en déduire les principales conséquences.

Pour satisfaire à la première, il faut fixer convenablement la durée du service militaire, et c'est là l'objet d'une loi dont la discussion ne saurait entrer dans le cadre de ce livre. Nous observerons seulement que deux années, au moins, étant nécessaires pour former un bon artilleur, un bon cavalier, et l'on peut ajouter, un bon soldat d'infanterie, en portant l'instruction de cette arme au degré qu'elle doit atteindre (1), nous observerons que la durée du service ne saurait être fixée à moins de six ans. Un temps plus long serait incontestablement préférable et il serait à désirer, chez toutes les grandes nations, que les institutions libérales, la culture des sciences et des arts, les progrès de l'industrie et du commerce pussent se développer, sans porter préjudice au métier des armes, sans en bannir le goût, la considération et la pratique.

L'amour du métier est un point si essentiel pour former un bon soldat qu'il importe de ne rien négliger pour le faire naître, l'encourager et l'étendre. A cet égard, il serait bon de posséder dans toutes les armées un certain nombre de régimens, un dixième ou un quinzième, se recrutant, par rengagemens volontaires, des libérables les plus aptes à l'état militaire, et dans lesquels ceux-ci, outre l'avantage d'une solde supérieure, acquerraient, après trente ans de service, l'assurance d'un avenir à l'abri du besoin. L'application judicieuse d'un semblable système procurerait de grands

(1) Deux années ne suffisent pas avec le mode d'instruction actuellement suivi : mais ce mode laisse à désirer, et deux années peuvent et doivent suffire.

avantages, sans augmenter sensiblement les dépenses du trésor. Le recrutement par le sort serait naturellement moins considérable, et dans les pays où est toléré le remplacement militaire, il s'élèverait contre ce remplacement moins de récriminations : le privilége qu'il constitue pour les riches et qu'il serait dangereux d'abolir, en ce sens qu'un homme habitué aux douceurs de la vie, qu'un soldat forcé devient rarement un bon soldat, ce privilége serait en effet moins répandu, moins apparent, et il conviendrait d'ailleurs que l'État prélevât un droit sur ceux qui en profitent, pour subvenir à l'entretien de ses régimens de vieilles troupes.

Pour avoir à la tête des différentes armes et par suite à la tête des armées, les officiers les plus intelligens, les plus propres au métier et les plus actifs; pour que, proportion gardée, il en soit de même dans les grades inférieurs et que partout l'émulation soit stimulée, les progrès soient obtenus par la perspective des récompenses exclusivement réservées aux services et au mérite, il faut d'abord employer les meilleurs moyens de reconnaître celui-ci : il faut ensuite, lorsqu'on a reconnu chez de jeunes officiers des qualités tout à fait éminentes, leur donner l'avancement le plus rapide possible : il faut enfin, faire la part du zèle, des qualités du caractère et du cœur, aussi bien que de l'intelligence, et fermer impitoyablement tout accès aux faveurs imméritées et aux injustices.

Le moyen le plus sûr, le seul peut-être d'arriver à ce résultat, c'est de soumettre l'avancement à la double épreuve de l'élection et du concours. Voici en quelques mots, comment nous en concevrions l'application générale.

Chaque année, dans chaque régiment, un cinquième des sous-officiers, des sous-lieutenans des lieutenans et des capitaines, un tiers des chefs de bataillon et d'escadron, seraient proposés pour l'avancement au choix par leurs égaux, leurs inférieurs immédiats et tous leurs supérieurs. Les candidats de même catégorie, ainsi désignés par les juges les plus aptes à apprécier leurs droits, concourraient dans chaque corps d'armée devant un jury d'examen dont les membres seraient de grade supérieur à celui du concours. Des listes dans lesquelles on tiendrait compte non-seulement de la capacité, mais encore des services, des rangs ainsi que de l'ancienneté des candidatures, classeraient les concurrens par ordre de mérite, et ces listes fixeraient invariablement l'ordre des choix dans chacun des corps, entre lesquels d'ailleurs l'avancement serait réparti d'une manière uniforme.

Tout officier, proposé pour l'avancement dans une arme, aurait le droit de concourir pour l'avancement dans une autre, sauf à prouver qu'il en possède toutes les connaissances théoriques et pratiques.

Par le système indiqué, on pourvoirait, jusqu'au grade de lieutenant-colonel inclusivement, aux emplois des régimens faisant partie des corps d'armée. Dans chacun de ceux-ci, les lieutenants-colonels de même arme, ainsi que les colonels de toutes les armes, concourraient ensemble, et leurs concours serviraient à établir les listes d'avancement pour les grades de colonel et de général de brigade. Les officiers employés en dehors des corps d'armée seraient compris dans des circonscriptions militaires où les épreuves seraient calquées sur les précédentes.

Quant aux officiers d'état-major, pour lesquels l'épreuve première de l'élection serait difficile, en raison de leur dispersion, ils concourraient par grade jusqu'à celui de lieutenant-colonel inclus, et l'on formerait pour leur avancement des listes semblables aux autres. Afin de ne pas laisser d'accès au favoritisme, il conviendrait que les officiers-généraux fussent astreints à prendre dans les premiers numéros leurs aides-de-camp, leurs officiers d'ordonnance, et que ceux-ci, au bout d'un temps déterminé et fixe, passassent de droit au grade supérieur.

Nous verrons bientôt par quel mode, analogue au précédent, offrant les mêmes garanties d'impartialité et de justice, on pourrait régler l'avancement des généraux de brigade et des généraux de division.

Relativement aux promotions aux grades inférieurs à celui d'officier, elles s'effectueraient toujours par régiment, mais d'après les principes que nous venons d'établir. Les candidats de la même catégorie, proposés à l'élection dans chaque compagnie ou dans chaque escadron, concourraient ensemble pour former le tableau d'avancement qui serait scrupuleusement suivi par le colonel.

Il va sans dire que le système que nous venons d'esquisser en quelques traits devrait être modifié en temps de guerre, auquel cas les épreuves du métier pratique remplaceraient celles du concours. Quoi qu'il en soit, ce système n'en est pas moins recommandable à suivre, parce que pendant la paix qui est l'état habituel et en quelque sorte, l'état de préparation des armées, il leur inculque, en les consacrant, des principes de justice, de dignité et de droiture qui sont les premières qualités du soldat; parce qu'il stimule l'émulation, le zèle, le goût du travail; parce qu'enfin il exclut le favoritisme, ce vice social qu'en raison de l'imperfection des hommes on ne peut extirper qu'en leur enlevant par la loi le pouvoir de le pratiquer.

Le ciel nous préserve de vouloir faire ici de la critique de personnes; mais nous constatons, comme nous le devons pour l'objet qui nous occupe, les défauts et les faiblesses de l'humanité. Tant qu'il y aura des hommes, il y aura des abus et des injustices, des protecteurs et des protégés. Nous ne valons guères mieux les uns que les autres, et l'âge d'or où les vertus coulent de source comme les ruisseaux de lait et de miel, n'existe que dans l'imagination des poëtes; pour restreindre autant que possible le nombre des iniquités, il faut substituer les lumières, le désintéressement des jugemens collectifs à l'ignorance, à l'aveuglement, à la partialité des jugemens individuels.

Afin d'établir un rapport équitable dans l'avancement des différentes armes, nous avons admis que les candidats, proposés pour un grade dans l'une d'elles, seraient aptes à concourir pour le même grade dans l'une quelconque des autres. Cette mesure serait en effet toute de justice, de raison et entièrement favorable aux intérêts de l'armée. Elle serait juste; car elle accorderait à tous les mêmes droits : elle serait raisonnable et avantageuse; car elle aurait pour résultat de donner l'avancement aux officiers les plus aptes, les plus méritans et de porter à la tête des troupes les hommes les plus capables de les bien commander.

Il est indispensable qu'il n'y ait à la guerre que des officiers, des sous-officiers et des soldats qui, par leur âge comme par leur validité, soient capables d'en bien supporter les privations et les fatigues. Cette vérité est évidente d'elle-même et son application réside dans une bonne loi sur la retraite qui, disons-le en passant, n'existe pas encore en France; la loi actuelle a besoin d'être modifiée et améliorée : la retraite, principalement dans les grades subalternes, ne se donne ou du moins ne devient obligatoire qu'à un âge trop avancé. Dans les hauts grades, il n'existe pas un rapport convenable entre les traitemens qu'elle alloue et ceux de l'activité. Les pensions des officiers généraux, par exemple, sont trop mesquines eu égard aux services rendus et à l'importance des positions passées; on satisferait mieux aux conditions désirables, en augmentant la solde des retraites, en même temps qu'on diminuerait un peu celle des emplois actifs, de façon que les dépenses du trésor restassent sensiblement les mêmes. Cette combinaison s'arrangerait à merveille avec la convenance de rajeunir, dans de certaines limites, les cadres de l'armée.

Telles sont à peu près, avec les conséquences qui en découlent, les conditions générales de la bonne organisation des différentes armes et par suite des armées qui en sont la réunion. Il nous reste à examiner la question importante de la distribution des commandemens supérieurs.

PARAGRAPHE V.

De la distribution convenable des commandemens supérieurs.

Non-seulement il est indispensable à une armée d'avoir, dans tous les degrés de la hiérarchie, des hommes valides et actifs, mais il est encore du plus haut intérêt pour elle de posséder dans les hauts grades et dans le commandement suprême des officiers jeunes encore. C'est là une conséquence naturelle de ce fait qu'on ne saurait nier : la promptitude, la hardiesse unies à la profondeur dans les conceptions, l'activité, la vigilance dans l'exécution des projets, l'énergie communicative d'esprit et de corps, en un mot, les qualités principales des chefs supérieurs sont généralement l'apanage de la jeunesse ou de l'âge mûr.

Cette vérité, qui n'admet que de rares exceptions, ressort aussi palpable des enseignements de l'histoire que de l'analyse logique des hommes et des choses. Dans les temps anciens comme dans les temps modernes, on en trouve la confirmation dans les exemples d'Alexandre, d'Annibal, de Scipion, de César, de Gustave-Adolphe, de Turenne, de Condé, de Luxembourg, du prince Eugène, de Frédéric II, de Napoléon, et d'autres encore. Tous ces hommes de guerre, les plus grands que le monde ait produits, arrivèrent jeunes encore et plusieurs dans la première jeunesse à l'apogée de leur génie et de leur gloire. Enfin, on peut citer dans l'histoire contemporaine un fait qui démontre la même vérité d'une manière inverse. Les alliés ligués contre la France, dans les premières guerres de la république, durent en grande partie leurs revers à l'âge trop avancé de leurs chefs, qui n'avaient pas cette énergie ardente et active, ce feu sacré que possédaient les jeunes généraux de la France.

Pour satisfaire à la condition que nous venons d'établir, il faut, comme nous l'avons dit déjà, pousser aussi vite que possible les officiers chez lesquels se manifestent des talens éminens, une aptitude exceptionnelle au métier des armes. En temps de paix, les épreuves à cet égard ne sauraient être complètes; mais c'est là un inconvénient auquel on ne saurait remédier, et faute de données positives, il faut s'en rapporter aux chances les plus probables. Or, il est clair que les officiers qui se montreront les plus recommandables par leur zèle, leurs connaissances dans le service, par leur instruction générale, leurs travaux, les facultés de leur esprit, seront aussi ceux qui présenteront les meilleures garanties et qu'il conviendra de porter de bonne heure aux grands commandemens.

Nous avons indiqué de quelle manière l'avancement pourrait être dirigé vers le but, jusqu'au grade inclus de général de brigade. Indiquons maintenant comment il conviendrait de le régler au-delà; et d'abord déterminons le nombre de grades qu'il faudrait établir au-dessus de celui de général de brigade.

Comme nous l'avons vu, une armée se compose ordinairement de quatre corps d'armée : chacun de ceux-ci comprend quatre divisions : enfin chaque division peut se décomposer, elle-même, en deux ou trois brigades.

De là, quatre fonctions bien distinctes dans les commandemens à attribuer aux officiers-généraux. Or, pour que ces fonctions soient bien remplies, pour que les chefs qui les exercent soient toujours promptement et scrupuleusement obéis, il importe que ces chefs soient de grades différens et qu'il y ait parmi eux un maréchal généralissime, des généraux chefs de corps d'armée, des généraux de division, enfin des généraux de brigade.

En France, le grade de chef de corps d'armée n'existe pas et c'est là une malheureuse lacune dont l'exemple des dernières guerres a pourtant assez démontré les inconvéniens. Lorsqu'un chef militaire a sous ses ordres des officiers de même grade que lui, il faut qu'il possède un caractère bien fortement trempé, une supériorité de talent bien dûment constatée pour obtenir de ses égaux, subordonnés du moment, l'obéissance passive et prompte qui sont indispensables à la guerre. Si, par l'ascendant irrésistible de sa volonté et de son génie, Bonaparte sut toujours se faire obéir, quelles fâcheuses conséquences n'eurent pas à l'armée de Moreau sa faiblesse de caractère et son manque d'autorité morale sur ses lieutenans, divisionnaires comme lui? Quelles difficultés, quelles funestes entraves ne souleva pas encore l'exercice des commandemens, dans les rares occasions où Napoléon plaça des maréchaux de l'empire sous les ordres d'autres maréchaux?

D'après ce qui précède, il doit donc exister dans une armée bien organisée trois grades au-dessus de celui de général de brigade; et celui de chef de corps d'armée est à créer en France.

Voici maintenant de quelle manière nous concevrions que l'avancement eût lieu dans les grades les plus élevés.

Dans chaque corps d'armée ou dans chaque circonscription militaire comprenant une douzaine de généraux de brigade, un tiers de ceux-ci seraient portés, pour l'avancement au choix, par les colonels, les généraux de brigade, les généraux de division, les chefs de corps d'armée, enfin par les maréchaux. Les candidats concourraient par écrit, sur d'importantes questions proposées par le ministre de la guerre, et un jury, composé de chefs de corps d'armée et présidé par un maréchal, serait juge du concours; la liste par ordre de mérite serait publiée et scrupuleusement suivie pour les promotions. Un mode analogue réglerait l'avancement des divisionnaires. Le jury d'examen serait composé de maréchaux et présidé par le ministre.

Le système indiqué ne paraîtra ni impraticable, ni étrange à quiconque refléchira qu'en France les hommes les plus éminens, par leur esprit et leur savoir, n'arrivent, de fait, pas autrement que par la voie du concours et de l'élection aux honneurs de l'Institut.

Quant à la dignité du maréchalat, elle ne pourrait être accordée que pour action de guerre, ou au moment d'une déclaration de guerre à celui qui serait investi du commandement général. Le gouvernement choisirait le généralissime soit parmi les maréchaux, soit parmi les chefs de corps d'armée. Afin d'obtenir dans les commandemens importans et, par suite, dans les opérations, un accord, un ensemble de vues, aussi parfaits que possible, le généralissime désignerait lui-même ses généraux, chefs de corps, et ceux-ci désigneraient leurs divisionnaires.

La latitude laissée au gouvernement n'aurait pas ici les dangers d'un choix soumis à des hommes incompétens ou ignorans du mérite, parce que les candidats, éligibles, seraient bien connus et auraient tous fait leurs preuves d'aptitude : cette latitude présenterait au contraire les bonnes chances d'un jugement impartial porté par des esprits éclairés.

Le choix des hommes destinés à jouer un grand rôle est toujours une chose importante et difficile ; moins difficile pourtant dans un pays civilisé et libre où l'instruction est répandue, où toutes les facultés sont appelées à se produire, où les opinions se manifestent avec l'autorité de la vérité et de la justice, que dans les pays dont la civilisation est arriérée, dont les mœurs sont aristocratiques, dont les gouvernemens sont absolus.

Dans ces derniers, où un seul maître est à la fois pour ses sujets un juge sans appel et le dispensateur souverain des faveurs, il faut à ce maître un coup-d'œil bien pénétrant et bien sûr, une volonté bien ferme d'impartialité pour reconnaître et récompenser le mérite, à travers la foule de courtisans, de conseillers timides et sans franchise, de médiocrités intéressées et jalouses qui forment le plus souvent son entourage. Il faut encore, dans le cas qui nous occupe, que le maître n'ait pas des prétentions mal fondées à être un grand capitaine : sans cela il voudra commander son armée en personne et pourra hasarder, pour une rivalité d'amour-propre, les destinées de son empire.

Le talent de savoir juger et choisir les hommes fut le principal mérite de Louis XIV, celui à qui il dut sa gloire et la splendeur de son règne. S'il fit quelques choix malheureux dans le cours de sa longue carrière, ces choix furent rares avant le déclin de celle-ci, et la plupart au contraire portèrent l'empreinte de la pénétration, de l'équité et l'on peut dire d'un esprit large et libéral. Sans parler de la protection éclairée que, sans distinction de personnes, ils accorda aux lettres, aux sciences et aux arts, il éleva Colbert, Catinat, Jean Bart aux plus hauts emplois, bien qu'ils ne fussent ni courtisans, ni de haute lignée et qu'ils n'eussent pour eux que leurs rares qualités.

Napoléon posséda aussi à un degré éminent le talent de bien apprécier les facultés intellectuelles des hommes : malheureusement il ne jugea pas aussi bien leur caractère et leur cœur; car l'égoïsme et l'ingratitude de ceux qu'il éleva furent une des causes les plus influentes de sa chute!

CHAPITRE II.

DE L'ARTILLERIE.

Si l'esprit se laissait aller à l'entraînement séduisant, et en apparence logique, de déduire des expériences de la paix ce qui doit arriver à la guerre; s'il admettait que les perfectionnemens, les découvertes dont s'est enrichie depuis peu l'arme déjà si terrible de l'artillerie (1), doivent avoir les résultats qu'ils semblent présager, il conclurait incontestablement que les batailles, que les combats des temps futurs seront presque exclusivement décidés par l'artillerie.

Cette conclusion pourtant serait trop hâtive et vraisemblablement entachée d'exagération. En

---

(1) On veut parler ici des fusées *à la congrève* et des fusils à tige, dont il a été question ailleurs.

effet, si des armes dont des essais consciencieux et bien faits ont démontré la justesse, la grande portée, les grands effets peuvent conserver toutes leurs qualités à la guerre; il n'en est pas de même des hommes qui sont chargés de s'en servir. Ceux-ci, quelque braves qu'ils soient d'ailleurs, ne sauraient avoir sur le champ de bataille, le sang-froid, la sûreté de coup-d'œil et de main, l'habileté qu'ils ont sur un champ de manœuvre. En outre, pour qu'une arme soit avantageusement employée en campagne, il faut qu'elle ne se détériore pas facilement, que son transport, celui de ses munitions et de ses attirails soient commodes, exempts de dangers ou d'inconvéniens graves. Il faut, en un mot, que l'expérience vienne apporter sa sanction à des prévisions plus ou moins justes, offrant des chances de réalisation plus ou moins probables.

Quoi qu'il en soit, s'il est contraire à la raison de prétendre que l'artillerie soit destinée à devenir, en quelque sorte, l'arme unique des armées, nous croyons du moins pouvoir affirmer qu'elle sera l'arme prépondérante, et nous entendons par-là qu'elle est de toutes la plus susceptible de rendre d'éminens services dans le plus grand nombre de circonstances décisives qui se présentent à la guerre.

Notre opinion est fondée, non pas sur les résultats d'une importance encore inconnue, mais pourtant incontestable, qu'auront les améliorations dont nous venons de parler, mais sur l'expérience bien positive d'une guerre de vingt-cinq ans. Elle est fondée sur les avantages immenses que l'artillerie procura à l'empereur Napoléon, qui en connaissait les ressources, savait l'employer et qui obtint intégralement ou partiellement par elle la plupart de ses succès les plus difficiles et les plus marquans, notamment ceux de Marengo, d'Eylau, de Friedland, de Wagram, de Smolensk, de la Moskowa, de Lutzen. Nous la basons encore sur le degré de perfection réel et reconnu qu'a atteint l'artillerie française, par l'accroissement de sa mobilité qui lui permet de suivre, et par fois de devancer, la cavalerie dans les mouvemens les plus rapides, par l'amélioration (1) d'une partie de ses pièces, par la diminution et la simplification de ses équipages, par l'homogénéité des élémens qui concourent à former les batteries. Nous la basons enfin sur le fait de ses grands effets, du peu d'appareil et du peu de temps qu'elle exige pour les produire, fait déjà cité antérieurement, qui ressortira encore de l'examen de l'emploi combiné des trois armes, et duquel il résulte qu'elle est la plus propre à frapper de ces coups vigoureux et

(1) Il n'est pas rare, dans de grandes manœuvres où une batterie d'artillerie à cheval ou même d'artillerie montée se trouve à l'aile marchante d'une division de cavalerie, de voir cette batterie arriver en ligne avant elle. Ce résultat tient à l'observation plus facile de l'ordre et de l'ensemble dans les mouvemens, à l'avantage d'éviter les retards occasionnés par les fluctuations, en tous sens, de la cavalerie, à la liaison des chevaux attelés aux pièces et aux caissons, liaison qui donne à ces chevaux plus de franchise dans les allures, en même temps qu'elle les empêche de se dérober.

imprévus qui ont une influence si décisive sur le sort des batailles.

Au reste, l'opinion que nous émettons ici sur l'artillerie est celle de tous les chefs militaires qui en ont étudié sérieusement les effets et l'emploi (1). Malheureusement ces chefs sont rares et la plupart des généraux, appelés à diriger les armées, connaissent imparfaitement et apprécient mal ses ressources.

Nous allons essayer de les mettre en lumière, et nous espérons qu'on nous pardonnera, si nous nous livrons à des développemens un peu étendus. L'importance du sujet sera l'excuse légitime de la longueur du discours.

Sans nous jeter dans des détails superflus, nous embrasserons, dans ses parties principales, l'organisation de l'arme, sa composition en matériel et en personnel, son instruction, les effets du tir de

---

(1) L'illustre maréchal Macdonald nous écrivait le 6 août 1840, quelque temps avant sa mort :

« Je connais mieux la pratique de votre arme que sa théorie : elle jouera
« désormais le plus grand rôle dans les armées. L'Empereur a encore été le pre-
« mier et tout aussitôt imité par les autres puissances, à lui donner plus de
« développement. C'est dommage que les trains soient aussi embarrassans, les
« munitions aussi exposées. Qui aurait pu croire, si on ne l'avait vu, à une bat-
« terie de cent pièces? C'est pourtant ce qui est arrivé sous mes yeux et mon
« commandement à Wagram. L'empereur m'envoya, pour appuyer mon mouve-
« ment, soixante pièces attachées à sa garde : j'en avais quarante ; donc cent, qui
« firent beaucoup de ravage et conséquemment beaucoup de bruit. La proportion
« en obusiers n'était pas suffisante contre les masses de cavalerie et d'infanterie
« très rapprochées ; mais c'était, il est vrai, un cas particulier.

ses pièces; enfin sa tactique générale et son emploi sur le champ de bataille.

SECTION PREMIÈRE.

Organisation de l'arme.

PARAGRAPHE PREMIER.

Composition du matériel.

Le matériel de campagne se compose actuellement, en France, de batteries de 12 et de batteries de 8; celui de montagne, de batteries d'obusiers de 12 centimètres: celui de siége, de canons de 24, de 16, de 12 (longs); d'obusiers de 22 centimètres; de mortiers de 27 centimètres, de 22 centimètres, de 15 centimètres; de pierriers de 41 centimètres.

En outre, l'artillerie de terre a adopté en 1841, pour la défense des côtes, le canon de 30 long et l'obusier de 22 centimètres de la marine.

Une batterie de 12 comprend quatre canons de 12 et 2 obusiers de 16 centimètres: une batterie de 8, 4 canons de 8 et 2 obusiers de 15 centimètres : une batterie de montagne, 6 obusiers de 12 centimètres. Les canons de 12 et les obusiers de 16 centimètres ont le même poids et sont montés sur les mêmes affûts ; il en est de même des canons de 8 et des obusiers de 15 centimètres. Quant à l'obusier de montagne, il pèse 100 kilogrammes et forme, avec son affût, du même poids que lui, porté comme lui à dos de mulet, un ensemble tellement commode, simple et léger, qu'on peut, en quelque sorte, le conduire partout où il est possible à l'homme de poser le pied.

Chaque batterie de campagne a un approvisionnement de 400 coups par pièce, dont moitié avec elle, moitié au parc : Ses équipages se composent moyennement d'une trentaine de voitures. L'approvisionnement des batteries de montagne est généralement moindre, et variable d'ailleurs avec les circonstances. Dans la guerre d'Afrique, il a dépassé rarement le chiffre de 100 coups par pièce.

Ce système général de matériel nouveau est bien préférable à l'ancien, dit système *Gribeauval*. Il possède de bons obusiers de campagne et de siége, tandis que le dernier n'en avait que de mauvais, sans portée et sans justesse, à cause de leur trop faible longueur. Il comprend, pour la guerre de montagnes, une artillerie spéciale qui, à proprement parler, n'existait pas. Enfin, des améliorations faites aux affûts et aux voitures l'ont rendu beaucoup plus simple, plus mobile, et plus susceptible de franchir avec facilité les obstacles de terrain qu'on rencontre à la guerre.

Quoi qu'il en soit, et bien que supérieur à celui des autres nations de l'Europe, le matériel de l'artillerie française, comme la plupart des bonnes choses, n'a pas encore atteint son plus haut degré de perfection. Voici quelques observations critiques qui peuvent être faites avec justesse, à son sujet.

Dans les batteries de campagne, la proportion des obusiers est trop faible, eu égard aux services que ces pièces sont aptes à rendre dans les différentes circonstances de la guerre où leur tir est généralement plus efficace que celui des canons (1).

Cette supériorité fréquente des obusiers tient surtout au grand nombre de cas dans lesquels l'artillerie est appelée à agir par des feux courbes, contre un ennemi placé dans un terrain accidenté, et abritant ses troupes ainsi que son matériel derrière des mamelons, des crêtes, des murs, des masques de toute espèce. Elle tient encore aux grands effets du tir à obus contre la cavalerie et contre des masses d'infanterie rapprochées. Elle tient enfin à ce que le tir à mitraille des obusiers, quoique étendant moins loin ses ravages que celui des canons, est beaucoup plus ramassé et plus meurtrier aux distances comprises entre 600 mè-

(1) Cette vérité a été démontrée par une discussion approfondie dans notre *Essai sur les obusiers*, publié en 1843.

tres et 200 mètres, auxquelles ce tir acquiert le plus de vivacité et d'importance.

Il conviendrait, d'après cela, de porter, dans la composition des batteries de campagne, le nombre des obusiers au niveau de celui des canons, et c'est, on se le rappelle, une modification que nous avons adoptée dans l'organisation d'une armée et des différens corps qu'elle comprend.

Les étrangers employent à la guerre des batteries exclusivement composées d'obusiers. Ce système peut être rationnel chez eux, en ce que ces pièces ayant des affûts qui diffèrent de ceux des canons, il permet de faire dans les équipages une économie de rechanges.

Dans l'artillerie française, où à chaque canon de campagne correspond un obusier, ayant le même affût, le même avant-train et le même caisson, il vaut mieux, comme nous l'avons dit plus haut, avoir des batteries composées en égal nombre des deux espèces de pièces.

Cette organisation, qui permet d'ailleurs de former, en cas utile, des batteries entières de canons ou d'obusiers, se prête mieux à une répartition convenable et uniforme de ces bouches à feu dans les diverses fractions des corps d'armée.

Au sujet des approvisionnemens, l'on peut dire que les obusiers de campagne ont des charges trop fortes pour les circonstances générales du tir courbe, et qu'il conviendrait de leur donner trois charges différentes, au lieu de deux.

Il conviendrait également d'augmenter pour eux comme pour les canons, le nombre des boites à balles et de comprendre dans les caissons, ainsi que le font les étrangers, quelques balles à éclairage et à incendie. Enfin, il serait utile de ne pas mêler dans les coffres à munitions les coups à boulet ou à obus avec les coups à mitraille, et de placer ceux-ci dans les avant-trains des pièces, qui pourraient les contenir presque tous. Lorsqu'en effet, on en est venu à employer le tir à balles, on n'employe plus d'autre tir dans la crise qui le nécessite : les circonstances sont pressantes et il faut agir rapidement : il importe donc d'éviter les embarras, les retards qui peuvent provenir de la double nécessité, 1° d'emmener avec les pièces tous les caissons dans lesquels sont disséminés les coups à mitraille, 2° de retirer ces coups, perdus en quelque sorte au milieu d'un grand nombre d'espèces différentes, de voitures qu'on n'a pas sous la main, comme on a les avant-trains des bouches à feu.

Dans la guerre de siéges, de même que dans celle de campagne, les obusiers ne sont pas appréciés à leur valeur ni employés en nombre suffisant : ils n'entrent généralement, dans les équipages de l'assiégeant, que dans la proportion du 1/8 du nombre total des pièces : cette proportion est trop faible, eu égard à la grande efficacité de leur tir courbe et à celle de leur tir direct, ayant pour objet de détruire les batteries, les magasins, les parapets de l'ennemi, au moyen d'obus de 22 centimètres remplis de poudre. Il y aurait avantage à porter ladite proportion au 1/6, en remplaçant par des obusiers un certain nombre de canons de 16.

Il serait aussi avantageux d'augmenter la proportion des obusiers de 22 centimètres dans la défense des places, et de la fixer à 1/10 environ du nombre des pièces employées. D'après les usages existans, on ne met en général qu'un obusier de siege à chaque saillant de bastion ou demi-lune soumis aux attaques. Il en faudrait trois et en outre un à chaque saillant de cavalier.

N'oublions pas d'observer que dans l'attaque et dans la défense des places, les fusées à la *congrève* joueront un rôle, sinon plus important que dans la guerre de campagne; du moins qu'on peut considérer comme d'un effet plus sûr, dans des prévisions devançant la sanction de l'expérience.

On pourra mettre à-peu-près de côté la considération majeure des embarras, des inconvéniens et des dangers du transport. La condition de la justesse du tir sera mieux garantie, en raison des abris que les pointeurs auront pour se couvrir. Enfin, aux distances très rapprochées où se passeront les grandes crises, où le tir ne pourra dévier sensiblement du but, les fusées de gros calibre portant d'énormes cartouches remplis de poudre causeront d'affreux ravages, soit dans les batteries de l'attaque, soit dans celles de la défense.

Relativement aux pièces, sous le rapport de leurs dimensions, de leurs formes, de leur poids, de la portée, de la justesse et de l'efficacité de leur tir, elles laissent peu à désirer et il serait difficile d'imaginer un système de beaucoup supérieur à celui de l'artillerie française.

Quoi qu'il en soit, comme toute chose est perfectible en ce monde, nous pensons qu'on pourrait améliorer encore ce qui est déjà bien, par quelques modifications légères et bien entendues.

Les obusiers de campagne ont dans le tir à mitraille une portée efficace sensiblement moindre que celle des canons qui leur correspondent. Cet inconvénient, tenant à ce que le poids de la charge est trop faible, relativement à celui de la boite à balles, on pourrait l'atténuer sinon le faire disparaître entièrement, sans préjudice d'ailleurs pour le tir à obus. Il suffirait pour cela de diminuer les calibres de 4 ou 5 millimètres; d'allonger les âmes d'un décimètre environ, en conservant aux pièces approximativement le même poids; enfin, de déterminer les charges du tir à mitraille de façon que les pressions sur les affûts ne fussent pas augmentées (1).

Ce que nous venons de dire des moyens d'améliorer le tir des obusiers de campagne, est applicable aussi à l'obusier de siége, ainsi qu'à celui de

---

(1) Cette question a été longuement traitée dans notre *Essai sur les obusiers*, publié en 1843.

montagne; mais il convient d'entrer pour ce dernier dans quelques explications particulières.

L'obusier de montagne et son affût devant, l'un et l'autre, être transportés à dos de mulet, ne peuvent naturellement avoir un poids considérable. La limite de 100 à 105 kilogrammes, fixée pour celui du premier, ne saurait raisonnablement être dépassée; non pas qu'il soit impossible à un mulet vigoureux de porter davantage, mais parce que le chargement de la pièce étant incommode et plaçant très haut le centre de gravité, ce chargement est sujet à occasionner des blessures. Quant au poids de l'affût, que l'on suppose égal à celui de l'obusier, il peut sans inconvénient être augmenté de 8 à 10 kilogrammes, parce que son chargement ne présente pas le défaut que nous venons de signaler.

Cela posé, l'examen du tir de l'obusier de montagne, que pour notre compte nous avons suivi attentivement pendant près de quatre années dans les expéditions de l'armée d'Afrique, cet examen démontre les faits suivans :

Le tir à obus a une justesse satisfaisante jusqu'à la distance de 400 à 500 mètres, lorsque le temps est calme ou à-peu-près; il devient incertain au-delà de cette distance, ou lorsqu'il fait beaucoup de vent.

Le tir à mitraille est juste et efficace jusqu'à 200 mètres environ; mais à des distances plus éloignées, il n'a plus ni efficacité, ni justesse. En outre, ce tir fatigue considérablement les affûts et les brise même assez souvent à l'essieu, ceux-ci ne pouvant, à cause de la condition de leur légèreté, avoir, comme les affûts de campagne, des essieux en fer (1). Voici, d'après ce qui précède, comment pourrait s'améliorer dans l'artillerie française le système des obusiers de montagne (2):

1° En diminuant leur calibre d'environ 1 centimètre, de manière à les rendre propres à tirer les boulets de campagne de 8 : en augmentant en même temps leur longueur de 8 à 10 centimètres, de manière à leur conserver le même poids, et à satisfaire aux conditions générales de la construction des bouches à feu;

2° En leur faisant tirer, outre les boulets de 8, des obus d'une densité un peu plus grande que celle des obus en usage, des boîtes à mitraille ayant le même nombre de balles et naturelle-

---

(1) Nous pouvons citer à cet égard un fait dont nous fûmes le témoin intéressé. Le 12 septembre 1843, dans une affaire contre Ab-del-Kader, où nous commandions une section d'obusiers de montagne, et une vingtaine de fusils de rempart, un affût fut brisé et un autre endommagé dans le tir à mitraille.

(2) Cette amélioration est des plus désirables, car, ainsi que nous l'avons prouvé ailleurs, il est essentiel que les corps d'armée de réserve soient rendus assez mobiles, pour pouvoir à l'occasion se jeter promptement sur un point important, par des chemins impraticables aux voitures. Or, les batteries d'obusiers de 12 centimètres, qu'en vue de cette éventualité nous avons comprises dans leur organisation, étant alors les seules qui puissent les suivre, il faut que ces batteries soient les meilleures possibles, afin que leurs effets, ajoutés à ceux des fusées à *la congrève*, à ceux des fusils à tige, et surtout à l'effet moral occasionné par une attaque vive et imprévue, procurent la victoire, malgré la supériorité de l'artillerie ennemie.

ment moins lourdes que les boites actuelles, des *schrapnell*, et à l'occasion des balles incendiaires;

3° En déterminant leur charge, de telle sorte que la pression supportée par les affûts dans le tir ne soit pas plus forte qu'elle ne l'est maintenant;

4° En renforçant les essieux des affûts, au moyen d'une forte garniture en tôle, du poids de 8 à 10 kilogrammes;

5° En comprenant dix coups au lieu de huit dans les caisses à munitions, parmi lesquels quatre à obus, deux à boulet, deux de *schrapnell*, un à mitraille et un de balle incendiaire; en augmentant d'un dixième le chargement des caisses en cartouches d'infanterie (1).

Enfin, pour compléter ces améliorations, nous voudrions que dans chaque section de montagne un mulet fût spécialement chargé, pour chacune de ses pièces, de *deux masses additionnelles* en plomb, pesant ensemble une cinquantaine de kilogrammes, et destinées à être suspendues pendant le tir, l'une à la bouche et l'autre à la culasse. Le mode d'attache de ces masses serait des plus simples. Elles porteraient un crochet qui viendrait s'engager dans un anneau fixé soit à une chaine, soit à une bande en forte tôle embrassant l'obusier. Les poids respectifs en seraient calculés de telle sorte que, l'axe de la pièce étant horizontal, leurs

(1) Les caisses actuelles de munitions d'artillerie pèsent [illegible]0 kilogrammes. Celles de munitions d'infanterie en pèsent 47.

mouvemens fussent égaux par rapport à un plan vertical passant par l'axe des tourillons. Dans le tir sous des inclinaisons considérables, on avancerait, de quantités qui pourraient être réglées à l'avance relativement aux hausses, la masse suspendue à la culasse, de manière à diminuer la prépondérance de celle-ci et par suite la pression sur les affûts.

Par ce moyen simple et peu embarrassant, qui augmenterait artificiellement d'un tiers le poids des obusiers, on pourrait améliorer sensiblement leur tir, sans s'exposer au danger de briser les affûts ou à l'inconvénient d'augmenter un recul déjà trop considérable.

Le système des canons de l'artillerie française donne peu de prise à la critique. Toutefois, il résulte de leurs formes extérieures, un inconvénient qui apparait dans certaines circonstances de leur tir, et qu'il conviendrait de faire disparaître : nous voulons parler de l'inclinaison de la ligne de mire naturelle sur l'axe des pièces. Cette inclinaison, nécessitant l'emploi hasardeux de hausses négatives, aux distances plus petites que celles du but en blanc, est nuisible pour les canons à longue portée en usage dans les siéges; nuisible encore pour les canons de campagne, en ce qu'elle est un obstacle à la promptitude et à la justesse du tir parallèle au terrain, tir le plus opportun et le plus efficace dans un grand nombre de circonstances de la guerre.

Pour faire disparaître l'inconvénient signalé, il suffirait que les bouches à feu fussent surmontées au bourrelet en tulipe, ou à la plate-bande de la bouche, d'un petit épaulement métallique, donnant à cette partie et par rapport à l'axe un rayon égal à celui de la culasse (1).

Relativement au nombre total de pièces à comprendre dans une armée en campagne, nous avons admis qu'il serait, dans les circonstances générales, de 4 par 1,000 combattans d'infanterie et de cavalerie, indépendamment d'ailleurs de celui des tubes de fusées qui serait, en attendant les enseignemens de l'expérience, moindre de moitié.

Ce chiffre nous paraît convenable sous tous les rapports, et il en est de même de la détermination prise de ne pas augmenter les approvisionnemens en munitions, calculés sur la base de trois pièces par 1,000 hommes; en d'autres termes, de n'approvisionner les batteries nouvelles qu'à raison de 300 coups par pièce, au lieu de 400.

En effet, outre l'avantage qu'on a ainsi de restreindre notablement le nombre des équipages, il est à observer que plus on a de munitions, plus on en use, plus on est porté à engager le feu de loin, ce qui est un tort grave, ayant pour résultat d'aguérir l'ennemi au canon, sans lui faire de mal. Au lieu de commencer à 1,800 mètres et quelque-

(1) Les avantages de cette modification et de la plupart de celles qui précèdent ont été signalés dans notre *Essai sur les obusiers*.

fois au-delà, le tir de l'artillerie de campagne devrait ne le faire qu'à environ 1,200 et s'exécuter alors avec lenteur et beaucoup de réserve. Ce n'est guère qu'à partir de 800 mètres qu'il convient de lui donner de l'activité, et une vivacité d'autant plus grande d'ailleurs que les circonstances sont plus favorables.

Or, les dispositions adoptées permettront de satisfaire à toutes les conditions désirables : car si l'on a ménagé convenablement les munitions, les batteries en conserveront une quantité suffisante pour les crises finales. En outre, elles auront alors par le nombre de leurs pièces les moyens d'activer le tir, comme il importera de le faire.

Au sujet de la proportion et de la répartition des différentes espèces de batteries dans les corps d'armée, il y a peu de chose à redire aux usages existans. Nous citerons toutefois deux modifications légères qui ne seraient pas sans avantages, et que nous avons admises dans l'organisation proposée ci-dessus.

L'une consiste à bannir le calibre de 12, entrant dans la proportion d'un sixième environ dans la composition des équipages des divisions, ainsi que des batteries de réserve, destinées à agir rapidement et de près, et à le répartir entre les autres divisions où il peut être beaucoup plus utile. L'autre consiste à ne pas s'astreindre à attacher exclusivement à la cavalerie des batteries à cheval, les batteries de 8 montées étant capables de la suivre dans ses mouvemens les plus rapides.

Quant à la détermination que nous avons prise d'admettre des batteries de quatre pièces, commandées par des capitaines, et réunies deux à deux sous les ordres d'un chef d'escadron, elle a pour but, comme nous allons le voir, de mettre l'importance des commandemens dans un accord convenable avec l'élévation des grades.

PARAGRAPHE II.

Composition et instruction du personnel de l'artillerie.

Relativement à la composition du personnel de l'artillerie, nous parlerons uniquement de celui des batteries de campagne.

Dans le système actuellement existant en France, une batterie, comprenant six pièces avec les approvisionnemens et le matériel qu'elles comportent, se compose en personnel, d'un capitaine en premier, commandant; d'un capitaine en second, chargé du matériel; d'un lieutenant en 1er, d'un lieutenant en 2e, ou sous-lieutenant, et d'un adjudant, chefs de section; enfin du nombre de sous-officiers, brigadiers et canonniers nécessaires au service, lequel nombre s'élève moyennement à 245 hommes.

Cette combinaison a le défaut d'attribuer au commandant de batterie des fonctions dont l'importance est en désaccord avec le peu d'élévation de son grade, ou plus justement, de ne pas donner à l'homme un grade qui soit en rapport avec les fonctions importantes qu'il est chargé et capable de remplir.

En effet, la proportion des pièces de campagne étant de quatre, par mille combattans, dans une armée, il ne sera pas rare de voir le chef de celle-ci préférer, dans un moment de crise, l'emploi d'une batterie de six pièces à celui de deux bataillons d'infanterie, et attacher pour ainsi dire plus d'intérêt à l'habile direction de la première qu'à celle des derniers. A cette considération qui a du poids comme fait particulier, s'en joint une autre qui en a davantage encore comme fait général.

Les armes spéciales, pour lesquelles on admet qu'il faut des études plus fortes, des épreuves plus longues et plus difficiles que pour les autres, ces armes, par suite d'une organisation vicieuse et de préjugés plus vicieux encore, se trouvent dans cette alternative funeste, que peu de leurs officiers arrivent à des grades élevés et que pas un, pour ainsi dire, n'arrive aux commandemens généraux des armées. Or, la capacité et l'instruction n'étant pas, que nous sachions, des qualités qui excluent les vertus militaires, il y a là non-seulement une injustice, mais encore un abus préjudiciable aux intérêts du pays et qu'il importe de faire disparaître. C'est dans ce but, dans celui d'établir un plus juste équilibre entre la répartition de l'avancement, et le mérite, les services, qui y donnent des droits, que nous avons proposé pour l'artillerie une modification du personnel, qui conférât le grade de chef d'escadron au commandant de deux batteries réunies, de quatre pièces chacune. C'est surtout dans ce but, et comme mesure complète, que nous avons posé plus haut le principe équitable de laisser à tout officier, proposé pour l'avancement dans une arme, la faculté de concourir pour l'avancement dans l'une quelconque des autres.

Voici maintenant, sans commentaires, la composition détaillée des différentes batteries de quatre pièces, entrant dans l'organisation des corps d'armée, exposée ci-dessus.

(*Tableau ci-contre.*)

Composition projetée des différentes Batteries de Campagne (1)

	Batterie de Canons de 12 et d'Obusiers de 15 centim.	Batterie de Canons de 8 et d'Obusiers de 15 centim. (montée)	Batterie de Canons de 8 et d'Obusiers de 15 centim. (montée) (Réserve d'Artillerie)	Batterie de Canons de 8 et d'Obusiers de 15 centim. (à cheval)	Batterie de Canons de 8 et d'Obusiers de 15 centim. (à cheval) (Réserve d'Artillerie)	Batterie d'Obusiers de 12 centimètres	Batterie de fusées de 67 millimètres (ordinaire)	Batterie de fusées de 67 millimètres (à dos de mulets)	Batterie de fusées de 54 millimètres (ordinaire à pied)	Batterie de fusées de 54 millimètres (ordinaire à cheval)	Batterie de fusées de 54 millimètres (à dos de mulets)
Matériel.											
Canons	2	2	2	2	2	.	.	.	.	.	.
Obusiers	2	2	2	2	2	4	.	.	.	.	.
Tubes de fusées	.	.	.	.	.	.	4	4	4	4	4
Affûts	5	5	5	5	5	5	5	5	5	5	5
Caissons, Chariots, ou Caisses de munitions (Artillerie)	9	6	6	6	6	74	4	100	4	4	60
Caissons ou Caisses de munitions (Infanterie)	.	3	.	1	.	30	.	.	.	.	.
Chariots de batterie ou Couples de Caisses pour outils et rechanges	1	1	1	1	1	2	.	1	.	.	1
Forges ou Couples de Caisses pour forges	1	1	1	1	1	1	.	1	.	.	1
Personnel.											
Adjudant	1	1	1	1	1	1	.	.	.	.	.
Maréchal-des-logis-chef, ou Chef artificier	1	1	1	1	1	1	.	1	1	1	1
Maréchaux-des-logis	6	6	6	6	6	6	4	4	4	4	4
Fourriers	1	1	1	1	1	1	.	.	.	.	.
Brigadiers	8	8	8	8	8	6	.	.	.	.	.
Artificiers	4	4	4	4	4	4	4	4	4	4	4
Canonniers-servants	40	40	40	54	54	32	16	16	16	19	16
Canonniers-conducteurs	58	58	50	57	49	67	15	55	15	15	34
Ouvriers	3	3	3	3	3	2	1	2	1	1	2
Maréchaux-ferrants	2	2	2	2	2	1	.	1	.	.	1
Bourreliers	1	1	1	1	1	1	.	1	.	.	1
Trompettes	2	2	2	2	2	2	1	1	1	1	1
Totaux	127	127	119	135	132	124	42	85	42	45	64
Chevaux de selle	17	17	17	69	69	10	6	6	6	26	6
Chevaux de trait, ou mulets	96	96	78	84	78	67	24	55	24	24	34
Totaux	113	113	95	153	147	77	30	61	30	50	40

(1) Chaque batterie est commandée par un Capitaine en 1er, ayant sous ses ordres un Lieutenant en 1er et un Lieutenant en 2e ou Sous-Lieutenant, chefs de section. Deux batteries réunies sont placées sous le commandement d'un chef d'escadron, ayant pour adjoint un Capitaine en 2e chargé du matériel.

Le mode d'instruction suivi dans les régimens d'artillerie laisse peu à désirer. Toutefois, comme cette instruction comprend beaucoup de choses, on ne saurait trop recommander de s'attacher particulièrement aux plus essentielles, à celles qui concernent spécialement le métier, et de ne pas consacrer un temps superflu aux autres, par exemple, aux grandes manœuvres à pied ou à cheval. Il importe que tous les canonniers soient des hommes adroits, agiles, vigoureux, et sous ce rapport il serait bon d'avoir dans chaque régiment une école de gymnastique. Il conviendrait que les servans à pied pussent, au besoin, suivre leurs pièces au pas de course, sans monter sur les coffrets : cela rendrait les mouvemens plus rapides dans les terrains difficiles. Les servans à cheval doivent être bons cavaliers et assez lestes pour sauter à cheval, par-dessus leur paquetage, après avoir fait feu. Il n'est pas nécessaire qu'ils soient choisis parmi les plus grands et les plus forts.

Dans les instructions pratiques, on ne saurait trop exercer les officiers, les sous-officiers, brigadiers et canonniers à l'appréciation exacte des distances, par toute espèce de temps et dans toute espèce de terrains, horizontalement, de bas en haut et de haut en bas. C'est en effet cette appréciation qui détermine la justesse du tir à la guerre. L'habileté à cet égard ne saurait s'acquérir dans les exercices des polygones, dont le terrain est uni et où les distances seraient bientôt connues par habitude, si elles n'étaient d'ailleurs jalonnées à l'avance, pour le tir. Il faut donc la chercher ailleurs; et le meilleur moyen d'y arriver, c'est de faire assez fréquemment, par exemple, une fois par mois, des promenades militaires, dirigées dans ce but et dans d'autres buts non moins utiles.

SECTION II.

Effets du tir de l'artillerie à la guerre.

PARAGRAPHE PREMIER.

Effets généraux dans la guerre de campagne.

L'événement le plus important et le plus complet de la guerre de campagne est sans contredit une grande bataille. A lui se rattachent, en général, toutes les circonstances, principales ou secondaires, qui peuvent se présenter; celles de la lutte des troupes en terrain uni ou accidenté, de l'attaque, de la défense des villages ainsi que des retranchemens, et plus rarement celles de la défense ou du passage, de vive force, des défilés et des rivières.

Nous allons examiner le tir des pièces de campagne dans ces différens cas, et indiquer succinctement la manière dont il conviendra qu'il s'y effectue.

TIR DANS UNE BATAILLE EN TERRAIN UNI.

Dans l'exécution du tir en campagne, il convient de distinguer deux cas, celui où le terrain est uni ou fort peu accidenté, et celui où il ne l'est pas.

Dans le premier cas, il existe deux moyens d'atteindre l'objet que l'on vise. L'un consiste à donner à la pièce la direction et l'inclinaison convenables, pour que de son premier jet le projectile arrive au but. L'autre se borne à donner à la pièce une bonne direction, en maintenant son axe parallèle au terrain. L'expérience démontre que lorsque le but a, comme le front d'une troupe, une assez grande étendue en largeur et en élévation, par exemple 30 à 40 mètres pour la première et environ 2 mètres pour la seconde, le dernier mode de tir, aux distances éloignées et jusque vers 800 mètres, est préférable à l'autre, sous le rapport de la justesse. Si même le terrain est entièrement plat, comme celui d'une route, d'une avenue, d'un pont, etc., il y a avantage à employer le tir parallèle, à toutes distances. La supériorité de celui-ci tient au peu d'élévation des ricochets qu'il donne, lesquels ne dépassent guères la hauteur d'un homme, et exposent par conséquent la cavalerie et l'infanterie à être atteintes, sur tout le trajet des projectiles.

Dans le tir parallèle qu'il convient d'employer contre les troupes au-delà de 800 mètres, celui des obusiers a plus d'efficacité que celui des canons, parce que la plus grande masse des projectiles le rend plus rasant et que les obus, après avoir agi comme projectiles pleins, peuvent encore en éclatant au milieu des hommes, en mettre moyennement quatre hors de combat.

En deçà de 800 mètres et jusqu'aux distances où commence le tir à balles, il convient, sauf dans le cas que nous venons d'indiquer, de tirer de plein fouet. La supériorité appartient aux canons ou aux obusiers, suivant les circonstances. Contre les colonnes d'infanterie, on peut de préférence employer les canons; mais contre celles de cavalerie, les obusiers valent mieux, parce qu'ils y causent beaucoup plus de désordre, et aussi plus de ravage. Ces dernières pièces sont encore préférables contre des lignes déployées. En les tirant alors à faible charge, elles produisent par la masse de leurs projectiles, par leurs ricochets rasans, par leurs éclats, plus d'effet que les autres. De 700 à 800 mètres, les canons de 12, il est vrai, occasionneraient plus de dommages, si on y employait leur tir à mitraille qui a de l'efficacité jusqu'à 800. Mais le nombre de boîtes à balles étant très restreint dans les approvisionnemens, il convient de réserver ce tir pour les distances plus rapprochées.

Les distances où la mitraille commence à produire de grands effets et au-delà desquelles il faut éviter d'en faire usage, sont celles de 700 mètres pour le canon de 12, de 600 mètres pour le canon de 8 et l'obusier de 16 centimètres, et de 500 mètres pour l'obusier de 15 centimètres. Il ne convient pas toutefois de l'y employer indistinctement et sans discernement, dans toutes les circonstances. Il faut, au contraire, éviter de le faire contre des troupes dont le front est moindre que celui d'une division (environ 30 mètres). Contre des colonnes étroites et profondes, formées, par exemple, dans le but d'enlever un pont, un défilé, une chaussée, on doit tirer exclusivement à boulet et à obus, jusqu'à la distance de 300 mètres où le tir à balles des obusiers devient le plus efficace de tous : la mitraille peut, en même temps, être employée avantageusement de flanc.

Au-delà de 700 mètres, le tir à balles du canon de 12 a l'avantage sur celui de l'obusier de 16 centimètres, comme ayant plus de portée et de vigueur. Pour le même motif, le tir du canon de 8 est supérieur à celui de l'obusier de 15 centimètres, au-delà de 600 mètres. Mais, à partir de ces distances et à mesure qu'on se rapproche, les obusiers l'emportent de plus en plus sur les canons et produisent, en raison du plus grand nombre de balles de leurs boîtes à mitraille, des effets plus ramassés et plus meurtriers.

Lorsque le front de la troupe contre laquelle on

tire, à moins d'une trentaine de mètres, ce qui est à peu près le front d'une division, lorsqu'il n'est, par exemple, que de moitié, le tir parallèle perd de ses avantages, et à partir d'environ 1,000 mètres, le tir de plein fouet devient préférable, à moins que le terrain ne soit exceptionnellement uni.

Lorsque le front est moindre encore, les avantages du tir parallèle diminuent avec lui, et enfin lorsque le but ne présente qu'une surface fort petite, comme celle d'une pièce à démonter, on doit employer exclusivement le tir de plein fouet. Toutefois, pour avoir de bonnes chances de réussite, il convient de ne pas tirer à plus de 800 mètres avec le canon de 12, à plus de 700 avec le canon de 8 et l'obusier de 16 centimètres, et à plus de 600 avec l'obusier de 15 centimètres.

Si la pièce, ou plutôt la batterie que l'on contrebat, est contrebattue directement, le tir des canons est préférable contre elle à celui des obusiers. Il en est différemment, si la batterie en question est prise d'enfilade ou d'écharpe, parce qu'alors les ricochets rasans et les éclats des obus peuvent produire de bons effets contre le matériel et contre les hommes.

Il est de la plus haute importance, à la guerre, d'user avec beaucoup de ménagement et de réserve des munitions de l'artillerie, de ne pas les employer à de trop grandes distances et dans des circonstances peu favorables. On ne saurait trop recommander ce soin, sans lequel l'approvisionnement d'une batterie serait bientôt épuisé, et qui est rarement rempli avec assez de scrupule. En général, on entame le feu de trop loin, à 1,500 ou 1,800 mètres, tandis qu'il conviendrait de ne le faire qu'à 1,200 et encore avec lenteur. On perd ainsi, sans un sensible dommage pour l'ennemi, des munitions précieuses, qui de près eussent été fort utiles. A partir de 1,200 mètres, le feu doit aller en augmentant graduellement; mais ce n'est qu'entre 600 et 800 mètres, et parfois moins loin encore, qu'il convient de lui donner une grande vivacité. Vers ces dernières distances, il importe d'exécuter le tir avec toute la célérité dont il est susceptible, contre des charges d'infanterie ou de cavalerie et contre une colonne d'attaque quelconque. Il est à remarquer, à cet égard, que les batteries de 8 ont sur celles de 12 un avantage qui compense l'infériorité de leurs effets, considérés coup pour coup.

Il faut éviter d'employer la mitraille contre les tirailleurs ennemis et, pour se garantir du mal qu'ils occasionnent, envoyer contre eux d'autres tirailleurs ou de la cavalerie légère. On se laisse aller parfois à agir autrement, et c'est un tort d'autant plus grave qu'on consomme des munitions fort rares, fort précieuses, pour produire peu d'effet. On doit éviter également de tirer par salves, surtout à balles, afin de ne pas laisser de relâche à l'adversaire et pour que plusieurs coups, tirés ensemble, ne puissent se nuire en atteignant le même but.

TIR DANS UN TERRAIN ACCIDENTÉ.

Nous avons supposé jusqu'à présent que le terrain sur lequel s'exécutait le tir de l'artillerie était uni ou fort peu accidenté. S'il en est autrement, les propriétés du tir parallèle et les avantages de son emploi, au-delà de 800 mètres, disparaissent naturellement. C'est alors le tir courbe qui acquiert de l'importance, et, par ce motif, les obusiers prennent sur les canons une supériorité d'autant plus grande que les accidens du terrain sont plus nombreux et plus variés.

Les canons, en effet, dans leur tir tendu et à forte charge, avec leurs boulets peu volumineux et peu lourds, sont impropres à donner des ricochets efficaces aux distances convenables de 500 mètres à 800 mètres, à atteindre l'ennemi derrière les plis de terrain, les crêtes, les masses couvrantes dont il profite pour abriter ses troupes et son matériel. Leur tir à mitraille, avec sa charge puissante et unique, produit aussi généralement peu d'effet, parce qu'il est impossible de le rendre suffisamment plongeant à des distances assez rapprochées pour ne pas nuire à sa justesse.

Il en est tout différemment des obusiers. Dans le tir à mitraille, ces pièces, dont les grandes charges sont plus faibles et les boites à balles plus lourdes que celles des canons qui leur correspondent, ces pièces sont propres à fournir un tir plongeant et efficace, aux distances de 500 à 600 mètres, avec lesdites charges, et à des distances plus rapprochées, avec les petites. En outre, comme les boîtes des obusiers de 15 centimètres et de 16 centimètres contiennent l'une 70, l'autre 60 balles, tandis que celles des canons de 8 et de 12 n'en renferment que 41 des mêmes calibres, le tir des premières bouches à feu doit être beaucoup plus meurtrier que celui des secondes.

Quant au tir à obus, il possède aussi une grande efficacité, à cause de la masse convenable des obus, de leurs doubles effets comme projectiles pleins et comme projectiles creux, et de l'existence des petites charges, qui permettent l'emploi du tir courbe. On lance les obus, soit de manière à obtenir des ricochets plongeans, qui fouillent les terrains couverts derrière lesquels s'abrite l'ennemi, soit de manière à les faire éclater au point même de leur chute. Ce dernier genre de tir, le plus efficace de tous, lorsque l'adversaire est entièrement caché et n'est pas répandu sur la direction d'une même trajectoire, exige, il faut le dire, des charges beaucoup plus faibles que les petites charges actuellement en usage dans l'artillerie française. Ajoutons que celles-ci devraient même être diminuées du tiers ou du quart, pour donner des ricochets convenablement plongeans, aux distances de 400 à 600 mètres, au-delà desquelles le tir courbe conserve peu de justesse et d'efficacité.

Du choix des positions de l'artillerie dans une bataille.

Il est essentiel dans une bataille de bien choisir, quand on le peut, l'emplacement des batteries, surtout de celles dites de position. On appelle ainsi les batteries qui, pendant toute l'action ou une grande partie de sa durée, occupent une position fixe, soit pour dominer les mouvemens de l'ennemi, soit pour défendre un point important. Nous ferons à ce sujet les observations suivantes :

Il faut, autant que possible, découvrir au loin le champ de bataille et battre les principaux débouchés par où peut arriver l'adversaire. Des positions légèrement dominantes et présentant une pente douce, dirigée vers ce dernier, sont très-avantageuses.

Il convient d'éviter les terrains pierreux, dangereux pour les canonniers, les terrains mous, difficiles pour les manœuvres, et ceux qui, par des concavités formant gouttière, favoriseraient le tir de l'artillerie opposée. On doit, pour les batteries de position surtout, rechercher des plis de terrain, des levées de terre, des rebords de fossés, etc., qui permettent de dérober les pièces, les avant-trains, les caissons, les hommes et les chevaux. Si on livre une bataille défensive et qu'on veuille rendre formidable une partie de sa ligne, on y élève des retranchemens, derrière lesquels on établit une bonne batterie de canons de 12 et d'obusiers de 16 centimètres. Si le temps manque pour élever des retranchemens complets, on peut creuser, en avant des pièces, de petits fossés dont les terres, amoncelées entre elles et ces fossés, forment des masses couvrantes. En ajoutant, de chaque côté des bouches à feu, de petites tranchées pour garantir les canonniers, on obtient des batteries peu exposées, capables de résister à une artillerie beaucoup plus nombreuse et de faire éprouver de grandes pertes à l'ennemi. Les Russes avaient employé ce système à la Moskowa et à Lutzen. A la première de ces batailles, l'enlèvement de leurs positions nous coûta beaucoup de monde : nous les tournâmes à la seconde et profitâmes ainsi d'une expérience chèrement acquise.

Dans le tir d'une batterie, faisant feu par-dessus une masse qui la couvre, il faut éviter de trop approcher la bouche des pièces de la crête de celle-ci, parce que les coups s'en trouvent relevés d'une manière préjudiciable à leur justesse. Sous ce rapport, les obusiers peuvent être plus complètement dérobés que les canons, parce qu'en raison du poids de leurs projectiles, ils sont moins soumis à l'effet signalé, et parce qu'en outre, ils tirent habituellement sous une inclinaison plus grande. On peut même les cacher tout à fait derrière leur masque, en les en éloignant de quelques mètres, et il ne faut pas manquer de le faire, toutes les fois que cette précaution ne peut nuire à la justesse du pointage.

Attaques des retranchemens et des villages.

Dans l'attaque des retranchemens, qui ne sont, à proprement parler, que des accidens de terrain, élevés par la main des hommes pour abriter les troupes et le matériel, l'artillerie s'établit à 800 ou 600 mètres des ouvrages, couverte par des plis de terrain ou de petits épaulemens, construits à la hâte pendant la nuit. Cette précaution est essentielle à prendre, à moins que l'on n'ait une artillerie très supérieure à celle de l'ennemi et capable de la réduire promptement au silence.

Les canons, tirant de plein fouet, sont employés le plus utilement pour démonter les pièces, détruire les palissades, les abattis et autres défenses accessoires, pour achever de renverser les parapets entamés, découvrir l'intérieur des ouvrages, aider à faire des brèches qui permettent de monter à l'assaut.

Le rôle des obusiers est plus complet et plus important encore. Ils démontent l'artillerie et mettent les canonniers hors de combat, en ricochant les faces des retranchemens. Ils causent du ravage dans l'intérieur de ceux-ci et atteignent les défenseurs, en quelque endroit qu'ils se trouvent, en lançant des obus de manière à les faire éclater au point même de leur chute. Ils détruisent les parapets, les embrasures, au moyen de leurs projectiles remplis de poudre.

Lorsque le feu de l'adversaire est éteint, et que

les colonnes d'attaque se mettent en mouvement pour monter à l'assaut, des batteries les précèdent avec des tirailleurs et délogent, à l'aide d'obus et de mitraille, les tirailleurs ennemis, cachés par les débris des défenses accessoires. Arrivées à 400 mètres des retranchemens, ces batteries entament contre eux un feu vif à balles qu'elles cherchent à rendre le plus efficace et le plus meurtrier possible, en le rendant plongeant.

L'artillerie, ayant cessé son feu, attend les résultats de l'attaque de l'infanterie, prête à soutenir les assaillans s'ils sont repoussés. Ceux-ci s'élancent à l'assaut au pas de course, précédés par un détachement de troupes du génie, destiné à détruire les obstacles.

Il arrive fréquemment que l'ennemi a construit des retranchemens sur des hauteurs, ou occupe, avec de l'artillerie et des troupes, un mamelon, un plateau, dominant la plaine, et dont il importe de s'emparer (1). Pour aider à le déloger de semblables positions, le tir des obusiers a seul une efficacité convenable. Voici ce que dit à cet égard le grand Frédéric dans ses instructions à ses généraux, écrites en 1768 :

« Lorsque l'ennemi a pris position sur des ma-
« melons isolés, dans des plaines, comme on en

(1) Les batailles d'Engen, d'Austerlitz, d'Iéna, d'Eylau et beaucoup d'autres offrent des exemples de ce cas.

« voit en Silésie, en Saxe et en plusieurs autres « provinces, et qu'on est forcé de prendre l'ini- « tiative de l'attaque, ce n'est pas le cas d'employer « les canons pesans ni les canons légers, mais bien « les obusiers de 10 livres et de 25 livres. Tous « ces obusiers doivent pouvoir croiser leurs feux « sur le point où l'on veut attaquer l'ennemi, de « manière à embrasser pour ainsi dire les flancs « de la position attaquée. Les officiers d'artillerie « chercheront à utiliser le terrain, pour placer « leurs pièces dans les bas-fonds les moins éten- « dus et couverts par le moindre pli de terrain, « et dirigeront les coups de manière que le feu de « toutes les batteries se concentre sur le point d'at- « taque. »

A Valmy, les Prussiens suivirent les préceptes de Frédéric, en attaquant le plateau du Moulin, qui était le centre de notre position, avec une batterie d'obusiers qui nous fit beaucoup de mal.

Dans l'attaque des villages, comme dans celle des retranchemens, le rôle principal parmi les pièces de campagne appartient aux obusiers. Employés à petite charge et tirant à obus ou à mitraille, ils servent à chasser l'adversaire des enclos, des haies, des broussailles, des fossés, etc., dans lesquels se logent ses tirailleurs, et à l'atteindre derrière tous les abris dont il ne manque pas de couvrir son matériel et ses troupes. Ils concourent avec les canons à combattre l'artillerie opposée, laquelle est généralement masquée, cause de grandes pertes à l'assaillant, et qu'il importe par conséquent de réduire au silence. Enfin, ils servent à incendier le village si l'ennemi oppose une résistance opiniâtre et qu'on veuille, sans perdre plus de monde, le lui faire abandonner. Il va sans dire qu'on ne doit recourir à ce moyen extrême qu'après s'être assuré, à l'avance, un passage sur les côtés.

Les canons sont employés principalement à battre les colonnes de l'adversaire, à démonter ses pièces dans le tir de plein fouet, à détruire les murs de jardins, de maisons, et les obstacles résistans derrière lesquels il s'abrite.

Dans les événemens qui surviennent pendant une bataille ou qui en sont la conséquence immédiate, il arrive, quoique rarement, que l'on ait à attaquer une ville, entourée d'un mur d'enceinte continue, dont les portes sont barricadées avec de la terre et des pierres. Dans ce cas, et bien qu'on parvienne quelquefois à faire brèche à la muraille avec des pièces de 12, le moyen le plus sûr est d'enfoncer les portes, à l'aide d'obus remplis de poudre. Les boulets ne produiraient pas le même effet, parce qu'ils traverseraient le bois, sans causer d'ébranlement.

L'attaque, au reste, sous le rapport de l'emploi de l'artillerie, se dirige d'une manière analogue à celle d'un village. Pendant qu'on fait brèche à la muraille ou qu'on enfonce les portes, les obusiers, pointés sous un grand angle, tirent sur les maisons et dans les rues de la ville.

DÉFENSE DES RETRANCHEMENS ET DES VILLAGES.

Dans la défense des retranchemens, l'artillerie est généralement disposée aux saillans des ouvrages, de manière à battre au loin la campagne, et dans les rentrans, de manière à défendre par des feux croisés l'approche des saillans, qui sont les points d'attaque. Les pièces dont sont armés ces derniers sont du plus fort calibre (canons de 12 et obusiers de 16 centimètres) et tirent à barbette, afin d'avoir un vaste champ de tir et de tenir l'ennemi éloigné. Celles des rentrans, destinées à défendre les fossés, à battre des points fixes par lesquels doit passer l'adversaire, sont du plus petit calibre (canons de 8 et obusiers de 15 centimètres) et tirent à embrasure. Une partie de l'artillerie, couverte par des plis de terrain ou des épaulemens, est mise en réserve, en arrière des retranchemens, pour remplacer celle qui sera démontée, et renforcer des points faibles pendant l'action. Des batteries légères se tiennent prêtes à tomber, au moment opportun, avec la cavalerie, sur les flancs de l'assaillant.

Dans la défense des villages, l'artillerie est généralement disposée sur les côtés, dans des positions avantageuses qui dominent les alentours. Elle est couverte par des accidens de terrain ou des levées de terre qui la dérobent aux vues de l'ennemi, et croise ses feux sur les principaux points d'attaque. Quant au mode de tir de ses pièces, il est, comme dans la défense des retranchemens, réglé d'après les dispositions de l'assaillant et conformément aux principes que nous avons exposés.

PASSAGE DES RIVIÈRES.

Pour effectuer le passage d'une rivière, on en choisit l'endroit dans un rentrant et on établit de chaque côté de fortes batteries, couvertes, soit au moyen du terrain même, soit au moyen de petits épaulemens, de manière à faire converger un grand nombre de feux en avant du pont sur l'autre rive. Le premier but de ces batteries, et leur but le plus important, est d'éteindre le feu de l'ennemi et d'empêcher celui-ci de détruire les travaux que l'on exécute, surtout de couler les bateaux ou d'abattre les chevalets, destinés à recevoir le tablier du pont.

Le pont se trouvant achevé, le rôle des batteries consiste à protéger le passage des troupes et leur déploiement sur la rive opposée.

Pour mettre obstacle au passage d'une rivière, lorsqu'on a reconnu le point où l'adversaire veut l'effectuer, on établit à droite et à gauche de ce point, de fortes batteries qu'on a soin de bien couvrir, pour assurer leur effet, et qui croisent convenablement leurs feux sur l'emplacement du pont. On cherche d'abord à couler les barques ou à abattre les chevalets, par le tir de plein fouet des canons; à enfoncer la partie du tablier qui se trouve construite, en lançant sur elle des obus à faible charge et sous un grand angle. Des batteries mobiles, tenues en réserve, essaient de prendre d'écharpe les batteries opposées.

Lorsque l'ennemi est parvenu à construire le pont malgré l'opposition qu'on y a mise, il faut chercher à empêcher le passage de ses troupes. A cet effet, si le terrain est propice, on établit à 400 ou 500 mètres en arrière du pont, des batteries destinées à le battre directement avec des boulets et des obus, et sur les côtés, des batteries destinées à le battre de flanc avec la mitraille. Les obus, lancés contre de longues colonnes de troupes, se trouvent dans le cas le plus favorable pour produire tout l'effet dont ils sont susceptibles. Toutefois, les boulets ont ici l'avantage, à cause de leur plus grande force de projection, et surtout à cause de la plus grande célérité de tir du canon.

En 1796, au pont de Lodi, qui était étroit et avait cent toises de longueur, les Autrichiens, au moment du passage de notre colonne d'attaque, tirèrent sur son front à mitraille. Ce fut là une faute; car le tir à boulet, par son extrême vigueur et la rapidité de son exécution, nous eût été plus funeste que le tir à balles.

Si le terrain est accidenté à l'endroit choisi par l'ennemi pour son passage, et qu'on ne puisse établir de batterie qui batte de plein fouet l'emplacement du pont, il faut employer le tir courbe des obusiers, qui seul peut produire alors des résultats efficaces.

Au passage si audacieux et si mémorable du Lech, exécuté de vive force par Gustave-Adolphe, l'artillerie du général Tilly, exclusivement composée de canons, ne put, à cause de la mauvaise disposition du terrain, s'opposer ni à la construction du pont, ni au déploiement des troupes de Gustave. Il en eût été autrement, si les armées de cette époque avaient été, comme les armées actuelles, munies d'obusiers et que Tilly s'en fût servi au lieu de canons.

DÉFENSE ET ATTAQUE DES DÉFILÉS.

Pour empêcher le passage d'un défilé, les dispositions sont analogues à celles qu'il convient de prendre pour s'opposer au passage d'une rivière.

A 300, 400 ou 500 mètres en arrière du défilé, on établit des batteries qui le battent dans sa longueur et croisent un grand nombre de feux à sa sortie. Dans l'intérieur, on fait des coupures, on renverse des arbres, on amoncèle tous les obstacles que le temps dont on dispose permet de créer. Pendant que ceux-ci arrêtent les colonnes ennemies, on tire sur elles à boulet, à obus et même à mitraille, suivant la nature du terrain, la forme, la profondeur et la largeur du défilé. Quand l'ennemi a forcé ce dernier, au moment où il débouche et se déploie, on exécute contre lui un feu vif à balles, dans lequel les obusiers surtout causent beaucoup de ravages.

Pour forcer le passage d'un défilé, on fait avancer les plus forts calibres, afin de démonter de loin l'artillerie établie dans son prolongement et, au besoin, de détruire les obstacles qui l'encombrent. Les batteries de 8 s'avancent rapidement avec les tirailleurs, pour contrebattre les batteries opposées qui ont été placées latéralement, dans le but de foudroyer l'issue du passage. Les pièces, couvertes autant que possible par les plis du terrain, exécutent, suivant les circonstances, le tir qui satisfait le mieux aux conditions de justesse et d'efficacité.

Nous venons de passer en revue les principaux événemens d'une bataille. Disons quelques mots du rôle de l'artillerie dans ceux qui lui succèdent.

Si l'adversaire a été battu et que sa déroute soit complète, un des meilleurs moyens de l'anéantir est de lancer sur lui toute la cavalerie et l'artillerie légère qu'on a sous la main; de le couvrir, à petites distances, de boulets, d'obus, de mitraille, et de le charger ensuite (1). Mais s'il a simplement subi un échec, qui sans l'avoir démoralisé l'oblige à céder le champ de bataille; s'il se retire avec ordre, lentement, et en emportant avec lui une partie respectable de son matériel, il convient de

(1) C'est ainsi qu'à Austerlitz l'artillerie légère de la garde, soutenue par quelques escadrons de chasseurs et de dragons, poursuivit les Autrichiens et les Russes, et leur fit éprouver des pertes immenses en hommes, en chevaux et en artillerie.

mettre dans la poursuite plus de circonspection et de calcul.

Dans ce cas, l'ennemi, en se retirant, profite de tous les obstacles qu'il rencontre pour arrêter la marche du vainqueur. Il jette des tirailleurs dans les haies, les fossés, les broussailles et derrière des abris de toute espèce, pour le harceler. Il place de l'artillerie derrière des crêtes, des plis de terrain, dans des positions dominantes, pour foudroyer les colonnes de son avant-garde. Il encombre les chemins étroits, en y faisant des coupures, et cherche, surtout, par tous les moyens, à entraver le mouvement de ses pièces.

Pour empêcher un adversaire battu d'élever tous ces obstacles et les détruire promptement s'il est parvenu à le faire; pour agir de loin, avec vigueur et efficacité, contre son artillerie et ses troupes, il convient d'avoir, dans les divisions d'avant-garde, des batteries du calibre de 12. C'est là, en effet, un des motifs qui nous ont déterminé à proposer la répartition de l'artillerie, indiquée ci-dessus, entre les différens corps d'une armée.

Un autre motif nous a paru concluant pour donner, dans ces corps, du calibre de 12 aux divisions de droite, de gauche et du centre, qui peuvent souvent, l'une ou l'autre, devenir division d'avant-garde : c'est la convenance d'engager les affaires, avec des pièces de position portant loin et juste, pour ne pas brûler inutilement des munitions, et celle de pouvoir résister avec le plus de chances de succès à une attaque imprévue (1).

Dans la répartition en question, nous n'avons pas attribué de batteries de 12 aux divisions de réserve, destinées en général à agir rapidement et de près. Il en résulte que si une de ces divisions est appelée à soutenir une retraite, elle peut avoir à lutter contre une artillerie supérieure à la sienne. Il y a à faire à cette observation la réponse suivante.

1° Lorsqu'on entreprend une guerre, on doit considérer les circonstances dans lesquelles on aura à battre en retraite, comme moins fréquentes que celles où l'on aura à marcher en avant :

2° Une division d'arrière-garde, dans sa lutte contre l'ennemi qui la poursuit, n'a pas à détruire des obstacles matériels élevés par ce dernier et présentant plus ou moins de résistance. Son principal rôle est de mettre hors de combat des troupes qui se présentent à bonne portée, et si, dans ce rôle, les batteries de 8 ne donnent pas un tir aussi efficace que celles de 12, elles ont sur elles un

---

(1) Le général Caraman, dans une brochure sur *le Service de l'artillerie en campagne*, cite un exemple à l'appui de cette opinion, qui est aussi la sienne.

Dans une des dernières batailles de l'empire, un corps d'armée se trouva tout à coup engagé ; par un hasard favorable, ses batteries de 12 marchaient en tête et purent entrer de suite en action. Par la justesse et la puissance de leur feu, elles assurèrent les dispositions qu'il fallait prendre à la hâte, et firent remporter un avantage décisif. Il n'en eût vraisemblablement pas été de même, si elles avaient été à la réserve, et si l'on avait été obligé d'attendre longtemps leur arrivée.

avantage, qui peut compenser en partie cet inconvénient, celui de tirer plus vite et de se retirer plus promptement après l'exécution du feu (1).

3° Enfin, rien n'empêche dans le cas d'une retraite, qui n'est pas un événement imprévu, instantané, de prendre des dispositions convenables, de remplacer, si on le juge nécessaire, une ou deux batteries de 8 de la division d'arrière-garde par le même nombre de batteries de 12 tirées des autres divisions.

Dans ce qui précède, nous n'avons pas parlé du tir des fusées à la *congrève*. C'est qu'en effet l'on ne saurait en dire rien de précis, dans l'état d'incertitude où laissent à cet égard des essais incomplets, peu connus et qui n'ont pas reçu d'ailleurs la sanction de l'expérience de la guerre. Le petit nombre d'épreuves auxquelles nous avons assisté dans les polygones, une épreuve plus concluante,

---

(1) Les batteries de 8 ont incontestablement plus de mobilité que celles de 12. Toutefois il ne faut pas exagérer leur supériorité à cet égard et croire que les autres soient incapables de prendre des allures vives et de parcourir des chemins difficiles.

On fit, en 1823, des expériences qui constatèrent que les pièces de 12, attelées de 6 chevaux, pouvaient faire 8 lieues par jour, dans les chemins les plus mauvais et à travers les terres labourées. Les deux derniers jours d'expérience, les pièces firent 10 et 12 lieues, en exécutant au pas, au trot et au galop, dans des champs près de Villeneuve-Saint-Georges, toutes les manœuvres du champ de bataille. Les chevaux soutinrent très bien cette épreuve.

Le fait que nous rapportons ici milite beaucoup plus pour la répartition des batteries de 12 dans les divisions, qui peuvent devenir souvent des divisions d'avant-garde, qu'il ne milite contre la suppression de ces batteries dans la division de réserve.

faite en Afrique dans une expédition à laquelle nous avons pris part, nous ont semblé démontrer que, si les fusées étaient susceptibles de causer à l'ennemi beaucoup de mal et vraisemblablement encore plus de peur, leur tir laissait un peu à désirer, sous le rapport de la justesse et principalement de la certitude dans les portées. Quoi qu'il en soit, d'après la forme et le faible poids desdites fusées, d'après la simplicité et la légèreté des appareils à l'aide desquels on les tire, on peut admettre qu'il conviendra de régler provisoirement, comme il suit, leur emploi à la guerre.

En thèse générale, on s'en servira, de préférence, dans les positions où il importerait d'avoir de l'artillerie et où l'on ne pourra faire arriver des batteries de 12 ou de 8, à cause des difficultés ou de l'étendue trop restreinte du terrain : ainsi, dans un endroit marécageux, sur une digue, dans un enclos, etc.

Relativement à leur tir, on l'exécutera en plaine contre les colonnes de l'infanterie et de la cavalerie auxquelles elles pourront faire beaucoup de mal. Elles causeront surtout du ravage et du désordre dans la dernière, à cause de l'élévation plus grande du but et de la frayeur que leur bruit et leurs traînées de feu produiront parmi les chevaux.

En terrain accidenté, on s'en servira utilement pour fouiller les ravins, sillonner les talwegs, faire évacuer et incendier les villages, battre les positions dominantes et découvertes, ou même les positions masquées, d'une certaine étendue en largeur et surtout en profondeur : Mais il faudra éviter d'en faire usage contre un but ne remplissant pas ces dernières conditions, et exigeant du tir une grande justesse de portée, tel qu'une ligne déployée, un retranchement présentant peu de surface.

Nous allons nous occuper maintenant d'une question de la plus haute importance, question dont la solution est, comme nous l'avons dit ailleurs, propre à jeter de la lumière sur un point fort obscur et fort irrésolu de la tactique de l'infanterie : nous voulons parler de la détermination numérique des effets probables de l'artillerie, contre un ordre d'attaque de telle ou telle formation donnée, dans un terrain supposé uni.

PARAGRAPHE II.

Détermination numérique des effets probables d'une batterie de campagne contre des ordres d'attaque, composés d'un même nombre de troupes, et de formations différentes, dans un terrain uni.

Commençons par poser nettement la question que nous voulons résoudre.

Une brigade d'infanterie, composée de six bataillons de 780 hommes, chacun, veut attaquer dans un terrain uni un certain nombre de bataillons, déployés sur deux lignes et protégés par une batterie de 6 canons de 12 et de 6 obusiers de 16 centimètres : elle est appuyée elle-même par de l'artillerie qui l'accompagne, sans gêner ses mouvemens. La brigade d'attaque formée, hors de portée du canon, dans l'ordre choisi pour le combat, s'avance sur deux lignes, avec une vitesse uniforme qui lui fait parcourir, en une demi-heure, la distance de 1,200 mètres, où le tir de l'ennemi commence à être efficace, à 200 mètres où la mousqueterie succède au feu de l'artillerie. Pendant ce temps, les canons et les obusiers répartis en trois batteries de 4 pièces, dans les intervalles et sur les côtés du front de défense, font feu contre les trois bataillons de la première ligne d'attaque. Le tir de chacune de ces batteries contre un de ceux-ci peut être considéré comme direct, et, d'après ce qui a été dit ci-dessus, réglé à-peu-près de la manière suivante :

De 1,200 mètres à 800 mètres avec les canons, de 1,200 mètres à 700 mètres avec les obusiers, on exécute le tir parallèle au terrain.

De 800 mètres à 700 mètres ou à 600 mètres etc., avec les premiers, de 700 mètres à 600 mètres ou à 500 mètres etc., avec les seconds, selon les cas, on emploie le tir de plein fouet des boulets et des obus.

Viennent ensuite les feux à mitraille, qui cessent à environ 200 mètres, et auxquels succèdent ceux de la mousqueterie.

Pendant les 12 ou 15 minutes que l'assaillant, dont l'artillerie d'ailleurs ne combat que les troupes de la défense, met à franchir la distance de 1,200 mètres à 800 ou à 700 mètres, chaque canon tire contre lui quatre coups; chaque obusier, trois. Du moment que l'on a entamé le tir de plein fouet, on donne au feu toute l'activité dont il est susceptible : l'approvisionnement des batteries, à 150 coups moyennement par pièce, permet d'en agir de la sorte et il importe de le faire, en raison de l'intérêt qu'il y a à repousser l'attaque (1).

Cela posé, les trois bataillons de la première ligne de l'assaillant marcheront à l'attaque, dans l'une des combinaisons suivantes, soit qu'ils s'avancent de front, soit qu'ils se tiennent placés les uns derrière les autres :

Déployés de front et présentant chacun trois rangs de profondeur;

Ployés par demi-bataillon de front et présentant chacun six rangs de profondeur ;

---

(1) Chaque batterie de quatre pièces a 9 caissons dont 4 pour canons et 5 pour obusiers. Chaque coffre de munitions pour canons est supposé contenir, conformément à ce qui a été dit plus haut, 23 coups dont 3 au moins à mitraille : chaque coffre d'avant-train pour obusiers, 11 coups à obus et 3 à mitraille ; chaque coffre d'arrière-train, 12 coups à obus et 3 à mitraille. L'approvisionnement total d'une batterie est ainsi de 140 coups à boulet et de 21 coups à balles par canon et de 104 coups à obus et 21 coups à mitraille par obusier, ce qui fait moyennement 146 coups par pièce.

Ployés par division de front et présentant chacun douze rangs de profondeur (1);

Déployés les uns derrière les autres et présentant dans leur ensemble neuf rangs de profondeur;

Ployés par demi-bataillon, les uns derrière les autres, et présentant dans leur ensemble dix-huit rangs de profondeur;

Enfin, ployés par division, les uns derrière les autres, et présentant dans leur ensemble trente-six rangs de profondeur.

Il s'agit de déterminer quelles seront, abstraction faite de toutes les autres, les pertes que dans chacune de ces formations, les 6 canons de 12 et les 6 obusiers de 16 centimètres feront éprouver aux trois bataillons désignés.

La question se trouvant ainsi clairement établie, la marche à suivre pour arriver à sa solution est tracée naturellement, sinon exempte de difficultés et de peines.

Il faut d'abord, abandonnant les indications générales, déterminer d'une manière très précise, pour les différentes distances, les espèces de tir les plus favorables à employer contre chacune des

---

(1) Les ordres en colonne par peloton, convenables pour manœuvrer à l'exercice, pour marcher en route, pour arriver sur le terrain de combat, doivent être évités, autant que possible, dans les manœuvres mêmes du champ de bataille. Ils offrent, en effet, les inconvéniens d'exiger trop de temps pour les déploiemens, de trop exposer les flancs des troupes et de n'être pas favorablement disposés pour une prompte et efficace résistance aux attaques subites de la cavalerie.

formations indiquées, soit avec les canons, soit avec les obusiers, en ayant égard :

1° Au nombre probable de boulets, d'obus ou de balles de mitraille, qui atteindront le front de l'attaque, dans un même nombre de coups;

2° A l'effet probable produit par chaque projectile, en vertu de sa force d'impulsion;

3° A l'effet probable produit par l'explosion de chaque obus;

Il faut ensuite, en supposant qu'on exécute le plus avantageusement possible ces divers tirs, évaluer en chiffres les pertes qu'ils occasionneront, en raison de leur activité et de leur durée.

Il faut, enfin, ajouter ensemble toutes les pertes successivement éprouvées par chaque ordre de combat, afin d'avoir le résultat complet de sa perte finale.

Pour résoudre ainsi, dans ses parties multiples et variées, le problème que nous nous sommes proposé, nous allons établir des tableaux synoptiques desquels leur solution découlera, et qui nous permettront en même temps de fixer ou d'éclaircir d'autres questions non moins importantes.

Ces tableaux que nous devons exposer sans commentaires, dans un livre qui n'est pas un traité d'artillerie, ont été déduits, soit directement, soit par une série de calculs mathématiques, de résultats nombreux et bien positifs d'expériences. Leur exactitude est aussi grande que celle de ces derniers. Toutefois, nous avouerons que pour les établir, nous avons été fortement gêné par l'insuffisance des expériences de tir, faites en France, et que plusieurs fois nous avons été obligé d'approprier à l'artillerie française des résultats obtenus avec des pièces étrangères.

(Tableaux ci-contre.)

Tir parallèle au terrain du Canon de 12.

Tableau A.

Étendue du but		Nombre sur cent des boulets qui atteignent le but, aux distances de								Observations
hauteur	largeur	1800.	1600.	1400.	1200.	1100.	1000.	900.	800.	
2m.	32.50	15	19	23	26	28	31	34	37	
	65	20	22	24	26	28	31	34	37	
	130	20	22	24	26	28	31	34	37	Ce tableau est déduit d'expériences faites par le général Scharnhorst, avec des canons de 12, Prussiens, qui diffèrent peu des nôtres.
Nombre d'hommes que les boulets peuvent atteindre, aux distances ci-dessus indiquées.		3	5	8	12	14	17	20	23	

Nota. Les chiffres indiquant les longueurs différentes du but, représentent respectivement les fronts déployés d'une division de 195 hommes, d'un demi-bataillon de 390, ou d'un bataillon entier de 780.

Tableau B.

Formation de la colonne d'attaque, les hommes d'un même rang se touchant coude à coude et tournant la moitié de la surface du flanc qu'ils présentent.		Nombre moyen d'hommes qui seraient mis hors de combat, si le tir de guerre avait la justesse du tir d'expérience, aux distances de																															Observations.
		1800m.		1600m.		1400 mètres.			1200 mètres.				1100 mètres.				1000 mètres.					900 mètres.					800 mètres.						
Profondeur.	Front.																																
3 rangs	32,5 mètres	0,19	2	0,21	3	0,26	3	3	0,29	3	3	3	0,31	4	3	3	0,35	4	4	3	3	0,38	4	4	4	4	0,42	5	4	4	4	4	On suppose que chaque boulet qui atteint le but, met hors de combat les 3/12 des hommes qu'il en rencontre de travers.
	65	0,22	3	0,23	3	0,27	3	3	id.	id.	id.	id.	id.	id.	id.	id.	id.	id.	id.	id.	id.	id.	id.	id.	id.	id.	id.	id.	id.	id.	id.	id.	
	130	0,22	3	id.	id.	id.	id.	id.	id.	id.	id.	id.	id.	id.	id.	id.	id.	id.	id.	id.	id.	id.	id.	id.	id.	id.	id.	id.	id.	id.	id.	id.	
6 rangs	32,5	0,19	2	0,36	4	0,52	6	6	0,58	6	6	6	0,63	7	6	6	0,70	7	7	7	7	0,76	8	8	8	7	0,84	9	9	8	8	8	
	65	0,22	3	0,41	5	0,54	6	6	id.	id.	id.	id.	id.	id.	id.	id.	id.	id.	id.	id.	id.	id.	id.	id.	id.	id.	id.	id.	id.	id.	id.	id.	
	130	0,22	3	id.	id.	id.	id.	id.	id.	id.	id.	id.	id.	id.	id.	id.	id.	id.	id.	id.	id.	id.	id.	id.	id.	id.	id.	id.	id.	id.	id.	id.	
9 rangs	32,5	0,19	2	0,36	4	0,69	7	7	0,87	9	9	9	0,94	10	10	9	1,05	11	11	10	10	1,14	12	12	11	11	1,26	13	13	13	13	13	
	65	0,22	3	0,41	5	0,72	8	7	id.	id.	id.	id.	id.	id.	id.	id.	id.	id.	id.	id.	id.	id.	id.	id.	id.	id.	id.	id.	id.	id.	id.	id.	
	130	0,22	3	id.	id.	id.	id.	id.	id.	id.	id.	id.	id.	id.	id.	id.	id.	id.	id.	id.	id.	id.	id.	id.	id.	id.	id.	id.	id.	id.	id.	id.	
12 rangs	32,5	0,19	2	0,36	4	0,69	7	7	1,16	12	12	12	1,26	13	13	13	1,40	14	14	14	14	1,52	16	15	15	15	1,60	17	17	17	17	16	
	65	0,22	3	0,41	5	0,72	8	7	id.	id.	id.	id.	id.	id.	id.	id.	id.	id.	id.	id.	id.	id.	id.	id.	id.	id.	id.	id.	id.	id.	id.	id.	
	130	0,22	3	id.	id.	id.	id.	id.	id.	id.	id.	id.	id.	id.	id.	id.	id.	id.	id.	id.	id.	id.	id.	id.	id.	id.	id.	id.	id.	id.	id.	id.	
18 rangs	32,5	0,19	2	0,36	4	0,69	7	7	id.	id.	id.	id.	1,67	15	15	15	1,98	20	20	20	20	2,28	23	23	23	23	2,62	26	25	25	25	25	
	65	0,22	3	0,41	5	0,72	8	7	id.	id.	id.	id.	id.	id.	id.	id.	id.	id.	id.	id.	id.	id.	id.	id.	id.	id.	id.	id.	id.	id.	id.	id.	
	130	0,22	3	id.	id.	id.	id.	id.	id.	id.	id.	id.	id.	id.	id.	id.	id.	id.	id.	id.	id.	id.	id.	id.	id.	id.	id.	id.	id.	id.	id.	id.	
24 rangs	32,5	0,19	2	0,36	4	0,69	7	7	id.	id.	id.	id.	id.	id.	id.	id.	id.	id.	id.	id.	id.	2,65	26	26	26	25	3,14	32	32	31	31	31	
	65	0,22	3	0,41	5	0,72	8	7	id.	id.	id.	id.	id.	id.	id.	id.	id.	id.	id.	id.	id.	id.	id.	id.	id.	id.	id.	id.	id.	id.	id.	id.	
	130	0,22	3	id.	id.	id.	id.	id.	id.	id.	id.	id.	id.	id.	id.	id.	id.	id.	id.	id.	id.	id.	id.	id.	id.	id.	id.	id.	id.	id.	id.	id.	
30 rangs	32,5	0,19	2	0,36	4	0,69	7	7	id.	id.	id.	id.	id.	id.	id.	id.	id.	id.	id.	id.	id.	id.	id.	id.	id.	id.	id.	id.	id.	id.	id.	id.	
	65	0,22	3	0,41	5	0,72	8	7	id.	id.	id.	id.	id.	id.	id.	id.	id.	id.	id.	id.	id.	id.	id.	id.	id.	id.	id.	id.	id.	id.	id.	id.	
	130	0,22	3	id.	id.	id.	id.	id.	id.	id.	id.	id.	id.	id.	id.	id.	id.	id.	id.	id.	id.	id.	id.	id.	id.	id.	id.	id.	id.	id.	id.	id.	
36 rangs	32,5	0,19	2	0,36	4	0,69	7	7	id.	id.	id.	id.	id.	id.	id.	id.	id.	id.	id.	id.	id.	id.	id.	id.	id.	id.	id.	id.	id.	id.	id.	id.	
	65	0,22	3	0,41	5	0,72	8	7	id.	id.	id.	id.	id.	id.	id.	id.	id.	id.	id.	id.	id.	id.	id.	id.	id.	id.	id.	id.	id.	id.	id.	id.	
	130	0,22	3	id.	id.	id.	id.	id.	id.	id.	id.	id.	id.	id.	id.	id.	id.	id.	id.	id.	id.	id.	id.	id.	id.	id.	id.	id.	id.	id.	id.	id.	

Nota. On a évalué les pertes produites par des salves consécutives de 10 coups, en déduisant la perte produite par le premier coup de chaque salve, eu égard à la formation de la troupe d'attaque, à sa distance et à la force d'impulsion des projectiles.

Tir de plein fouet du Canon de 12.

Tableau C.

Étendue du but		Nombre sur cent des boulets qui atteignent le but, aux distances de								
hauteur.	largeur.	1000 mètres.	900 mètres.	800 mètres.	700 mètres.	600 mètres.	500 mètres.	400 mètres.	300 mètres.	200 mètres.
	12 mètres.	22	26	30	41	55	70	70	70	70
	25	26	32	38	46	57	70	70	70	70
2m.	32,5	26,5	32	38	46	57	70	70	70	70
	65	26,5	32	38	46	57	70	70	70	70
	130	26,5	32	38	46	57	70	70	70	70
Nombre d'hommes que les boulets peuvent traverser aux distances ci-dessus indiquées.		17	20	23	26	30	34	37	41	45
Déviations latérales moyennes, à partir du centre du but, aux distances ci-dessus indiquées. (Les déviations extrêmes sont à peu près le double des déviations moyennes).		5m.9	5m.3	4m.6	3m.6	2m.6	1m.6	"	"	"

si le tir de guerre avait la justesse

…es.		400 mètres.						300 mètres.						200 mètres.					
31 à 40.	41 à 50.		1.	11 à 20.	21 à 30.	31 à 40.	41 à 50.		1.	11 à 20.	21 à 30.	31 à 40.	41 à 50.		1.	11 à 20.	21 à 30.	31 à 40.	41 à 50.
».	».	».	».	».	».	».	».	».	».	».	».	».	».	».	».	».	».	».	».
89	89	94,5	95	95	95	94	94	94,5	95	95	95	94	94	94,5	95	95	95	94	94
».	».	».	».	».	».	».	».	».	».	».	».	».	».	».	».	».	».	».	».
».	».	».	».	».	».	».	».	».	».	».	».	».	».	».	».	».	».	».	».

pied, on a supposé, comme dans le tableau B, que
ceptible de traverser. On a calculé encore les pertes
coup de chaque salve, eu égard à la formation de

Tableau D.

Formation de la Colonne d'attaque, les hommes d'un même rang se touchant coude à coude et occupant la moitié de la surface du front qu'ils présentent.		Nombre moyen d'hommes qui seraient mis hors de combat, si le tir de guerre avait la justesse du tir d'expérience, aux distances de																																																					
		1000 mètres.						900 mètres.						800 mètres.						700 mètres.						600 mètres.						500 mètres.						400 mètres.						300 mètres.						200 mètres.					
Profondeur.	Front.	Par le premier coup.	Par les 10 premiers coups.	Par les 10 coups suivants de 11 à 20.	idem. de 21 à 30.	idem. de 31 à 40.	idem. de 41 à 50.	Par le premier coup.	Par les 10 premiers coups.	Par les 10 coups suivants de 11 à 20.	idem. de 21 à 30.	idem. de 31 à 40.	idem. de 41 à 50.	Par le premier coup.	Par les 10 premiers coups.	Par les 10 coups suivants de 11 à 20.	idem. de 21 à 30.	idem. de 31 à 40.	idem. de 41 à 50.	Par le premier coup.	Par les 10 premiers coups.	Par les 10 coups suivants de 11 à 20.	idem. de 21 à 30.	idem. de 31 à 40.	idem. de 41 à 50.	Par le premier coup.	Par les 10 premiers coups.	Par les 10 coups suivants de 11 à 20.	idem. de 21 à 30.	idem. de 31 à 40.	idem. de 41 à 50.	Par le premier coup.	Par les 10 premiers coups.	Par les 10 coups suivants de 11 à 20.	idem. de 21 à 30.	idem. de 31 à 40.	idem. de 41 à 50.	Par le premier coup.	Par les 10 premiers coups.	Par les 10 coups suivants de 11 à 20.	idem. de 21 à 30.	idem. de 31 à 40.	idem. de 41 à 50.	Par le premier coup.	Par les 10 premiers coups.	Par les 10 coups suivants de 11 à 20.	idem. de 21 à 30.	idem. de 31 à 40.	idem. de 41 à 50.	Par le premier coup.	Par les 10 premiers coups.	Par les 10 coups suivants de 11 à 20.	idem. de 21 à 30.	idem. de 31 à 40.	idem. de 41 à 50.
3 rangs	32,5 mètres	0,3	3	3	3	3	3	0,36	4	4	4	3	3	0,42	3	4	4	4	4	0,52	6	5	5	5	5	0,66	7	7	6	6	6	0,79	8	8	8	8	8	0,79	8	8	8	8	8	0,79	8	8	8	8	8	0,79	8	8	8	8	8
	65	d°	d°	d°	d°	d°	d°	d°	d°	d°	d°	d°	d°	d°	d°	d°	d°	d°	d°	d°	d°	d°	d°	d°	d°	d°	d°	d°	d°	d°	d°	d°	d°	d°	d°	d°	d°	d°	d°	d°	d°	d°	d°	d°	d°	d°	d°	d°	d°	d°	d°	d°	d°	d°	d°
	130	d°	d°	d°	d°	d°	d°	d°	d°	d°	d°	d°	d°	d°	d°	d°	d°	d°	d°	d°	d°	d°	d°	d°	d°	d°	d°	d°	d°	d°	d°	d°	d°	d°	d°	d°	d°	d°	d°	d°	d°	d°	d°	d°	d°	d°	d°	d°	d°	d°	d°	d°	d°	d°	d°
6 rangs	32,5	0,60	6	6	6	6	6	0,72	8	7	7	7	7	0,85	9	9	9	8	8	1,02	11	11	10	10	10	1,32	13	13	13	13	13	1,57	16	16	16	15	15	1,57	16	16	16	15	15	1,57	16	16	16	15	15	1,57	16	16	16	15	15
	65	d°	d°	d°	d°	d°	d°	d°	d°	d°	d°	d°	d°	d°	d°	d°	d°	d°	d°	d°	d°	d°	d°	d°	d°	d°	d°	d°	d°	d°	d°	d°	d°	d°	d°	d°	d°	d°	d°	d°	d°	d°	d°	d°	d°	d°	d°	d°	d°	d°	d°	d°	d°	d°	d°
	130	d°	d°	d°	d°	d°	d°	d°	d°	d°	d°	d°	d°	d°	d°	d°	d°	d°	d°	d°	d°	d°	d°	d°	d°	d°	d°	d°	d°	d°	d°	d°	d°	d°	d°	d°	d°	d°	d°	d°	d°	d°	d°	d°	d°	d°	d°	d°	d°	d°	d°	d°	d°	d°	d°
9 rangs	32,5	0,9	9	9	9	9	9	1,08	11	11	11	11	10	1,26	13	13	13	13	12	1,56	16	16	16	15	15	1,97	20	19	19	19	19	2,36	24	24	24	23	23	2,36	24	24	24	23	23	2,36	24	24	24	23	23	2,36	24	24	24	23	23
	65	d°	d°	d°	d°	d°	d°	d°	d°	d°	d°	d°	d°	d°	d°	d°	d°	d°	d°	d°	d°	d°	d°	d°	d°	d°	d°	d°	d°	d°	d°	d°	d°	d°	d°	d°	d°	d°	d°	d°	d°	d°	d°	d°	d°	d°	d°	d°	d°	d°	d°	d°	d°	d°	d°
	130	d°	d°	d°	d°	d°	d°	d°	d°	d°	d°	d°	d°	d°	d°	d°	d°	d°	d°	d°	d°	d°	d°	d°	d°	d°	d°	d°	d°	d°	d°	d°	d°	d°	d°	d°	d°	d°	d°	d°	d°	d°	d°	d°	d°	d°	d°	d°	d°	d°	d°	d°	d°	d°	d°
12 rangs	32,5	1,20	12	12	12	12	12	1,44	15	15	14	14	14	1,71	18	18	18	16	16	2,08	21	21	21	20	20	2,58	26	26	26	25	25	3,10	32	32	31	31	31	3,10	32	32	31	31	31	3,10	32	32	31	31	31	3,10	32	32	31	31	31
	65	d°	d°	d°	d°	d°	d°	d°	d°	d°	d°	d°	d°	d°	d°	d°	d°	d°	d°	d°	d°	d°	d°	d°	d°	d°	d°	d°	d°	d°	d°	d°	d°	d°	d°	d°	d°	d°	d°	d°	d°	d°	d°	d°	d°	d°	d°	d°	d°	d°	d°	d°	d°	d°	d°
	130	d°	d°	d°	d°	d°	d°	d°	d°	d°	d°	d°	d°	d°	d°	d°	d°	d°	d°	d°	d°	d°	d°	d°	d°	d°	d°	d°	d°	d°	d°	d°	d°	d°	d°	d°	d°	d°	d°	d°	d°	d°	d°	d°	d°	d°	d°	d°	d°	d°	d°	d°	d°	d°	d°
18 rangs	32,5	1,69	17	17	17	17	16	2,16	22	22	22	21	21	2,56	26	26	6	25	25	3,09	31	31	31	31	30	3,88	39	39	38	38	38	4,72	48	47	47	47	47	4,72	48	47	47	47	47	4,72	48	47	47	47	47	4,72	48	47	47	47	47
	65	d°	d°	d°	d°	d°	d°	d°	d°	d°	d°	d°	d°	d°	d°	d°	d°	d°	d°	d°	d°	d°	d°	d°	d°	d°	d°	d°	d°	d°	d°	d°	d°	d°	d°	d°	d°	d°	d°	d°	d°	d°	d°	d°	d°	d°	d°	d°	d°	d°	d°	d°	d°	d°	d°
	130	d°	d°	d°	d°	d°	d°	d°	d°	d°	d°	d°	d°	d°	d°	d°	d°	d°	d°	d°	d°	d°	d°	d°	d°	d°	d°	d°	d°	d°	d°	d°	d°	d°	d°	d°	d°	d°	d°	d°	d°	d°	d°	d°	d°	d°	d°	d°	d°	d°	d°	d°	d°	d°	d°
24 rangs	32,5	d°	d°	d°	d°	d°	d°	2,80	28	28	28	28	28	3,38	33	33	32	32	31	4,12	41	41	41	41	41	5,12	52	51	51	51	51	6,28	63	63	63	63	62	6,28	63	63	63	63	62	6,28	63	63	63	63	62	6,28	63	63	63	63	62
	65	d°	d°	d°	d°	d°	d°	d°	d°	d°	d°	d°	d°	d°	d°	d°	d°	d°	d°	d°	d°	d°	d°	d°	d°	d°	d°	d°	d°	d°	d°	d°	d°	d°	d°	d°	d°	d°	d°	d°	d°	d°	d°	d°	d°	d°	d°	d°	d°	d°	d°	d°	d°	d°	d°
	130	d°	d°	d°	d°	d°	d°	d°	d°	d°	d°	d°	d°	d°	d°	d°	d°	d°	d°	d°	d°	d°	d°	d°	d°	d°	d°	d°	d°	d°	d°	d°	d°	d°	d°	d°	d°	d°	d°	d°	d°	d°	d°	d°	d°	d°	d°	d°	d°	d°	d°	d°	d°	d°	d°
30 rangs	32,5	d°	d°	d°	d°	d°	d°	d°	d°	d°	d°	d°	d°	d°	d°	d°	d°	d°	d°	4,45	45	45	45	45	45	6,40	64	64	64	64	64	7,86	79	79	79	78	78	7,86	79	79	79	78	78	7,86	79	79	79	78	78	7,86	79	79	79	78	78
	65	d°	d°	d°	d°	d°	d°	d°	d°	d°	d°	d°	d°	d°	d°	d°	d°	d°	d°	d°	d°	d°	d°	d°	d°	d°	d°	d°	d°	d°	d°	d°	d°	d°	d°	d°	d°	d°	d°	d°	d°	d°	d°	d°	d°	d°	d°	d°	d°	d°	d°	d°	d°	d°	d°
	130	d°	d°	d°	d°	d°	d°	d°	d°	d°	d°	d°	d°	d°	d°	d°	d°	d°	d°	d°	d°	d°	d°	d°	d°	d°	d°	d°	d°	d°	d°	d°	d°	d°	d°	d°	d°	d°	d°	d°	d°	d°	d°	d°	d°	d°	d°	d°	d°	d°	d°	d°	d°	d°	d°
36 rangs	32,5	d°	d°	d°	d°	d°	d°	d°	d°	d°	d°	d°	d°	d°	d°	d°	d°	d°	d°	d°	d°	d°	d°	d°	d°	d°	d°	d°	d°	d°	d°	8,92	90	89	89	89	89	9,46	95	95	95	94	94	9,46	95	95	95	94	94	9,46	95	95	95	94	94
	65	d°	d°	d°	d°	d°	d°	d°	d°	d°	d°	d°	d°	d°	d°	d°	d°	d°	d°	d°	d°	d°	d°	d°	d°	d°	d°	d°	d°	d°	d°	d°	d°	d°	d°	d°	d°	d°	d°	d°	d°	d°	d°	d°	d°	d°	d°	d°	d°	d°	d°	d°	d°	d°	d°
	130	d°	d°	d°	d°	d°	d°	d°	d°	d°	d°	d°	d°	d°	d°	d°	d°	d°	d°	d°	d°	d°	d°	d°	d°	d°	d°	d°	d°	d°	d°	d°	d°	d°	d°	d°	d°	d°	d°	d°	d°	d°	d°	d°	d°	d°	d°	d°	d°	d°	d°	d°	d°	d°	d°

Nota. Tenant compte des projectiles qui atteignent le front de la troupe d'attaque, à la tête ou au pied, on a supposé, comme dans le tableau B, que chaque boulet qui touche le but, ne met hors de combat que les 3/4 des hommes qu'il est susceptible de traverser. On a calculé encore les pertes occasionnées par des salves consécutives de 10 coups, en décuplant celle produite par le premier coup de chaque salve, eu égard à la formation de la troupe d'attaque, à sa distance et à la force d'impulsion des projectiles.

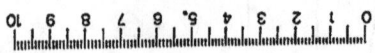

Tir à balles du Canon de 12.

Tableau F. (Déduit du Tableau E.)

N étant le nombre de balles, par boîte de 41, qui atteignent le front présenté par la troupe, N' étant le nombre moyen d'hommes qu'une balle peut traverser, le nombre moyen d'hommes mis hors de combat par un coup aux différentes distances, est donné par la formule $\frac{N}{2}\left(\frac{1+3N'}{4}\right)$.

Formation de la colonne d'attaque : les hommes d'un même rang se touchant coude à coude et occupant la moitié de la surface du front qu'ils présentent.

Nombre moyen d'hommes qui seraient mis hors de combat, si le tir de guerre avait la justesse du tir d'expérience, aux distances de :

800 mètres.

Profondeur	Front	par le 1er coup	par les 10 premiers coups	par les 10 coups suivants de 11 à 20	de 21 à 30	de 31 à 40	de 41 à 50
3 rangs	32,5 mètres	2,75	28	25	22	19	15
3 rangs	65 —	5,50	55	30	44	38	30
3 rangs	130 —	6,00	60	60	60	60	60
6 rangs	32,5 —	2,75	28	25	23	21	20
6 rangs	65 —	5,50	55	50	46	43	40
6 rangs	130 —	6,00	60	60	60	60	60
9 rangs	32,5 —	2,75	28	26	24	23	22
9 rangs	65 —	5,50	55	51	47	44	41
9 rangs	130 —	6,00	60	60	60	60	60
12 rangs	32,5 —	2,75	28	26	25	24	23
12 rangs	65 —	5,50	55	51	49	45	42
12 rangs	130 —	6,00	60	60	60	60	60
18 rangs	32,5 —	2,75	28	27	26	26	25
18 rangs	65 —	5,50	55	52	50	48	46
18 rangs	130 —	6,00	60	60	60	60	60
24 rangs	32,5 —	2,75	28	27	26	26	26
24 rangs	65 —	5,50	55	53	51	49	48
24 rangs	130 —	6,00	60	60	60	60	60
30 rangs	32,5 —	2,75	28	28	27	27	26
30 rangs	65 —	5,50	55	54	52	51	50
30 rangs	130 —	6,00	60	60	60	60	60
36 rangs	32,5 —	2,75	28	28	27	27	26
36 rangs	65 —	5,50	55	54	53	52	51
36 rangs	130 —	6,00	60	60	60	60	60

700 mètres.

Profondeur	Front	par le 1er coup	par les 10 premiers coups	par les 10 coups suivants de 11 à 20	de 21 à 30	de 31 à 40	de 41 à 50
3 rangs	32,5 mètres	3,90	39	30	24	18	14
3 rangs	65 —	7,80	78	60	48	36	25
3 rangs	130 —	8,10	81	81	81	80	78
6 rangs	32,5 —	3,90	39	34	31	27	24
6 rangs	65 —	7,80	78	70	61	55	44
6 rangs	130 —	8,10	81	81	81	80	78
9 rangs	32,5 —	3,90	39	35	32	28	25
9 rangs	65 —	7,80	78	71	63	57	52
9 rangs	130 —	8,10	81	81	81	81	80
12 rangs	32,5 —	3,90	39	35	32	28	26
12 rangs	65 —	7,80	78	71	64	58	54
12 rangs	130 —	8,10	81	81	81	81	81
18 rangs	32,5 —	3,90	39	35	32	30	29
18 rangs	65 —	7,80	78	73	69	65	62
18 rangs	130 —	8,10	81	81	81	81	81
24 rangs	32,5 —	3,90	39	36	34	32	30
24 rangs	65 —	7,80	78	74	71	68	66
24 rangs	130 —	8,10	81	81	81	81	81
30 rangs	32,5 —	3,90	39	37	35	33	32
30 rangs	65 —	7,80	78	75	73	71	69
30 rangs	130 —	8,10	81	81	81	81	81
36 rangs	32,5 —	3,90	39	37	35	34	33
36 rangs	65 —	7,80	78	76	74	73	72
36 rangs	130 —	8,10	81	81	81	81	81

600 mètres.

Profondeur	Front	par le 1er coup	par les 10 premiers coups	par les 10 coups suivants de 11 à 20	de 21 à 30	de 31 à 40	de 41 à 50
3 rangs	32,5 mètres	5,60	56	33	26	18	13
3 rangs	65 —	10,1	101	72	52	36	27
3 rangs	130 —	10,1	101	101	101	101	90
6 rangs	32,5 —	5,60	56	47	40	35	28
6 rangs	65 —	10,1	101	87	73	64	55
6 rangs	130 —	10,1	101	101	101	101	101
9 rangs	32,5 —	5,60	56	48	44	35	34
9 rangs	65 —	10,1	101	90	79	72	66
9 rangs	130 —	10,1	101	101	101	101	101
12 rangs	32,5 —	5,60	56	51	47	43	40
12 rangs	65 —	10,1	101	93	85	80	76
12 rangs	130 —	10,1	101	101	101	101	101
18 rangs	32,5 —	5,60	56	53	50	47	45
18 rangs	65 —	10,1	101	96	91	88	85
18 rangs	130 —	10,1	101	101	101	101	101
24 rangs	32,5 —	5,60	56	54	52	50	48
24 rangs	65 —	10,1	101	97	93	90	88
24 rangs	130 —	10,1	101	101	101	101	101
30 rangs	32,5 —	5,60	56	55	53	51	49
30 rangs	65 —	10,1	101	98	95	92	90
30 rangs	130 —	10,1	101	101	101	101	101
36 rangs	32,5 —	5,60	56	55	53	51	50
36 rangs	65 —	10,1	101	98	96	94	90
36 rangs	130 —	10,1	101	101	101	101	101

500 mètres.

Profondeur	Front	par le 1er coup	par les 10 premiers coups	par les 10 coups suivants de 11 à 20	de 21 à 30	de 31 à 40	de 41 à 50
3 rangs	32,5 mètres	5,60	56	37	26	18	13
3 rangs	65 —	11,3	113	77	52	37	25
3 rangs	130 —	11,3	113	113	113	113	97
6 rangs	32,5 —	5,60	56	47	40	34	28
6 rangs	65 —	11,3	113	93	80	68	56
6 rangs	130 —	11,3	113	113	113	113	113
9 rangs	32,5 —	5,60	56	48	44	39	35
9 rangs	65 —	11,3	113	103	96	86	76
9 rangs	130 —	11,3	113	113	113	113	113
12 rangs	32,5 —	5,60	56	51	47	44	41
12 rangs	65 —	11,3	113	113	113	103	96
12 rangs	130 —	11,3	113	113	113	113	113
18 rangs	32,5 —	5,60	56	53	51	49	47
18 rangs	65 —	11,3	113	113	113	113	110
18 rangs	130 —	11,3	113	113	113	113	113
24 rangs	32,5 —	5,60	56	54	52	50	48
24 rangs	65 —	11,3	113	113	113	113	113
24 rangs	130 —	11,3	113	113	113	113	113
30 rangs	32,5 —	5,60	56	54	53	51	50
30 rangs	65 —	11,3	113	113	113	113	113
30 rangs	130 —	11,3	113	113	113	113	113
36 rangs	32,5 —	5,60	56	54	53	52	51
36 rangs	65 —	11,3	113	113	113	113	113
36 rangs	130 —	11,3	113	113	113	113	113

400 mètres.

Profondeur	Front	par le 1er coup	par les 10 premiers coups	par les 10 coups suivants de 11 à 20	de 21 à 30	de 31 à 40	de 41 à 50
3 rangs	32,5 mètres	9,40	94	32	21	7	4
3 rangs	65 —	14,1	141	105	65	31	15
3 rangs	130 —	14,1	141	141	141	141	84
6 rangs	32,5 —	9,40	94	66	52	42	35
6 rangs	65 —	14,1	141	141	103	86	73
6 rangs	130 —	14,1	141	141	141	141	141
9 rangs	32,5 —	9,40	94	72	61	53	44
9 rangs	65 —	14,1	141	141	123	114	98
9 rangs	130 —	14,1	141	141	141	141	141
12 rangs	32,5 —	9,40	94	79	70	63	57
12 rangs	65 —	14,1	141	141	141	141	123
12 rangs	130 —	14,1	141	141	141	141	141
18 rangs	32,5 —	9,40	94	82	76	72	67
18 rangs	65 —	14,1	141	141	141	141	141
18 rangs	130 —	14,1	141	141	141	141	141
24 rangs	32,5 —	9,40	94	87	82	78	72
24 rangs	65 —	14,1	141	141	141	141	141
24 rangs	130 —	14,1	141	141	141	141	141
30 rangs	32,5 —	9,40	94	88	85	81	77
30 rangs	65 —	14,1	141	141	141	141	141
30 rangs	130 —	14,1	141	141	141	141	141
36 rangs	32,5 —	9,40	94	88	85	83	80
36 rangs	65 —	14,1	141	141	141	141	141
36 rangs	130 —	14,1	141	141	141	141	141

300 mètres.

Profondeur	Front	par le 1er coup	par les 10 premiers coups	par les 10 coups suivants de 11 à 20	de 21 à 30	de 31 à 40	de 41 à 50
3 rangs	32,5 mètres	19	190	5	.	.	.
3 rangs	65 —	19	193	180	10	.	.
3 rangs	130 —	19	190	190	190	190	70
6 rangs	32,5 —	19	190	104	44	18	3
6 rangs	65 —	19	190	190	190	104	44
6 rangs	130 —	19	190	190	190	190	190
9 rangs	32,5 —	19	190	124	74	40	36
9 rangs	65 —	19	190	190	190	142	112
9 rangs	130 —	19	190	190	190	190	190
12 rangs	32,5 —	19	190	183	104	80	65
12 rangs	65 —	19	190	190	190	190	190
12 rangs	130 —	19	190	190	190	190	190
18 rangs	32,5 —	19	190	156	136	120	110
18 rangs	65 —	19	190	190	190	190	190
18 rangs	130 —	19	190	190	190	190	190
24 rangs	32,5 —	19	190	162	143	131	126
24 rangs	65 —	19	190	190	190	190	190
24 rangs	130 —	19	190	190	190	190	190
30 rangs	32,5 —	19	190	165	148	138	133
30 rangs	65 —	19	190	190	190	190	190
30 rangs	130 —	19	190	190	190	190	190
36 rangs	32,5 —	19	190	168	152	144	139
36 rangs	65 —	19	190	190	190	190	190
36 rangs	130 —	19	190	190	190	190	190

200 mètres.

Profondeur	Front	par le 1er coup	par les 10 premiers coups	par les 10 coups suivants de 11 à 20	de 21 à 30	de 31 à 40	de 41 à 50
3 rangs	32,5 mètres	26,4	195	.	.	.	.
3 rangs	65 —	26,4	264	126	.	.	.
3 rangs	130 —	26,4	264	264	232	.	.
6 rangs	32,5 —	26,4	264	126	.	.	.
6 rangs	65 —	26,4	264	264	252	.	.
6 rangs	130 —	26,4	264	264	264	264	264
9 rangs	32,5 —	26,4	264	206	74	26	9
9 rangs	65 —	26,4	264	264	264	244	86
9 rangs	130 —	26,4	264	264	264	264	264
12 rangs	32,5 —	26,4	264	247	144	95	30
12 rangs	65 —	26,4	264	264	264	264	247
12 rangs	130 —	26,4	264	264	264	264	264
18 rangs	32,5 —	26,4	264	264	247	140	74
18 rangs	65 —	26,4	264	264	264	264	264
18 rangs	130 —	26,4	264	264	264	264	264
24 rangs	32,5 —	26,4	264	264	264	233	77
24 rangs	65 —	26,4	264	264	264	264	264
24 rangs	130 —	26,4	264	264	264	264	264
30 rangs	32,5 —	26,4	264	264	264	233	162
30 rangs	65 —	26,4	264	264	264	264	264
30 rangs	130 —	26,4	264	264	264	264	264
36 rangs	32,5 —	26,4	264	264	264	264	247
36 rangs	65 —	26,4	264	264	264	264	264
36 rangs	130 —	26,4	264	264	264	264	264

Nota. On a admis, dans la formation du tableau F, que parmi les balles qui atteignent le but, les 3/4 mettent hors de combat le nombre d'hommes qu'elles sont susceptibles de traverser, tandis que les autres n'en mettent hors de combat qu'un seul. On a évalué, comme dans les tableaux précédents, les pertes produites par des salves consécutives de dix coups, en tenant scrupuleusement compte, après chaque salve, de la diminution subie par le front de la troupe d'attaque, dont la profondeur a été supposée invariable.

Tir à balles du Canon de 12.

Tableau E.

Étendue du but		Nombre moyen de balles, par coup de 41, qui atteignent le but, aux distances de						
hauteur.	largeur.	800 mètres.	700 mètres.	600 mètres.	500 mètres.	400 mètres.	300 mètres.	200 mètres.
2 mètres	10 mètres	2,00	2,50	3,50	3,50	6,00	10,00	12,00
	20	3,50	5,00	6,00	5,50	7,00	12,00	14,00
	32,5	5,50	6,50	7,50	6,50	9,00	14,00	16,00
	65	11,00	13,00	13,50	13,00	13,50	14,00	16,00
	130	12,00	13,50	13,50	13,00	13,50	14,00	16,00
Nombre moyen d'hommes qu'une balle peut mettre hors de combat, aux distances ci-dessus indiquées		1	1,30	1,70	2	2,50	3,30	4,10

Nota. Relativement à la répartition des balles, dans le tir à mitraille, l'expérience démontre que ces balles sont comprises dans une surface conique, dont la plupart occupent le centre, aux petites distances. Leurs déviations les plus grandes autour de l'axe de la pièce, sont à peu près du 1/20 de la distance à laquelle on tire: À 200 mètres, la plus grande partie des balles, les 4/5 environ, sont comprises dans un espace de 15 à 16 mètres de longueur; À 300 mètres, les 3/4 le sont dans le même espace; À 400 mètres, la moitié est comprise dans un espace de 20 mètres. Aux distances plus éloignées, à 500, 600, 700, 800 mètres, la répartition des balles devient à peu près uniforme, dans toute l'étendue du cône enveloppant, et l'on peut admettre, sans grande erreur, que le nombre des balles qui touchent le but est proportionnel à sa surface.

Il est à remarquer que, d'après le tableau E, le nombre moyen de balles qui atteignent le but, est plus grand à 600 mètres qu'à 500. Ceci doit être attribué nécessairement, à ce qu'à la première distance, moins de balles passent par-dessus le but, soit de plein jet, soit en ricochant, qu'à la seconde.

Tir du Canon de 12 contre une colonne ayant une très-grande profondeur et un front très-étroit.

Tableau G.

Étendue du but		Nombre sur cent des boulets qui atteignent le but, aux distances de						
hauteur.	largeur.	800^m.	700^m.	600^m.	500^m.	400^m.	300^m.	200^m.
2 mètres	12 mètres	30	41	55	70	70	70	70
	6 mètres	18	32	48	68	68	68	68
Nombre d'hommes que les boulets peuvent traverser, aux distances ci-dessus indiquées.		23	26	30	34	37	41	45

Tableau H.

Formation de la colonne d'attaque, les hommes d'un même rang se touchant coude à coude, et couvrant la moitié de la surface du front qu'ils présentent		Nombre moyen d'hommes qui seraient mis hors de combat, par un coup à boulet, si le tir de guerre avait la justesse du tir d'expérience, aux distances de						
profondeur.	front.	800^m.	700^m.	600^m.	500^m.	400^m.	300^m.	200^m.
Telle qu'un boulet n'a pas assez de force d'impulsion, pour traverser tous les hommes qui la déterminent.	12 mètres	2,58	4,00	6,18	8,92	9,71	10,76	11,81
	6 mètres.	1,55	3,12	5,40	8,67	9,43	10,46	11,47

Nota. On admet dans le tableau H, comme dans les tableaux B et D, que chaque boulet qui touche le but, met hors de combat les 3/4 des hommes qu'il est susceptible de traverser.

Tableau I.

Étendue du but		Nombre moyen de balles, par coup de 41, qui atteignent le but, aux distances de				
hauteur.	largeur.	600m.	500m.	400m.	300m.	200m.
2 mètres	12 mètres	3,55	4,02	7,10	8,13	9,16
	6 mètres.	1,80	2,10	3,60	4,20	5,00
Nombre moyen d'hommes qu'une balle peut traverser, aux distances ci-dessus indiquées.		1,70	2	2,50	3,30	4,10

Tableau K.

Formation de la colonne d'attaque, les hommes d'un même rang se touchant coude à coude et couvrant la moitié de la surface du front qu'ils présentent.		Nombre moyen d'hommes qui seraient mis hors de combat, par un coup à balles, si le tir de guerre avait la justesse du tir d'expérience, aux distances de				
profondeur.	front.	600m.	500m.	400m.	300m.	200m.
Telle qu'une balle n'a pas assez de force d'impulsion pour traverser tous les hommes qui la terminent.	12 mètres.	2,69	3,52	7,53	11,04	15,20
	6 mètres.	1,36	1,84	3,82	5,71	8,30

. On admet dans le tableau K, comme dans le tableau F, que parmi les balles touchant le but, les 3/4 mettent hors de combat le nombre moyen d'hommes qu'elles sont susceptibles de traverser, tandis que les autres n'en mettent hors de combat qu'un seul.

Tir parallèle au terrain de l'Obusier de 16 centimètres (à grande charge).

Tableau A'.

Étendue du but		Nombre sur cent des obus qui atteignent le but, aux distances de							
hauteur.	largeur.	1800m.	1600m.	1400m.	1200m.	1100m.	1000m.	900m.	800m.
2 mètres	32,5 mètres.	22	29	34	42	46	48	50	51
	65 ___	30	33	36	42	46	48	50	51
	130 ___	30	33	36	42	46	48	50	51
Nombre moyen d'hommes que les obus peuvent traverser aux distances ci-dessus indiquées ___		2	4	7	10	11	12	13	14

Note. Dans le tir parallèle au terrain, les obus de 16 centimètres ont des ricochets beaucoup plus rasants que les boulets de 12, et on peut admettre que pour un même nombre de coups, à des distances également éloignées et contre un même but, la quantité des premiers qui atteignent celui-ci est à celle des seconds, au moins dans la proportion de 3 à 2.

Un obus de 16 centimètres, en faisant explosion, donne environ 33 éclats, et met moyennement quatre hommes hors de combat, quand il éclate au milieu des troupes. En supposant que l'on emploie, comme il convient, des fusées d'une composition un peu lente, afin de laisser les projectiles produire, avant d'éclater, tout leur effet comme projectiles pleins, en tenant compte des ratés, qui sont assez nombreux dans ce cas, on a admis qu'un obus atteignant une ligne ou une colonne mince, qu'il était susceptible de percer, mettait moyennement deux hommes hors de combat, en éclatant, et qu'il en mettait quatre, quand il frappait dans une colonne trop profonde pour qu'il pût la traverser. Ces chiffres sont peut-être un peu forts; mais il est à observer que, parmi les obus qui n'atteignent pas le but, il en est aussi qui, par leur explosion, mettent des hommes hors de combat. Or, il faut chercher à tenir compte de ce fait, autant que le permet la difficulté de son appréciation.

Tableau B'.

Formation de la colonne d'attaque, les hommes d'un même rang se touchant coude à coude et couvrant la moitié de la surface du flanc qu'ils présentent. — Nombre moyen d'hommes qui seraient mis hors de combat, si le tir de guerre avait la justesse du tir d'expérience, aux distances de

Profondeur	Flanc	1800 mèt.		1600 mèt.		1400 mètres			1200 mètres			
3 rangs	32,5 mètres	0,16	2	0,33	4	0,38	4	4	0,47	5	5	5
	65	0,22	3	0,37	4	0,40	4	4	0,47	5	5	5
	130	0,22	3	0,37	4	0,40	4	4	0,47	5	5	5
6 rangs	32,5	0,16	2	0,43	5	0,76	8	8	0,94	10	10	9
	65	0,22	3	0,50	5	0,80	8	8	0,94	10	10	9
	130	0,22	3	0,50	5	0,80	8	8	0,94	10	10	9
9 rangs	32,5	0,16	2	0,43	5	0,90	9	9	1,41	15	14	14
	65	0,22	3	0,50	5	0,94	10	10	1,41	15	14	14
	130	0,22	3	0,50	5	0,94	10	10	1,41	15	14	14
12 rangs	32,5	0,16	2	0,43	5	0,90	9	9	1,57	16	16	16
	65	0,22	3	0,50	5	0,94	10	10	id.	id.	id.	id.
	130	0,22	3	0,50	5	0,94	10	10	id.	id.	id.	id.
18 rangs	32,5	0,16	2	0,43	5	0,90	9	9	id.	id.	id.	id.
	65	0,22	3	0,50	5	0,94	10	10	id.	id.	id.	id.
	130	0,22	3	0,50	5	0,94	10	10	id.	id.	id.	id.
24 rangs	32,5	0,16	2	0,43	5	0,90	9	9	id.	id.	id.	id.
	65	0,22	3	0,50	5	0,94	10	10	id.	id.	id.	id.
	130	0,22	3	0,50	5	0,94	10	10	id.	id.	id.	id.
30 rangs	32,5	0,16	2	0,43	5	0,90	9	9	id.	id.	id.	id.
	65	0,22	3	0,50	5	0,94	10	10	id.	id.	id.	id.
	130	0,22	3	0,50	5	0,94	10	10	id.	id.	id.	id.
36 rangs	32,5	0,16	2	0,43	5	0,90	9	9	id.	id.	id.	id.
	65	0,22	3	0,50	5	0,94	10	10	id.	id.	id.	id.
	130	0,22	3	0,50	5	0,94	10	10	id.	id.	id.	id.

Profondeur	Flanc	1100 mètres				1000 mètres					900 mètres					800 mètres						Observations.
3 rangs	32,5 mètres	0,52	6	5	5	0,53	6	6	5	5	0,56	6	6	6	5	0,58	6	6	6	6	5	
	65	0,53	6	5	5	0,54	6	6	5	5	0,56	6	6	6	5	0,58	6	6	6	6	5	
	130	0,53	6	5	5	0,53	6	6	5	5	0,56	6	6	6	5	0,58	6	6	6	6	5	
6 rangs	32,5	1,04	11	11	10	1,08	11	11	11	11	1,12	12	11	11	11	1,16	12	12	12	11	11	
	65	1,04	11	11	10	1,08	11	11	11	11	1,12	12	11	11	11	1,16	12	12	12	11	11	
	130	1,04	11	11	10	1,08	11	11	11	11	1,12	12	11	11	11	1,16	12	12	12	11	11	
9 rangs	32,5	1,56	16	16	16	1,61	17	16	16	16	1,68	17	17	17	17	1,74	18	18	17	17	17	
	65	1,56	16	16	16	1,61	17	16	16	16	1,68	17	17	17	17	1,74	18	18	17	17	17	
	130	1,56	16	16	16	1,61	17	16	16	16	1,68	17	17	17	17	1,74	18	18	17	17	17	
12 rangs	32,5	1,90	19	19	19	2,16	22	22	22	21	2,24	23	23	22	22	2,32	24	23	23	23	23	
	65	id.	id.	id.	id.	id.	id.	id.	id.	id.	2,24	23	23	22	22	2,32	24	23	23	23	23	
	130	id.	id.	id.	id.	id.	id.	id.	id.	id.	2,24	23	23	22	22	2,32	24	23	23	23	23	
18 rangs	32,5	id.	id.	id.	id.	id.	id.	id.	id.	id.	2,44	25	25	24	24	2,67	27	27	27	26	26	
	65	id.	id.	id.	id.	id.	id.	id.	id.	id.	id.	id.	id.	id.	id.	id.	id.	id.	id.	id.	id.	
	130	id.	id.	id.	id.	id.	id.	id.	id.	id.	id.	id.	id.	id.	id.	id.	id.	id.	id.	id.	id.	
24 rangs	32,5	id.	id.	id.	id.	id.	id.	id.	id.	id.	id.	id.	id.	id.	id.	id.	id.	id.	id.	id.	id.	
	65	id.	id.	id.	id.	id.	id.	id.	id.	id.	id.	id.	id.	id.	id.	id.	id.	id.	id.	id.	id.	
	130	id.	id.	id.	id.	id.	id.	id.	id.	id.	id.	id.	id.	id.	id.	id.	id.	id.	id.	id.	id.	
30 rangs	32,5	id.	id.	id.	id.	id.	id.	id.	id.	id.	id.	id.	id.	id.	id.	id.	id.	id.	id.	id.	id.	
	65	id.	id.	id.	id.	id.	id.	id.	id.	id.	id.	id.	id.	id.	id.	id.	id.	id.	id.	id.	id.	
	130	id.	id.	id.	id.	id.	id.	id.	id.	id.	id.	id.	id.	id.	id.	id.	id.	id.	id.	id.	id.	
36 rangs	32,5	id.	id.	id.	id.	id.	id.	id.	id.	id.	id.	id.	id.	id.	id.	id.	id.	id.	id.	id.	id.	
	65	id.	id.	id.	id.	id.	id.	id.	id.	id.	id.	id.	id.	id.	id.	id.	id.	id.	id.	id.	id.	
	130	id.	id.	id.	id.	id.	id.	id.	id.	id.	id.	id.	id.	id.	id.	id.	id.	id.	id.	id.	id.	

Nota. Le tableau B' a été formé de la même manière que le tableau B.

Tir de plein fouet de l'Obusier de 16 centimètres (à grande charge).

Tableau C.

Étendue du but		Nombre sur cent des obus qui atteignent le but, aux distances de								
hauteur.	largeur.	1000 mèt.	900 mèt.	800 mèt.	700 mèt.	600 mèt.	500 mèt.	400 mèt.	300 mèt.	200 mèt.
2 mètres	12 mètres.	34,80	37,30	40,00	48,00	58,00	70	70	70	70
	25	46,20	47,90	50,00	55,50	62,00	70	70	70	70
	32,5	47,00	48,40	50,00	55,50	62,00	70	70	70	70
	65	47,00	48,40	50,00	55,50	62,00	70	70	70	70
	130	47,00	48,40	50,00	55,50	62,00	70	70	70	70
Nombre moyen d'hommes que les obus peuvent traverser aux distances ci-dessus indiquées.		12	13	14	16	18	21	24	28	32
Déviations latérales moyennes, à partir du centre du but, aux distances ci-dessus indiquées. (Les déviations extrêmes sont environ le double des déviations moyennes).		5m,20	4m,50	3m,80	3m,12	2m,46	1m,80	.	.	.

…x grande charge).

Tous justesse du tir d'expérience, aux distances de

colo… les… mê… tou… cou…	400 mètres.							300 mètres.						200 mètres.				
»	»	»	»	»	»	6,30	63	63	63	63	63	6,30	63	63	63	63	63
»	»	»	»	»	»	6,30	63	63	63	61	63	6,30	63	63	63	63	63
»	»	»	»	»	»	7,35	74	70	74	73	73	7,47	79	79	79	79	78
»	»	»	»	»	»	7,35	74	76	70	73	73	7,47	79	79	79	79	78
»	»	»	»	»	»	7,35	76	72	74	73	73	7,47	79	79	79	79	78
»	»	»	»	»	»	»	»	»	»	»	»	8,20	86	84	84	86	86
»	»	»	»	»	»	»	»	»	»	»	»	8,20	86	86	86	86	86
»	»	»	»	»	»	»	»	»	»	»	»	8,20	86	86	86	86	86

4

30

36

…u D.

Tir de plein fouet de l'Obusier de 16 centimètres (à grande charge).

Tableau C.

Étendue du but		Nombre sur cent des obus qui atteignent le but, aux distances de								
hauteur.	largeur.	1000 mèt.	900 mèt.	800 mèt.	700 mèt.	600 mèt.	500 mèt.	400 mèt.	300 mèt.	200 mèt.
2 mètres	12 mètres.	34,80	37,30	40,00	48,00	58,00	70	70	70	70
	25	46,20	47,90	50,00	55,50	62,00	70	70	70	70
	32,5	47,00	48,40	50,00	55,50	62,00	70	70	70	70
	65	47,00	48,40	50,00	55,50	62,00	70	70	70	70
	130	47,00	48,40	50,00	55,50	62,00	70	70	70	70
Nombre moyen d'hommes que les obus peuvent traverser aux distances ci-dessus indiquées.		12	13	14	16	18	21	24	28	32
Déviations latérales moyennes, à partir du centre du but, aux distances ci-dessus indiquées. (Les déviations extrêmes sont environ le double des déviations moyennes).		5m,20	4m,50	3m,80	3m,12	2m,46	1m,80	.	.	.

(à grande charge).

Tour justesse du tir d'expérience, aux distances de

colo

les

mêm

tou

cou

		400 mètres.						300 mètres.						200 mètres.				
	»	»	»	»	»	»	6,30	63	63	63	63	63	6,30	63	63	63	63	63
	»	»	»	»	»	»	6,30	63	63	63	63	63	6,30	63	63	63	63	63
	»	»	»	»	»	»	7,35	74	74	74	73	73	7,87	79	79	79	79	78
30	»	»	»	»	»	»	7,35	74	74	74	73	73	7,87	79	79	79	79	78
	»	»	»	»	»	»	7,35	74	74	74	73	73	7,87	79	79	79	79	78
	»	»	»	»	»	»	»	»	»	»	»	»	8,40	84	84	84	84	84
36	»	»	»	»	»	»	»	»	»	»	»	»	8,40	84	84	84	84	84
	»	»	»	»	»	»	»	»	»	»	»	»	8,40	84	84	84	84	84

au D.

Tir de plein fouet de l'Obusier de 16 centimètres (à grande charge).

Tableau D'.

Colonnes de gauche : Formation de la colonne d'attaque, les hommes d'un même rang se touchant coude à coude et couvrant la moitié de la surface du front qu'ils présentent.

Nombre moyen d'hommes qui seraient mis hors de combat, si le tir de guerre avait la justesse du tir d'expériences, aux distances de :

profondeur	front	1000 mètres : par le 1er coup	par les 10 premiers coups	par les 10 coups tirés de 11 à 20	21 à 30	31 à 40	41 à 50	900 mètres : par le 1er coup	par les 10 premiers coups	par les 10 coups tirés de 11 à 20	21 à 30	31 à 40	41 à 50	800 mètres : par le 1er coup	par les 10 premiers coups	par les 10 coups tirés de 11 à 20	21 à 30	31 à 40	41 à 50
3 rangs	32,5 mètres	0,53	6	6	5	5	5	0,55	6	6	6	5	5	0,56	6	6	6	5	5
	65	0,53	6	6	5	5	5	0,55	6	6	6	5	5	0,56	6	6	6	5	5
	130	0,53	6	6	5	5	5	0,55	6	6	6	5	5	0,56	6	6	6	5	5
6	32,5	1,06	11	11	11	10	10	1,10	11	11	11	11	11	1,12	12	11	11	11	11
	65	1,06	11	11	11	10	10	1,10	11	11	11	11	11	1,12	12	11	11	11	11
	130	1,06	11	11	11	10	10	1,10	11	11	11	11	11	1,12	12	11	11	11	11
9	32,5	1,59	16	16	16	16	16	1,65	17	17	17	16	16	1,68	17	17	17	17	16
	65	1,59	16	16	16	16	16	1,65	17	17	17	16	16	1,68	17	17	17	17	16
	130	1,59	16	16	16	16	16	1,65	17	17	17	16	16	1,68	17	17	17	17	16
12	32,5	2,12	22	21	21	21	21	2,20	22	22	22	22	22	2,24	23	23	22	22	22
	65	2,12	22	21	21	21	21	2,20	22	22	22	22	22	2,24	23	23	22	22	22
	130	2,12	22	21	21	21	21	2,20	22	22	22	22	22	2,24	23	23	22	22	22
18	32,5	»	»	»	»	»	»	2,56	26	26	26	25	25	2,64	27	26	26	26	26
	65	»	»	»	»	»	»	»	»	»	»	»	»	»	»	»	»	»	»
	130	»	»	»	»	»	»	»	»	»	»	»	»	»	»	»	»	»	»
24	32,5	»	»	»	»	»	»	»	»	»	»	»	»	»	»	»	»	»	»
	65	»	»	»	»	»	»	»	»	»	»	»	»	»	»	»	»	»	»
	130	»	»	»	»	»	»	»	»	»	»	»	»	»	»	»	»	»	»
30	32,5	»	»	»	»	»	»	»	»	»	»	»	»	»	»	»	»	»	»
	65	»	»	»	»	»	»	»	»	»	»	»	»	»	»	»	»	»	»
	130	»	»	»	»	»	»	»	»	»	»	»	»	»	»	»	»	»	»
36	32,5	»	»	»	»	»	»	»	»	»	»	»	»	»	»	»	»	»	»
	65	»	»	»	»	»	»	»	»	»	»	»	»	»	»	»	»	»	»
	130	»	»	»	»	»	»	»	»	»	»	»	»	»	»	»	»	»	»

profondeur	front	700 mètres : par le 1er coup	par les 10 premiers coups	par les 10 coups tirés de 11 à 20	21 à 30	31 à 40	41 à 50	600 mètres : par le 1er coup	par les 10 premiers coups	par les 10 coups tirés de 11 à 20	21 à 30	31 à 40	41 à 50	500 mètres : par le 1er coup	par les 10 premiers coups	par les 10 coups tirés de 11 à 20	21 à 30	31 à 40	41 à 50
3 rangs	32,5 mètres	0,62	7	6	6	6	6	0,70	7	7	7	7	7	0,70	8	8	8	8	8
	65	0,62	7	6	6	6	6	0,70	7	7	7	7	7	0,74	8	8	8	8	8
	130	0,62	7	6	6	6	6	0,70	7	7	7	7	7	0,74	8	8	8	8	8
6	32,5	1,24	13	13	12	12	12	1,40	14	14	14	14	14	1,50	16	16	16	16	15
	65	1,24	13	13	12	12	12	1,40	14	14	14	14	14	1,50	16	16	16	16	15
	130	1,24	13	13	12	12	12	1,40	14	14	14	14	14	1,50	16	16	16	16	15
9	32,5	1,86	19	19	19	18	18	2,10	21	21	21	21	21	2,27	24	24	24	24	23
	65	1,86	19	19	19	18	18	2,10	21	21	21	21	21	2,27	24	24	24	24	23
	130	1,86	19	19	19	18	18	2,10	21	21	21	21	21	2,27	24	24	24	24	23
12	32,5	2,48	25	25	25	25	24	2,80	28	28	28	28	28	3,06	32	32	32	31	31
	65	2,48	25	25	25	25	24	2,80	28	28	28	28	28	3,06	32	32	32	31	31
	130	2,48	25	25	25	25	24	2,80	28	28	28	28	28	3,06	32	32	32	31	31
18	32,5	3,32	34	33	33	33	33	4,50	[illegible]	[illegible]	[illegible]	[illegible]	[illegible]	4,70	48	48	47	47	47
	65	»	»	»	»	»	»	»	»	»	»	»	»	4,70	48	48	47	47	47
	130	»	»	»	»	»	»	»	»	»	»	»	»	4,70	48	48	47	47	47
24	32,5	»	»	»	»	»	»	»	»	»	»	»	»	5,61	56	55	55	54	54
	65	»	»	»	»	»	»	»	»	»	»	»	»	»	»	»	»	»	»
	130	»	»	»	»	»	»	»	»	»	»	»	»	»	»	»	»	»	»
30	32,5	»	»	»	»	»	»	»	»	»	»	»	»	»	»	»	»	»	»
	65	»	»	»	»	»	»	»	»	»	»	»	»	»	»	»	»	»	»
	130	»	»	»	»	»	»	»	»	»	»	»	»	»	»	»	»	»	»
36	32,5	»	»	»	»	»	»	»	»	»	»	»	»	»	»	»	»	»	»
	65	»	»	»	»	»	»	»	»	»	»	»	»	»	»	»	»	»	»
	130	»	»	»	»	»	»	»	»	»	»	»	»	»	»	»	»	»	»

profondeur	front	400 mètres : par le 1er coup	par les 10 premiers coups	par les 10 coups tirés de 11 à 20	21 à 30	31 à 40	41 à 50	300 mètres : par le 1er coup	par les 10 premiers coups	par les 10 coups tirés de 11 à 20	21 à 30	31 à 40	41 à 50	200 mètres : par le 1er coup	par les 10 premiers coups	par les 10 coups tirés de 11 à 20	21 à 30	31 à 40	41 à 50
3 rangs	32,5 mètres	0,70	8	8	8	8	8	0,70	8	8	8	8	8	0,70	8	8	8	8	8
	65	0,70	8	8	8	8	8	0,70	8	8	8	8	8	0,70	8	8	8	8	8
	130	0,70	8	8	8	8	8	0,70	8	8	8	8	8	0,70	8	8	8	8	8
6	32,5	1,55	16	16	16	16	15	1,50	16	16	16	16	15	1,60	16	16	16	16	16
	65	1,55	16	16	16	16	15	1,50	16	16	16	16	15	1,60	16	16	16	16	15
	130	1,50	16	16	16	16	15	1,50	16	16	16	16	15	1,60	16	16	16	16	15
9	32,5	2,27	24	24	24	24	23	2,27	24	24	24	24	23	2,27	24	24	24	24	23
	65	2,27	24	24	24	24	23	2,27	24	24	24	24	23	2,27	24	24	24	24	23
	130	2,27	24	24	24	24	23	2,27	24	24	24	24	23	2,27	24	24	24	24	23
12	32,5	3,16	32	32	32	31	31	3,16	32	32	32	31	31	3,16	32	32	32	31	31
	65	3,16	32	32	32	31	31	3,16	32	32	32	31	31	3,16	32	32	32	31	31
	130	3,16	32	32	32	31	31	3,16	32	32	32	31	31	3,16	32	32	32	31	31
18	32,5	4,70	48	48	47	47	47	4,70	48	48	47	47	47	4,70	48	48	47	47	47
	65	4,70	48	48	47	47	47	4,70	48	48	47	47	47	4,70	48	48	47	47	47
	130	4,70	48	48	47	47	47	4,70	48	48	47	47	47	4,70	48	48	47	47	47
24	32,5	6,30	63	63	63	63	63	6,30	63	63	63	63	63	6,30	63	63	63	63	63
	65	»	»	»	»	»	»	6,30	63	63	63	63	63	6,30	63	64	63	63	63
	130	»	»	»	»	»	»	6,30	63	63	63	63	63	6,30	63	64	63	63	63
30	32,5	»	»	»	»	»	»	7,36	76	76	76	75	75	7,87	79	79	79	79	78
	65	»	»	»	»	»	»	7,36	76	76	76	75	75	7,87	79	79	79	79	78
	130	»	»	»	»	»	»	7,36	76	76	76	75	75	7,87	79	79	79	79	78
36	32,5	»	»	»	»	»	»	»	»	»	»	»	»	8,40	86	86	86	86	86
	65	»	»	»	»	»	»	»	»	»	»	»	»	8,40	86	86	86	86	86
	130	»	»	»	»	»	»	»	»	»	»	»	»	8,40	86	86	86	86	86

Nota. Le tableau D' a été formé de la même manière que le tableau D.

Tir à balles de l'Obusier de 16 centimètres.

Tableau F'. (Déduit du Tableau E'.)

Formation de la colonne d'attaque, les hommes d'un même rang se touchant coude à coude en couvrant la moitié de la surface de front qu'ils présentent.		Nombre moyen d'hommes qui seraient mis hors de combat, si le tir de guerre avait la justesse du tir d'expérience, aux distances de																																			
		700 mètres.						600 mètres.						500 mètres.						400 mètres.						300 mètres.						200 mètres.					
profondeur.	front.	par le 1er coup	par les 10 premiers coups	par les 10 coups suivants 11 à 20	21 à 30	31 à 40	41 à 50	par le 1er coup	par les 10 premiers coups	par les 10 coups suivants 11 à 20	21 à 30	31 à 40	41 à 50	par le 1er coup	par les 10 premiers coups	par les 10 coups suivants 11 à 20	21 à 30	31 à 40	41 à 50	par le 1er coup	par les 10 premiers coups	par les 10 coups suivants 11 à 20	21 à 30	31 à 40	41 à 50	par le 1er coup	par les 10 premiers coups	par les 10 coups suivants 11 à 20	21 à 30	31 à 40	41 à 50	par le 1er coup	par les 10 premiers coups	par les 10 coups suivants 11 à 20	21 à 30	31 à 40	41 à 50
3 rangs	32,5 mètres	4,50	45	36	27	17	10	6,0	60	47	31	19	17	9,7	97	63	45	3	2	14,5	145	30	.	.	.	23,0	230	.	.	.	.	47,5	475	.	.	.	.
	65	9,00	90	68	51	37	30	12,0	120	78	54	39	28	17,2	172	100	67	15	5	27,1	271	139	33	5	.	29,0	290	100	.	.	.	47,5	340	.	.	.	.
	130	11,5	115	115	112	90	68	14,4	144	144	144	91	65	18,7	187	187	166	97	63	27,1	271	271	176	117	80	29,0	290	290	200	.	.	47,5	475	344	.	.	.
6	32,5	4,50	45	39	36	31	29	6,0	60	51	43	38	33	9,7	97	79	67	45	39	14,5	145	120	58	34	16	23,0	230	160	.	.	.	47,5	340	.	.	.	.
	65	9,00	90	75	69	60	52	12,0	120	96	81	69	60	17,2	172	130	106	88	73	27,1	271	160	144	115	64	29,0	290	236	202	35	13	47,5	475	330	.	.	.
	130	11,5	115	115	115	115	115	14,4	144	144	144	144	144	18,7	187	187	187	187	166	27,1	271	271	271	271	185	29,0	290	290	290	266	225	47,5	475	475	475	285	.
9	32,5	4,50	45	41	37	34	32	6,0	60	53	47	43	39	9,7	97	82	73	58	49	14,5	145	127	96	66	46	23,0	230	166	85	46	26	47,5	475	260	.	.	.
	65	9,00	90	81	74	67	61	12,0	120	103	89	79	71	17,2	172	141	119	102	90	27,1	271	183	153	147	137	29,0	290	260	236	170	100	47,5	475	475	310	.	.
	130	11,5	115	115	115	115	115	14,4	144	144	144	144	144	18,7	187	187	187	187	187	27,1	271	271	271	271	271	29,0	290	290	290	290	290	47,5	475	475	475	475	475
12	32,5	4,50	45	41	40	37	33	6,0	60	55	51	47	44	9,7	97	88	79	70	69	14,5	145	136	120	104	83	23,0	230	210	185	63	15	47,5	475	365	.	.	.
	65	9,00	90	84	79	74	70	12,0	120	108	96	89	82	17,2	172	161	139	115	106	27,1	271	244	244	147	118	29,0	290	272	236	227	205	47,5	475	475	417	393	.
	130	11,5	115	115	115	115	115	14,4	144	144	144	144	144	18,7	187	187	187	187	187	27,1	271	271	271	271	271	29,0	290	290	290	290	290	47,5	475	475	475	475	475
18	32,5	4,50	45	44	41	39	36	6,0	60	56	53	50	48	9,7	97	91	84	78	76	14,5	145	137	128	124	110	23,0	230	224	212	156	115	47,5	475	407	336	.	.
	65	9,00	90	86	82	80	76	12,0	120	112	104	97	91	17,2	172	167	145	139	124	27,1	271	249	193	166	134	29,0	290	282	236	227	230	47,5	475	475	474	417	390
	130	11,5	115	115	115	115	115	14,4	144	144	144	144	144	18,7	187	187	187	187	187	27,1	271	271	271	271	271	29,0	290	290	290	290	290	47,5	475	475	475	475	475
24	32,5	4,50	45	44	43	41	40	6,0	60	57	55	53	54	9,7	97	93	88	64	60	14,5	145	139	134	129	122	23,0	230	226	220	209	188	47,5	475	413	392	287	81
	65	9,00	90	87	84	82	79	12,0	120	114	108	104	103	17,2	172	162	151	142	139	27,1	271	242	206	187	166	29,0	290	284	272	249	257	47,5	475	470	466	460	447
	130	11,5	115	115	115	115	115	14,4	144	144	144	144	144	18,7	187	187	187	187	187	27,1	271	271	271	271	271	29,0	290	290	290	290	290	47,5	475	475	475	475	475
30	32,5	4,50	45	44	44	43	42	6,0	60	58	56	54	53	9,7	97	94	90	86	83	14,5	145	140	136	132	127	23,0	230	226	221	216	200	47,5	475	466	384	367	346
	65	9,00	90	88	86	84	82	12,0	120	115	110	106	104	17,2	172	164	153	145	131	27,1	271	214	206	200	183	29,0	290	286	278	264	244	47,5	475	470	475	475	475
	130	11,5	115	115	115	115	115	14,4	144	144	144	144	144	18,7	187	187	187	187	187	27,1	271	271	271	271	271	29,0	290	290	290	290	290	47,5	475	475	475	475	475
36	32,5	4,50	45	44	44	44	43	6,0	60	59	57	55	54	9,7	97	94	91	89	86	14,5	145	141	137	134	130	23,0	230	227	224	221	212	47,5	475	457	457	396	376
	65	9,00	90	88	86	85	83	12,0	120	116	111	108	104	17,2	172	166	157	150	140	27,1	271	215	210	206	193	29,0	290	286	282	272	266	47,5	475	475	475	475	475
	130	11,5	115	115	115	115	115	14,4	144	144	144	144	144	18,7	187	187	187	187	187	27,1	271	271	271	271	271	29,0	290	290	290	290	290	47,5	475	475	475	475	475

Nota. Le tableau F' a été formé de la même manière que le tableau F.

Tir à balles de l'Obusier de 16 centimètres.

Tableau E'.

Étendue du but		Nombre moyen de balles, par coup de 60, qui atteignent le but, aux distances de						
hauteur.	largeur.	800 mètres.	700 mètres.	600 mètres.	500 mètres.	400 mètres.	300 mètres.	200 mètres.
2 mètres	10 mètres.	.	3, 0	4, 0	6, 0	11, 0	18, 0	29, 0
	20	.	5, 50	7	10, 0	13, 0	21, 0	31, 0
	32,5	.	9, 0	10.	13, 0	17, 0	23, 0	34, 0
	65	.	18, 0	20, 0	23, 0	26, 0	29, 0	34, 0
	150	.	23, 0	24, 0	25, 0	26, 0	29, 0	34, 0
Nombre moyen d'hommes qu'une balle peut traverser, aux distances ci-dessus indiquées.		.	1	1, 26	1, 66	1, 93	2, 33	3, 00

Nota. L'observation faite ci-dessus, relativement au tir à balles du canon de 12, est applicable à celui de l'Obusier de 16 centimètres. La déviation la plus grande des balles autour de l'axe de la pièce, est d'environ 1/16 de la distance à laquelle le tir s'exécute.

Tir de l'Obusier de 16 centimètres contre une colonne ayant une très-grande profondeur et un front très-étroit. (à grande charge).

Tableau G'.

Étendue du but		Nombre sur cent des Obus qui atteignent le but, aux distances de						
hauteur.	largeur.	800m.	700m.	600m.	500m.	400m.	300m.	200m.
2 mètres.	12 mètres.	40,0	48,0	58,0	70,0	70,0	70,0	70,0
	6 mètres.	24,0	36,0	50,0	66,0	68,0	70,0	70,0
Nombre moyen d'hommes que les obus peuvent traverser, aux distances ci-dessus indiquées.		14	16	18	21	24	28	32

Tableau H'.

Formation de la colonne d'attaque, les hommes d'un même rang se touchant coude à coude et couvrant la moitié de la surface de front qu'ils présentent.		Nombre moyen d'hommes qui seraient mis hors de combat, par un coup à obus, si le tir de guerre avait la justesse du tir d'expérience, aux distances de						
profondeur.	front.	800m.	700m.	600m.	500m.	400m.	300m.	200m.
Celle qu'un obus n'a pas la force d'impulsion nécessaire pour traverser tous les rangs qui la déterminent.	12 mètres.	2,10	2,88	3,91	5,51	6,30	7,35	8,40
	6 mètres.	1,26	2,16	3,37	5,20	6,12	7,35	8,40

Note. Le tableau H' a été formé de la même manière que le tableau H.

Tableau I'.

Étendue du but		Nombre moyen de balles, par coup de 60, qui atteignent le but, aux distances de				
hauteur.	largeur.	600m.	500m.	400m.	300m.	200m.
2 mètres	12 mètres.	4,60	6,80	11,40	18,60	29,40
	6 mètres.	2,50	3,80	6,20	10,50	17,00
Nombre moyen d'hommes qu'une balle peut traverser, aux distances ci-dessus indiquées		1,26	1,66	1,93	2,33	3,00

Tableau K'.

Formation de la colonne d'attaque, les hommes d'un même rang se touchant coude à coude et couvrant la moitié de la surface du front qu'ils présentent.		Nombre moyen d'hommes qui seraient mis hors de combat, par un coup à balles, si le tir de guerre avait la justesse du tir d'expérience, aux distances de				
profondeur.	front.	600m.	500m.	400m.	300m.	200m.
Telle qu'une balle n'a pas assez de force d'impulsion, pour traverser tous les rangs d'hommes qui la déterminent.	12 mètres.	2,75	5,08	9,67	18,57	36,75
	6 mètres	1,49	2,84	5,26	10,48	21,25

Nota. Le tableau K' a été formé de la même manière que le tableau K.

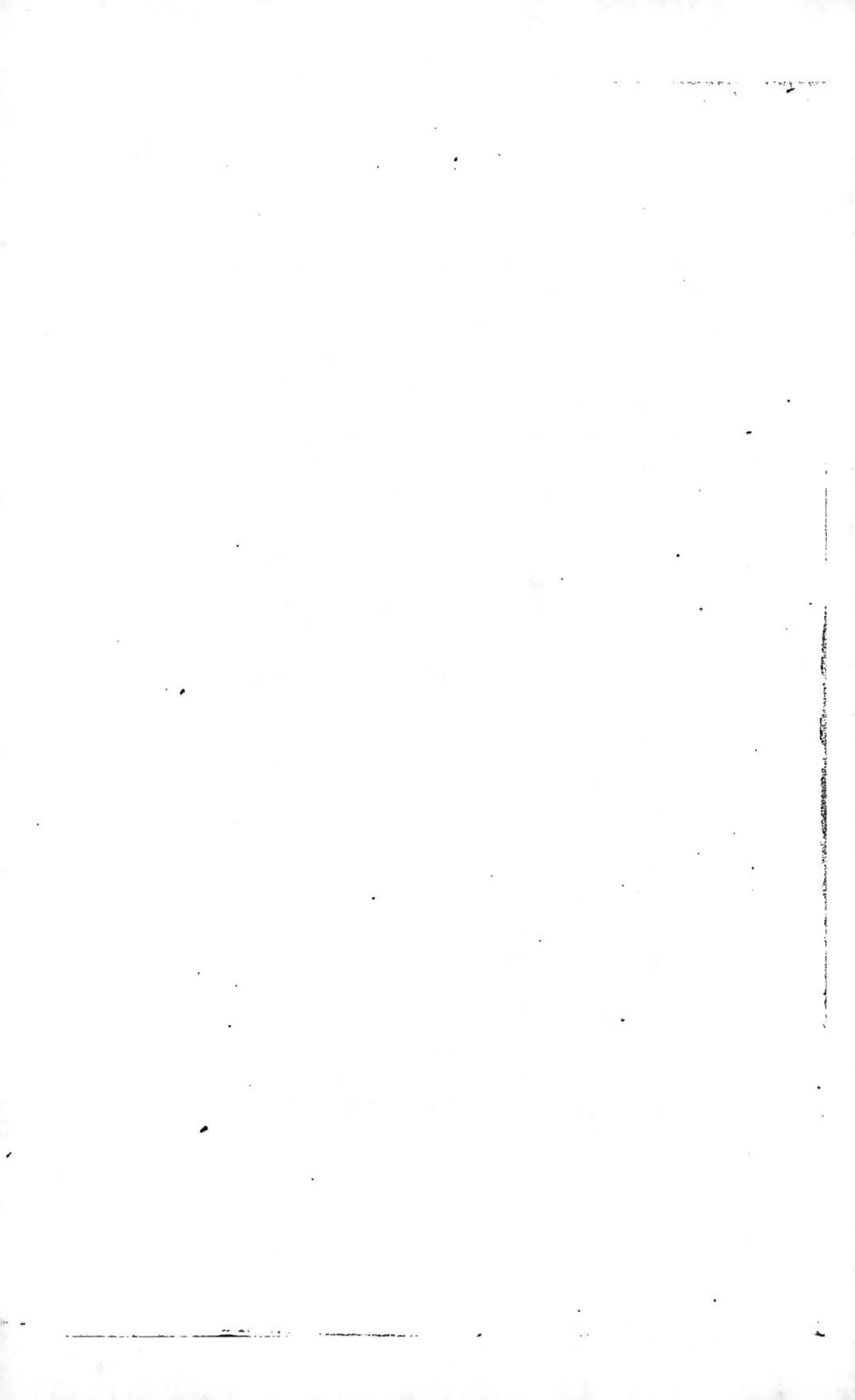

Cela posé, arrivons au problème dont nous nous sommes proposé la solution, et évaluons, pour chacune des formations indiquées ci-dessus, les pertes que les trois batteries de 12, tirant le plus avantageusement possible, font éprouver aux trois bataillons d'attaque, dans la demi-heure qu'ils mettent à franchir, d'une vitesse uniforme, le trajet de 1,200 mètres à 200 mètres, pendant lequel ils sont exposés au feu de l'artillerie.

PREMIÈRE FORMATION, OU LES TROIS BATAILLONS D'ATTAQUE SONT DÉPLOYÉS DE FRONT, ET PRÉSENTENT, CHACUN, TROIS RANGS DE PROFONDEUR.

Contre cette formation, et en raison des avantages indiqués par les tableaux A, C, A' et C', on tirera parallélement au terrain, de 1,200 mètres à 800 mètres avec les canons, et de 1,200 mètres à 700 mètres avec les obusiers.

De 800 mètres à 700 mètres avec les premiers, de 700 mètres à 600 mètres avec les seconds, on emploiera le tir de plein fouet des boulets et des obus. On exécutera ensuite le tir à mitraille, eu égard aux résultats comparatifs donnés par les tableaux D et F. Ces tableaux montrent qu'à partir de 800 mètres avec les canons, et de 700 mètres avec les obusiers, le tir à balles, dans le cas considéré, occasionnerait plus de pertes que le tir à boulet ou à obus : mais il est à remarquer qu'à ces distances, les balles ayant à peine assez de force d'impulsion pour mettre un homme hors de combat, et en outre les coups à mitraille entrant dans les approvisionnemens, en proportion fort restreinte, il vaut mieux conserver ces coups pour des distances plus rapprochées, où ils produisent des effets beaucoup plus considérables.

D'après ces considérations, et en observant que lorsqu'on donne au tir la plus grande célérité possible, un canon de 12 peut tirer trois coups à boulet ou deux coups à mitraille en trois minutes, et un obusier de 16 centimètres, deux coups à obus ou à mitraille dans le même temps, il est permis d'établir, comme il suit, les pertes éprouvées par l'un quelconque des trois bataillons d'attaque, dans la formation dont nous nous occupons :

Pertes occasionnées par deux canons de 12, tirant ensemble 8 coups parallèlement au terrain, pendant les 12 minutes que le bataillon met à franchir le trajet de 1,200 mètres à 800 mètres	5 hommes.
Pertes occasionnées par deux obusiers de 16 centimètres, tirant ensemble 6 coups parallèlement au terrain, pendant les 15 minutes que le bataillon met à franchir le trajet	
A reporter. . .	3 hommes.

Report.	3 hommes.
de 1,200 mètres à 700 mètres.	7
Pertes occasionnées par deux canons de 12, tirant ensemble 6 coups de plein fouet, pendant les 5 minutes que le bataillon met à franchir le trajet de 800 mètres à 700 mètres.	5
Pertes occasionnées par deux obusiers de 16 centimètres, tirant ensemble 4 coups de plein fouet et à grande charge, pendant les 5 minutes que le bataillon met à franchir le trajet de 700 mètres à 600 mètres.	6
Pertes occasionnées par deux canons de 12, tirant ensemble 20 coups à balles, pendant les 15 minutes que le bataillon met à franchir le trajet de 700 mètres à 200 mètres. . .	263
Pertes occasionnées par deux obusiers de 16 centimètres, tirant ensemble 16 coups à balles, pendant les 12 minutes que le bataillon met à fran-	
A reporter. . .	282 hommes.

Report.	282 hommes.
chir le trajet de 600 mètres à 200 mètres	350
Total des pertes qu'éprouverait l'un des bataillons d'attaque, si le tir de guerre avait la justesse du tir d'expérience. . .	632 hommes.
Total des pertes qu'éprouveraient les trois baillons. . .	1,896
Total des pertes réelles éprouvées par les trois bataillons, en supposant que celles-ci soient le quart des pertes calculées.	474

Quant aux pertes éprouvées par les bataillons d'attaque, dans les cinq autres formations indiquées ci-dessus, elles sont données par le tableau ci-contre.

Co

Pertes ou
tirant en
terrain, pe

Tableau (L) des pertes que le tir de 6 Canons de 12 et de 6 Obusiers de 16 centimètres, fait éprouver aux 3 Bataillons d'attaque, suivant leur formation.

Détail des Pertes.	Rangés par demi-bataillon de front et présentant chacun 6 rangs de profondeur. (Le tir à balles des Canons commence à 700 mètres, et celui des Obusiers à 600.)	Rangés par division de front, et présentant chacun 18 rangs de profondeur. (Le tir à balles des Canons commence à 600 mètres, et celui des Obusiers à 500.)	Déployés les uns derrière les autres et présentant, dans leur ensemble, 9 rangs de profondeur. (Le tir à balles des Canons commence à 700 mètres, et celui des Obusiers à 600.)	Rangés par demi-bataillon, les uns derrière les autres, et présentant dans leur ensemble 18 rangs de profondeur. (Le tir à balles des Canons commence à 700 mètres, et celui des Obusiers à 600.)	Rangés par division, les uns derrière les autres, et présentant dans leur ensemble 36 rangs de profondeur. (Le tir à balles des Canons commence à 300 mètres, et celui des Obusiers à 400.)
Pertes occasionnées par 6 Canons de 12, tirant ensemble 24 coups, parallèlement au terrain, pendant les 12 minutes que les Bataillons mettent à franchir le trajet de 1200 mètres à 800 mètres..........	18 hommes.	36 hommes.	27 hommes.	45 hommes.	48 hommes.
Pertes occasionnées par 6 Obusiers de 16 centimètres, tirant ensemble 18 coups, parallèlement au terrain, pendant les 15 minutes que les Bataillons mettent à franchir le trajet de 1200 mètres à 700 mètres..........	30 d.	51 d.	39 d.	60 d.	60 d.
Pertes occasionnées par 6 Canons de 12, tirant ensemble 18 ou 36 ou 90 coups de plein fouet, pendant les 3 ou 6 ou 15 minutes que les bataillons mettent à franchir le trajet de 800 mètres à 700 ou à 600 ou à 300 mètres....	18 d.	78 d.	26 d.	51 d.	652 d.
Pertes occasionnées par 6 Obusiers de 16 centimètres, tirant ensemble 12, ou 24 ou 36 coups de plein fouet ou à grande charge, pendant les 3 ou 6 ou 9 minutes, que les Bataillons mettent à franchir le trajet de 700 mètres à 600 ou à 500 ou à 400 mètres..........	24 d.	84 d.	31 d.	56 d.	213 d.
Pertes occasionnées par 6 Canons de 12, tirant ensemble 60 ou 48 ou 12 coups à balles, pendant les 15 ou 12 ou 3 minutes, que les Bataillons mettent à franchir le trajet de 700 ou de 600 ou de 300 mètres, à 200 mètres.	767 d.	503 d.	801 d.	760 d.	204 d.
Pertes occasionnées par 6 Obusiers de 16 centimètres, tirant ensemble 48 ou 36 ou 24 coups à balles, pendant les 12 ou 9 ou 6 minutes, que les Bataillons mettent à franchir le trajet de 600 ou de 500 ou de 400 mètres, à 200 mètres...	924 d.	627 d.	1,070 d.	920 d.	453 d.
Totaux des pertes qu'éprouveraient, suivant leur formation, les 3 Bataillons d'attaque, si le tir de guerre avait la justesse du tir d'expérience..........	1,781 d.	1,379 d.	1,994 d.	1,892 d.	1,630 d.
Totaux des pertes réelles, éprouvées par les 3 Bataillons, en supposant que celles-ci soient le quart des pertes calculées..........	445 d.	345 d.	499 d.	473 d.	408 d.

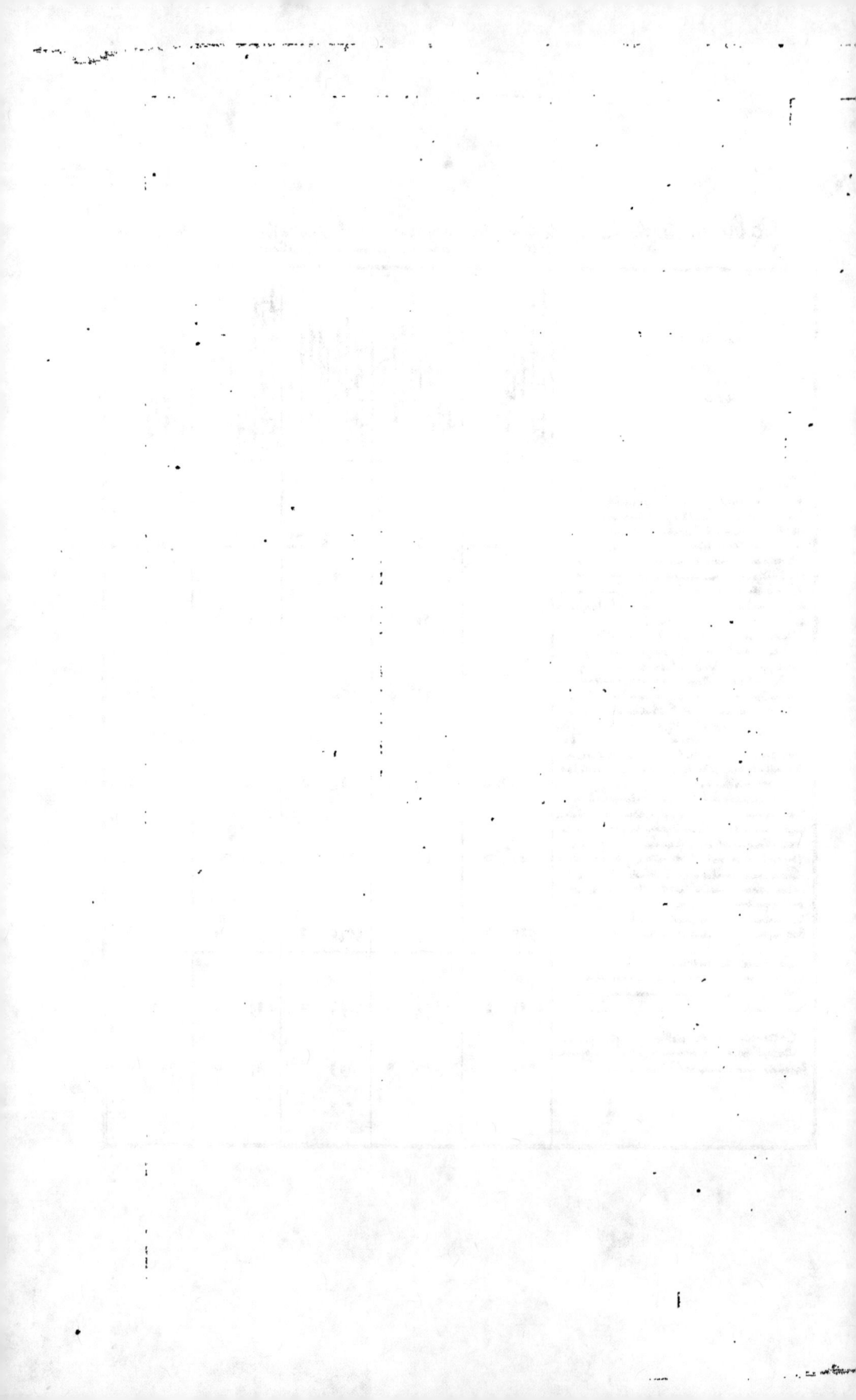

Telles seraient (*Tableau* L) les pertes que les trois batteries d'artillerie, c'est-à-dire les 6 canons de 12 et les 6 obusiers de 16 centimètres, tirant le plus avantageusement possible, feraient éprouver aux trois bataillons d'attaque, si le tir de guerre avait la justesse du tir d'expérience, et était, comme lui, à l'abri des accidens. Mais un grand nombre de motifs empêchent qu'il en soit ainsi. Les canonniers, quelle que soit leur bravoure, ne pointent pas sur le champ de bataille avec le sang-froid et la sûreté de coup d'œil qu'ils ont dans leurs écoles au polygone : il faut, pour bien tirer, apprécier exactement les distances, dans des terrains plus ou moins accidentés, à travers la fumée de la poudre, la poussière soulevée par les hommes et les chevaux, etc. Enfin, souvent les pièces sont démontées : parfois les caissons sautent, et il en résulte des empêchemens ou des retards qui nuisent à l'efficacité des feux de l'artillerie. Il suit de là que les pertes calculées, d'après les tableaux exposés ci-dessus, sont de beaucoup supérieures à celles qui ont lieu en réalité à la guerre; et pour avoir une approximation satisfaisante de celles-ci, nous avons jugé convenable de réduire les premières des trois-quarts. Si l'on considère le nombre prodigieux de coups de canon qui ont été tirés à certaines batailles, pour produire une partie des dommages causés à l'ennemi, on sera peut-être tenté de conclure que dans notre évaluation ainsi réduite, nous nous sommes tenus encore au-dessus de la vérité : mais nous ferons aux critiques la réponse suivante :

D'abord, dans une bataille, on tire contre d'autres objets que des troupes, et surtout que des troupes marchant à l'attaque d'une position, dans un terrain parfaitement découvert, comme nous l'avons supposé, dans le cas choisi pour exemple. On y use toujours un nombre de munitions plus ou moins considérable, dans des terrains accidentés et difficiles pour le tir, contre des batteries ennemies qui causent de grands dommages et qu'il importe de réduire au silence ; contre des retranchemens dont il faut détruire les parapets, les embrasures, découvrir l'intérieur, etc. Ensuite, il faut bien le reconnaître, les artilleurs comme les fantassins, quoiqu'à un degré moindre, se laissent parfois entraîner à tirer avec moins de réserve et de mesure qu'il ne conviendrait de le faire, à entamer le feu de trop loin, à lui donner une activité trop grande, dans des circonstances défavorables, où il ne peut produire que des effets médiocres. Enfin, lors même que les chiffres de notre évaluation seraient exagérés, il n'y aurait pas à cela d'inconvénient grave, attendu que, dans la question qui nous occupe, notre but est bien plutôt d'obtenir des résultats comparatifs que des résultats absolus.

Cela posé, cherchons à établir, dans un résumé clair et succinct, toutes les vérités qui découlent de l'examen du Tableau L ainsi que des tableaux précédens, qui ont servi à le former.

CONCLUSIONS A TIRER DE L'EXAMEN DES TABLEAUX
A, B, C, D, E, F, G, H, I, K, A', B', C', D', E', F', G', H', I', K', et L.

1° A partir de la distance où il convient d'ouvrir le feu du canon (environ 1,200 mètres), le tir à boulet produit des effets qui ne varient pas avec le front des troupes contre lesquelles on l'emploie, lorsque celui-ci est compris entre les limites d'étendue (30 à 150 mètres) qu'embrassent le front d'une division et celui d'un bataillon déployé.

Ces effets sont proportionnels au nombre de rangs des troupes, quand il ne dépasse pas celui que les boulets sont capables de traverser : ils le sont également à la partie de la surface que les hommes d'un même rang interceptent sur le front total qu'ils déterminent.

Ce qui vient d'être dit n'est pas applicable au tir qui s'exécute contre des colonnes trop profondes, pour que les projectiles puissent les traverser ; ou trop étroites, pour que leur front embrasse les plus grands écarts de ceux-ci, comme il arrive dans la défense des chaussées, des digues, des ponts, etc.

2° Aux distances éloignées et jusqu'à environ 500 mètres, les effets du tir à mitraille sont sensiblement proportionnels à l'étendue du but, lorsqu'elle ne dépasse pas le dixième de ces distances, qui est la mesure des plus grands écarts des balles. En deçà de 500 mètres, les balles se concentrent vers le milieu du but, et la concentration est d'autant plus marquée que ce dernier se rapproche davantage.

Aux grandes distances, les effets de la mitraille n'augmentent pas sensiblement avec la profondeur de la formation des troupes, surtout lorsque celles-ci ont un front d'une assez grande étendue (de 65 à 130 mètres), comme celui d'un demi-bataillon ou d'un bataillon déployé. Il n'en est pas de même aux petites distances, principalement pour des troupes présentant un front étroit, formées, par exemple, en colonnes par division. Cela tient non-seulement à ce qu'à 500 et à 200 mètres, les balles ont assez de force d'impulsion pour mettre hors de combat quatre ou cinq hommes, mais encore à ce que l'influence des pertes, occasionnées par le tir, sur la diminution successive du front est d'autant moindre que les formations sont plus profondes.

Relativement aux effets comparés du tir à boulet et du tir à balles des canons, le second est contre les troupes infiniment plus efficace que le premier, du moins dans la généralité des circonstances. Dans un cas qui sans contredit lui est des moins favorables, celui où on l'emploie, à la distance extrême de 800 mètres, contre une troupe n'ayant que le front d'une division (50 à 55 mètres), il faut que cette troupe ait plus de dix-huit rangs de profondeur pour qu'un coup à boulet y produise moyennement autant d'effet qu'un coup à mitraille. Pour que les effets de ces coups se balancent à 700, à 600, à 500, et à 400 mètres, il faut, avec le même front, des profondeurs successives de 21, 27, 21 et 36 rangs. Enfin, à 300 mètres et à 200 mètres, contre une colonne présentant le front d'une simple division, l'emploi de la mitraille produit beaucoup plus de dommages que celui des boulets, quelle que soit d'ailleurs la profondeur de cette colonne. Quoi qu'il en soit, dans les circonstances que nous venons de citer et même dans des circonstances un peu plus propices au tir à balles, il faut préférer à celui-ci le tir à boulet, parce qu'il est susceptible d'une plus grande vitesse, et parce qu'on ménage ainsi des munitions coûteuses et rares dans les approvisionnemens.

Contre des colonnes d'un front très étroit (6 à 12 mètres) et d'une profondeur extrême, comme celles que l'on forme dans le but d'enlever une chaussée, une digue, un pont, etc., le tir à boulet des canons a plus d'efficacité que le tir à mitraille;

3° Ce qui a été dit du tir à boulet des canons est applicable au tir à obus des obusiers. Les effets de celui-ci, exclusivement considérés dans l'action des obus comme projectiles pleins, sont soumis aux mêmes règles que les effets de l'autre, relativement à la profondeur de rangs des troupes, à l'étendue de leur front et à la partie de la surface que les hommes d'un même rang interceptent sur ce dernier.

4° On peut encore, sans modifications notables, appliquer au tir à balles des obusiers ce qui vient d'être dit de celui des canons.

Aux grandes distances, et jusqu'à environ 500 mètres, les effets de ce tir sont sensiblement proportionnels à l'étendue du but, lorsqu'elle ne dépasse pas le huitième de ces distances, qui est la mesure des plus grands écarts des balles. En deçà de 500 mètres, les balles se concentrent vers le milieu du but, et cela d'une manière d'autant plus marquée que celui-ci se rapproche davantage.

Aux distances éloignées, les effets de la mitraille augmentent peu avec la profondeur de la formation des troupes, surtout quand celles-ci ont un front assez étendu, comme celui d'un demi-bataillon ou d'un bataillon. Par les motifs déduits plus haut, il n'en est pas de même aux petites distances, principalement pour des troupes présentant un front étroit, tel que celui d'une division.

Quant à l'efficacité comparative des coups à obus et des coups à balles, il existe entre ceux-ci une différence bien plus considérable encore qu'entre les coups analogues avec les canons. En effet, à toutes les distances, depuis celle de 700 mètres, où à la rigueur il peut commencer, jusqu'à celle de 200 mètres où généralement il cesse, pour faire place aux feux de mousqueterie, le tir à mitraille contre une colonne ayant le front d'une simple division, est plus efficace que celui à obus, quelle que soit d'ailleurs la profondeur de la colonne. En supposant cette profondeur assez grande pour que les obus ne puissent la traverser, et ne considérant d'ailleurs que les effets de ceux-ci comme projectiles pleins, un coup à balle à 700 mètres et à 600 mètres produit approximativement une fois et demie autant de dommages qu'un coup à obus : à 500 mètres et à 400 mètres, il en produit à peu près deux fois autant : à 300 mètres, trois fois; et à 200 mètres cinq fois.

Enfin, un fait remarquable, en ce qu'il n'existe que pour les obusiers, fait tenant à la fois à ce que ces pièces projettent plus de balles que les canons, et à ce que les obus ont moins de force d'impulsion que les boulets, c'est qu'aux petites distances le tir à mitraille produit plus d'effet que celui à obus, même contre des colonnes ayant un front très-étroit et une profondeur très-grande. Ainsi, à partir de 400 mètres, le premier tir est plus meurtrier que le second contre une colonne ayant un front de 12 mètres; et à partir de 300 mètres, contre une colonne présentant un front de 6. Ajoutons qu'un coup à balles de l'obusier de 16 centimètres occasionne notablement plus de dommages qu'un coup à boulet du canon de 12, en deçà de 300 mètres, contre une colonne ayant un front de 12 mètres; et en deçà de 200 mètres, contre une colonne ayant un front de 6.

Si l'on en vient maintenant à comparer les effets

des canons à ceux des obusiers, on peut dire d'abord qu'aux petites distances et jusqu'à 500 ou 600 mètres, le tir à boulet des uns et le tir à obus des autres ont coup pour coup sensiblement la même justesse. Il en résulte que, le cas échéant, les premiers doivent être employés de préférence aux seconds, tant à cause de la plus grande célérité et de la plus grande force de projection de leur tir, qu'à cause de l'avantage qu'il y a à tenir en réserve, les munitions plus précieuses et plus rares des obusiers.

Au-delà de 600 mètres, et contre un but ayant 2 mètres de haut et une trentaine de mètres de large, comme le front d'une division, le tir des obusiers acquiert sur celui des canons une supériorité de justesse toujours croissante, et qui doit surtout être attribuée à ce que les obus ont des ricochets beaucoup plus rasans que ceux des boulets. Contre des formations dont la profondeur ne dépasse pas 15 ou 18 rangs, la supériorité du tir à obus sur celui à boulet se maintient dans l'efficacité comme dans la justesse : mais le contraire a lieu contre des formations plus profondes, parce que les boulets ont seuls alors assez de force d'impulsion pour les traverser. Ainsi, contre des troupes massées sur une route, une digue, un pont, l'emploi des boulets est plus meurtrier que celui des obus. Il est à observer toutefois que celui-ci, à cause du bruit des projectiles, de la traînée de lumière qu'ils font dans leur trajet, enfin de leur explosion, produit plus d'effet moral et occasionne plus de désordre que l'autre, principalement dans la cavalerie.

Contre un objet isolé, présentant peu de surface, comme, par exemple, une bouche à feu qu'il s'agit de démonter, le tir des canons est préférable à celui des obusiers, parce qu'ayant plus de force, il a aussi plus de justesse dans les portées. Nous ne rappellerons pas ici les circonstances nombreuses, se rapportant la plupart à des terrains accidentés, où le tir de ces dernières pièces a seul une précision et une efficacité désirables.

Relativement au tir à mitraille, celui des obusiers, en raison surtout du plus grand nombre de balles qu'il projette, est beaucoup plus meurtrier que celui des canons, à partir de la distance de 700 mètres, où les balles conservent assez de force pour mettre des hommes hors de combat.

Cela posé, de tout ce qui précède et de ce qu'indique, d'une manière spéciale et bien nette, le dernier tableau (L) que nous avons établi, découlent des conséquences de la plus haute importance, lesquelles, comme nous l'avons dit ailleurs, sont de nature à jeter une vive lumière sur une question irrésolue et fort obscure de la tactique de l'infanterie. Ces conséquences les voici :

Lorsque des troupes d'infanterie marchent à découvert et sans s'arrêter à l'attaque d'une position défendue par l'artillerie, les pertes les plus considérables que, dans les limites des formations usitées, elles aient à subir, pendant leur trajet, sont de beaucoup celles que leur fait éprouver le tir à mitraille. C'est donc celui-ci qu'il importe principalement d'avoir en vue, dans le règlement de leur ordre de combat, et pour les préserver le mieux de ses effets, il faut leur donner le front le plus petit possible. Agir autrement, les disposer en ordre mince et étendu, dans le but de les soustraire de préférence aux effets des boulets et des obus, c'est commettre une erreur grave et préjudiciable.

Si, pour faire l'hypothèse la plus simple, on considère un bataillon marchant à une attaque, isolément, la formation qui le garantit le mieux des ravages de l'artillerie est celle où il est ployé par division, et présente, en même temps qu'une division de front, 12 rangs de profondeur.

S'agit-il d'une ligne de plusieurs bataillons? L'ordre le plus favorable est encore celui où chaque bataillon se trouve, comme dans le cas précédent, séparément ployé par division.

Enfin, si l'on veut former une colonne d'attaque de trois bataillons, placés les uns derrière les autres, la disposition qui en définitive a le moins à souffrir du tir de l'artillerie est toujours celle qui présente le front le moins étendu, celui d'une division, bien qu'alors cette disposition ait la profondeur énorme de 36 rangs. Dans ce dernier cas même, l'ordre si profond qui vient d'être mentionné subit en totalité moins de pertes que ne le seraient ensemble les trois bataillons, placés sur la même ligne, et marchant à l'attaque soit entièrement déployés, soit ployés par demi bataillon et ne présentant que 3 ou 6 rangs de profondeur.

On ne saurait objecter contre les vérités importantes, et disons-le, nouvelles que nous venons d'établir, que les choses se passent à la guerre d'une manière bien différente de celle que nous avons admise; que, par exemple, les troupes en hâtant leur marche, quand elles sont arrivées à 700 mètres de la position à enlever, peuvent rester moins longtemps exposées au tir à mitraille, et par suite diminuer les pertes que ce dernier leur fait subir. Nous avons supposé, en effet, que les bataillons marchaient à l'attaque, d'une vitesse uniforme de 100 mètres par trois minutes. Or, il n'est guère admissible que des troupes, ayant à conserver leur ordre et leur ensemble, ayant à reformer, à chaque instant, leurs rangs éclaircis par le feu, puissent s'avancer avec une rapidité plus grande, quels que soient d'ailleurs leur agilité et leur sang-froid.

Au reste, la chose fût-elle possible aux distances où s'exécute contre elles le tir à balles, elle le serait, à bien plus forte raison, aux distances plus éloignées, où sont employés les tirs à boulet et à obus. Si donc, il était permis de réduire, comme exagérées, les pertes que nous avons attribuées au premier tir, il faudrait diminuer, dans une proportion plus forte, celles qui ont été attribuées aux autres. Par suite, les premières pertes acquerraient sur les secondes une supériorité relative, plus grande encore que celle qui résulte de notre hypothèse et de nos calculs.

Ainsi, les vérités que nous avons énoncées restent bien dûment acquises, et, comme nous l'avons annoncé, sont de nature à jeter un grand jour sur la question si controversée et si irrésolue des meilleurs ordres d'attaque.

Ajoutons, en terminant ce paragraphe, qu'elles confirment d'une manière frappante, ce que nous avons dit ailleurs des avantages notables qu'il y aurait à augmenter, dans les équipages de l'artillerie, la proportion des obusiers, et, dans ses approvisionnemens, le nombre de coups à mitraille.

Nous ne nous occuperons pas dans cet ouvrage de l'emploi de l'artillerie dans les guerres de siége. Il y constitue des opérations spéciales, du ressort à peu près exclusif des officiers de l'arme, et dans lesquelles doivent être observées, pour les dispositions d'ensemble comme pour celles de détail, des règles établies à l'avance et peu sujettes à variations.

Tout autres sont les opérations du champ de bataille, où le rôle de l'artillerie présente, avec ceux de l'infanterie et de la cavalerie, ces combinaisons multiples, si importantes à bien embrasser, et qui exigent, de la part du généralissime et de ses lieutenans, une égale connaissance des ressources et de la tactique des trois armes.

SECTION III.

Tactique générale de l'artillerie sur le champ de bataille.

PARAGRAPHE PREMIER.

Des manœuvres.

Les manœuvres de l'artillerie doivent être les plus simples possibles et leur théorie doit embrasser tous les mouvemens qui s'exécutent sur un champ de bataille, en employant le plus petit nombre de commandemens. Ceux-ci, en effet, au milieu du tumulte des armes, du bruit que font en se mouvant les pièces et les caissons, sont entendus difficilement, dans l'étendue d'une batterie un peu considérable.

En France, les manœuvres de l'ordonnance actuelle laissent peu à désirer : l'on ne trouve guères à y critiquer qu'un ou deux changemens de front dans les feux, lesquels semblent trop compliqués et trop dangereux pour être exécutés en présence de l'ennemi. Elles consacrent un excellent principe, analogue à un principe capital dont nous ferons bientôt ressortir l'importance aux chapitres de l'infanterie et de la cavalerie : il consiste à employer dans une formation quelconque, en avant, en arrière, à droite, à gauche, en bataille ou en batterie, etc., les mouvemens les plus simples et les plus prompts, sans s'inquiéter si, relativement à la dispos tion primitive, il y a inversion dans les batteries, dans les sections, et dans les pièces.

Pour mettre les applications habituelles de la théorie en accord parfait avec son esprit et son but, pour pratiquer la règle générale qu'il faudrait admettre dans toutes les armes, et d'après laquelle toute formation, soit en colonne, soit en ligne déployée, serait, quel que fût l'ordre des élémens, considérée comme régulière et comme ayant les premiers numéros en tête ou à la droite, il ne reste, en quelque sorte, qu'à ne pas s'astreindre, après chaque manœuvre, à remettre les batteries, les sections et les pièces, dans l'ordre exact où elles se trouvaient en commençant.

Les manœuvres de l'artillerie, sur le champ de bataille, ne peuvent et ne doivent évidemment pas s'exécuter avec toute la précision et la régularité de celles des autres armes : elles sont beaucoup plus subordonnées aux dispositions du terrain. Ce serait, par exemple, une chose à la fois déraisonnable et nuisible de vouloir aligner une batterie, comme un bataillon, de lui assigner, pour ses pièces, des intervalles égaux et réglés à l'avance, lorsqu'en avançant ou en reculant un peu celles-ci, en les portant un peu plus à droite ou à gauche, il serait possible de les abriter par des crêtes, des plis de terrain ou des masques quelconques.

Quant aux espèces de manœuvres à employer de préférence, pour remplir un but déterminé, nous nous bornerons à cet égard à quelques observations générales et succinctes.

Les mouvemens de flanc doivent être évités, autant que possible, à portée de l'artillerie opposée.

Il convient de marcher à l'ennemi en batteries déployées plutôt qu'en colonnes par section, destinées à se déployer en arrivant sur l'emplacement qui leur est assigné. Ces colonnes, en effet, en raison de leur profondeur, sont très exposées à un tir rasant d'enfilade ou d'écharpe, et leur déploiement exige des mouvemens obliques qui sont aussi fort dangereux.

Il importe de conserver avec soin, entre des pièces disposées en ligne, des intervalles d'une quinzaine de mètres, afin qu'eu égard aux plus grandes déviations latérales des boulets et des obus, les artilleurs ennemis n'aient pas de chances d'atteindre l'une de ces pièces, en en visant une autre.

Disons encore que les demi-tours, pour se mettre en batterie ou se porter en avant, après avoir fait feu, les mouvemens pour ôter ou remettre les avant-trains, doivent être exécutés le plus rapidement possible, parce qu'ils offrent toujours des dangers.

Terminons enfin, en signalant dans les manœuvres, une petite lacune que nous ne remplirons pas ici, parce que nous aurons à le faire avec détails, quand nous traiterons de l'emploi combiné des différentes armes. Nous voulons parler des dispositions à prendre, en marche ou au repos, par l'artillerie détachée avec un soutien d'infanterie, pour résister à une attaque de l'infanterie ou de la cavalerie opposée.

PARAGRAPHE II.

De l'emploi des batteries.

Occupons-nous d'abord de l'emploi habituel des batteries d'artillerie contre les troupes.

En général, il convient d'employer l'artillerie en masses considérables et non en un grand nombre de petites masses partielles. Les motifs en sont faciles à comprendre et à déduire.

Si l'on répartit cette arme, d'une manière à peu près uniforme, contre la vaste étendue d'une ligne ennemie, on ne produit, nulle part, ni un grand effet matériel, ni un grand effet moral. L'adversaire n'éprouvant sur chaque point que des pertes peu sensibles, conserve partout son courage, sa confiance, son saug-froid, redouble souvent d'ardeur et reste disposé, sur la totalité de son front, à lutter avec de bonnes chances de succès.

Si au contraire, on réunit un nombre respectable de batteries, pour écraser de leurs feux convergens une même partie, soit le centre, soit une aile de la ligne opposée, on y occasionne subitement un grand mouvement d'effroi, qui va s'augmentant et se propageant de proche en proche par la vue de pertes cruelles et incessantes. La partie décimée par les boulets, les obus et la mitraille, perd en même temps que ses hommes son énergie morale, et avec elle le sentiment de la résistance. L'infanterie et la cavalerie, saisissant donc le moment opportun pour s'élancer contre elle, se trouvent dans les conditions les plus favorables pour l'enfoncer, et, cela fait, pour disperser et détruire la ligne toute entière, en la prenant de flanc et de revers.

Ce fut en agissant comme nous venons de le dire, en réunissant l'artillerie en masses assez considérables pour jeter promptement la dévastation en un point important des forces ennemies, que Napoléon obtint la plupart de ses succès les plus difficiles, et les plus marquans, notamment ceux de Marengo, d'Eylau, de Friedland, de Wagram, de Smolensk, de la Moskowa et de Lutzen.

Relativement à l'emploi des batteries contre les

batteries ennemies, on a depuis longtemps établi en principe qu'il fallait éviter d'y recourir, et l'on a eu raison pour la généralité des circonstances.

En effet, le but de l'artillerie dans une bataille peut être défini ainsi : causer à l'adversaire le plus de dommages possibles et préserver en même temps de ceux qu'il peut causer lui-même, de telle façon que pendant l'engagement, la supériorité intrinsèque de l'armée s'accroisse ou se maintienne, si elle existait auparavant, s'établisse, si elle n'existait pas, et procure en définitive la victoire.

Or, si l'on compare les chances minimes d'efficacité qu'a le tir contre des objets isolés, présentant aussi peu de surface que des pièces, à celles qu'il a contre des lignes ou des colonnes de troupes; si l'on considère, en outre, que lorsque l'infanterie et la cavalerie d'un corps succombent, son artillerie est nécessairement entraînée avec elles, tandis que des soldats solides peuvent quelquefois lutter et vaincre sans canons, on comprend que, pour satisfaire le mieux à la condition mixte qui vient d'être énoncée, il faut rarement distraire l'artillerie d'un rôle actif contre les hommes, pour lui faire combattre celle de l'ennemi.

Quoi qu'il en soit, comme l'expérience de la guerre le démontre par des exemples assez fréquens, comme cela ressort aussi de la mission même de l'artillerie dans une bataille, il existe à la règle de n'engager cette arme que contre les troupes, un certain nombre d'exceptions :

Ainsi, lorsque l'adversaire a un grand avantage sous le rapport du terrain, que ses lignes ou ses colonnes sont en partie masquées, tandis que son artillerie, postée favorablement, occasionne de grands ravages.

Ainsi, lorsqu'on marche à l'attaque d'un retranchement ou d'une position dont la principale défense s'opère par l'artillerie.

Ainsi, lorsqu'on peut prendre d'enfilade une batterie qui fait éprouver des pertes considérables.

Ainsi, quand on possède une artillerie fort supérieure à celle de l'adversaire et qu'on peut écraser rapidement celle-ci, tout en agissant vigoureusement et efficacement contre les troupes.

Ainsi, dans d'autres cas encore analogues à ceux que nous venons de citer.

Dans la généralité des circonstances, il convient de combattre l'artillerie ennemie et de s'opposer à ses effets, non pas en cherchant à démonter ses pièces, mais en mettant incessamment hors de combat ses officiers, ses sous-officiers et ses canonniers. C'est là principalement le rôle de tirailleurs hardis et habiles. Dans l'armée française les fusils à longue portée et à si grande justesse qui viennent d'être inventés, peuvent rendre à cet égard d'immenses services.

CHAPITRE III.

DE L'INFANTERIE.

SECTION PREMIÈRE.

Organisation de l'Arme.

PARAGRAPHE PREMIER.

Composition.

Il a été établi plus haut, à propos de l'organisation des armées, qu'il convenait, dans l'état actuel de la science tactique, de faire entrer l'infanterie pour la proportion de cinq huitièmes, dans leur composition générale.

Il résulte de là que si, pour faire face aux éventualités de guerre, une nation veut pouvoir disposer d'une armée de 400,000 hommes, que nous prendrons pour base, elle doit organiser son infanterie de telle sorte que celle-ci lui fournisse, à un moment voulu, 250,000 fantassins, prêts à entrer en campagne.

Or, en admettant que la durée du service militaire soit de six ans, en considérant qu'on ne saurait raisonnablement envoyer à la guerre des soldats ayant moins d'un an de présence sous les drapeaux (1), on voit que la condition d'avoir constamment préparée une armée de 400,000 hommes, parmi lesquels 250,000 d'infanterie, nécessite un effectif général d'environ 470,000 soldats et un effectif particulier de 300,000 pour l'arme dont nous nous occupons.

Cela posé, nous avons reconnu antérieurement l'excessive importance, pour ne pas dire la nécessité, d'avoir dans chaque armée de 100,000 hommes en campagne, un corps de réserve, du quart environ de celle-ci, dont les élémens soient d'une mobilité telle qu'on puisse le faire affluer avec une rapidité extrême, sur les points où il y a à frapper de grands coups.

Nous avons constaté également qu'il importait d'organiser, d'une manière analogue, les divisions de réserve des corps d'armée du centre et des ailes, divisions dans lesquelles nous avons admis que l'infanterie entrait dans la proportion d'un septième seulement de celle de ces corps.

(1) Comme nous l'avons dit ailleurs, il faut environ deux années pour former complètement un artilleur, un cavalier ou un fantassin, aussi accompli qu'on pourrait le désirer. Mais après un an de service, les soldats, surtout ceux de l'infanterie, peuvent achever de se façonner à la guerre. Cette école là vaut mieux que toutes les autres.

Enfin, nous avons adopté, comme satisfaisant sous le rapport du nombre aux conditions désirables, des régimens de trois bataillons de 760 à 800 hommes chacun.

De ces faits découlent naturellement les conséquences ou, si l'on veut, les convenances que voici :

Sur le pied de paix, chaque régiment d'infanterie doit se composer de trois bataillons de guerre de 800 hommes et d'un bataillon de dépôt de 600, en tout 3,000 hommes. Les bataillons de guerre doivent être exclusivement formés de soldats ayant au moins un an de service. Le bataillon de dépôt comprend les recrues, le peloton hors rang, etc.

Il faut pour une armée de 470,000 hommes, 100 régimens, dont 64 d'infanterie de ligne et 36 (un peu plus d'un tiers) d'infanterie destinée à former les corps ainsi que les divisions de réserve, et que nous avons appelée extra-mobile. Tous ces régimens se recruteront et se renouvelleront annuellement par sixième, sans que l'on fasse de versemens des premiers dans les derniers, ce qui serait nuisible à l'émulation, soulèverait d'une part de justes répugnances, de l'autre vraisemblablement des récriminations, et donnerait en définitive de mauvais résultats. La bonne composition des régimens extra-mobiles doit être une affaire de bon recrutement : il faut se montrer sévère et n'y admettre que des hommes éprouvés pour la vigueur physique, agiles et dénotant de l'adresse aux exercices du corps.

PARAGRAPHE II.

Armement et Équipement.

En France, l'armement des troupes d'infanterie est en voie de grand progrès. Depuis une dizaine d'années surtout, on a fait de nombreux essais de tous genres et on les a soumis, autant que possible, aux enseignemens de l'expérience, en les effectuant dans les expéditions fréquentes de l'armée d'Afrique. Leurs résultats ont permis d'apprécier la valeur des innovations qui ont été successivement proposées, et voici les conclusions qu'il convient d'en tirer, suivant nous.

L'armement le meilleur, celui auquel il faut tendre et arriver définitivement, en réformant peu à peu l'ancien, se compose pour la masse des fantassins, environ les cinq sixièmes, d'un fusil à percussion et d'un sabre-baïonnette pouvant s'y adapter : pour le reste, environ le sixième, il se compose d'un fusil à tige, à canon rayé, et d'un sabre-baïonnette s'y adaptant également.

Ce dernier fusil remplacera, avec beaucoup d'avantages, les carabines de différens modèles qui ont été mises entre les mains de nos chasseurs à pied. En effet, en raison de sa disposition intérieure et de la forme toute particulière de sa balle, il a d'abord plus de portée et de justesse; il a ensuite moins de poids, sans donner plus de recul : enfin, il est plus long, ce qui est un point fort important pour le combat à l'arme blanche.

Conformément à ce qui a été établi à propos de l'organisation générale des armées, il y aura dans chaque régiment d'infanterie extra-mobile, un quart des hommes (deux compagnies par bataillon) armés de fusils à tige, et un huitième (une compagnie par bataillon) dans chaque régiment d'infanterie ordinaire : il va sans dire que ces hommes seront choisis parmi les plus adroits, et exercés suivant le mode que nous indiquerons tout-à-l'heure.

Quant à l'équipement et à l'habillement, ils ont subi depuis peu des modifications fort utiles, et semblent laisser peu de chose à désirer.

Dans le dernier, on a supprimé l'habit et on l'a remplacé par une tunique couvrant le corps jusqu'aux genoux. On a réalisé ainsi une économie d'environ 1/40, en même temps qu'on a donné aux troupes un vêtement plus commode, plus chaud, et qu'on a rendu aussi moins coûteuse la tenue des officiers.

Dans le premier, on a substitué à la giberne une cartouchière en cuir mou, moins fragile et moins lourde, qu'on a suspendue, au moyen d'une lanière formant coulisse, au ceinturon porte-sabre, soutenu lui-même par deux bretelles passant sur les épaules. Par ce mode, qui permet de faire glisser la cartouchière autour du corps, on a réalisé le double et grand avantage de rendre l'extraction des cartouches plus facile, plus prompte pendant les feux, et de laisser au fantassin une certaine latitude pour répartir son chargement, de la façon qui le fatigue le moins, dans les marches. Nous ne ferons qu'une seule observation critique; et cette observation se rapporte, non pas à ce qui existe, mais à ce qui n'existe pas. Il conviendrait de donner, sinon à toutes les troupes d'infanterie, du moins à un bon nombre d'entre elles, aux hommes armés de fusils à tige et destinés principalement à servir de tirailleurs, des ceintures en peau de bouc, du poids d'environ une demi-livre, divisées en un certain nombre de compartimens pouvant à volonté être remplis d'air. Ces peaux de bouc seraient du plus grand secours pour passer les fleuves et les rivières, pour protéger la construction des ponts, etc. Voici à ce sujet ce que dit Napoléon, dans ses observations sur un pont jeté sur le Rhin par Jules César, et sur les ponts que lui-même jeta sur le Danube : « Une ceinture de peau de bouc, « composée de six parties contenant ensemble un « pied cube d'air, attachée sous les aisselles, fait « surnager l'homme et ne pèse qu'une demi-livre. « La division en six compartimens a l'avantage « que si un, deux ou même trois viennent à cre- « ver, les trois autres suffisent pour faire surnager « l'homme. De pareilles ceintures, qui ne donnent « aucun embarras et n'ont aucun poids, seraient,

« ainsi que des souliers de liége et des pantalons « de toile imperméable, d'un fort bon usage pour « être délivrés, selon les circonstances, à de bons « tirailleurs, pour manœuvrer sur des étangs, des « bras de rivières, des fossés, et il devrait en être « délivré un certain nombre à chaque compagnie « d'infanterie. Il est surtout nécessaire d'avoir un « grand nombre de très bons nageurs dans chaque « compagnie de cavalerie et d'infanterie. »

N'oublions pas de rappeler ici que les soldats doivent emporter avec eux les moyens de camper au bivouac et de faire leur pain eux-mêmes avec le blé pris sur les lieux. Du reste, ces améliorations, indiquées par l'expérience de la guerre d'Afrique et qui simplifient considérablement le système des équipages militaires, n'entraînent avec elles aucun inconvénient à considérer. Un moulin à bras, porté par un homme, donne en quelques heures la farine nécessaire à la subsistance d'une compagnie, et un four de campagne, construit également en quelques heures, sert à cuire le pain. Un fantassin, sans augmenter sensiblement le poids de son bagage, peut porter sur son sac une petite tente faite avec trois sacs de campement et suffisante pour abriter six hommes. Un ou deux autres soldats portent les piquets nécessaires pour la dresser.

PARAGRAPHE III.

Instruction.

L'instruction des troupes d'infanterie, dans sa partie purement militaire, comprend le maniement des armes et l'exécution des manœuvres de l'ordonnance.

Le maniement des armes, auquel on ne saurait trop exercer les soldats, se compose lui-même de celui du fusil et de celui du sabre. Disons quelques mots du tir du premier, qui est l'objet important et le plus difficile.

Pour qu'un soldat tire avec justesse, il faut qu'indépendamment de la bonté de son arme, indépendamment de la sûreté de son coup d'œil et de sa main, il apprécie exactement les distances. A cet égard, nous répéterons ce que nous avons observé déjà, à propos du tir des pièces de l'artillerie et des hommes qui les servent. L'habileté ne saurait s'acquérir sur les champs de manœuvre, dont le terrain est en général uni, où les distances entre les différens points sont bientôt connues par l'habitude de les voir et de les parcourir; il faut qu'on y arrive par de fréquentes promenades militaires, faites dans toute espèce de terrains, par des temps obscurs et de brouillards comme par le beau temps, dans lesquelles les hommes soient habitués à évaluer les distances, comme cela se pratique à la guerre, soit horizontalement, soit de bas en haut, soit de haut en bas.

On ne saurait trop insister sur ce point, qui semble négligé et qui est pourtant de la dernière importance, puisque de lui dépend en grande partie l'efficacité du tir. Aussi arrive-t-il qu'à la guerre on obtient ce résultat déplorable de brûler moyennement mille ou douze cents cartouches, pour mettre un ennemi hors de combat!

Nous avons répété et prouvé assez souvent, pour que nous puissions nous dispenser de le faire encore, que le plus grand perfectionnement qu'il fût possible d'apporter à la tactique moderne, celui qui aurait l'influence la plus décisive sur le sort des batailles, était l'accroissement de la mobilité des troupes d'infanterie, pour des parcours de quélques lieues. Indiquons succinctement les moyens d'y parvenir.

Il a été démontré par des résultats récens, obtenus dans nos bataillons de chasseurs à pied, que des hommes bien constitués, fréquemment exercés au pas de course, peuvent être amenés à faire cinq ou six lieues en trois heures, avec l'armement et l'équipement de guerre. Dès-lors, il n'y a qu'à modeler l'instruction de tous les régimens sur celle des bataillons désignés; et si, en raison de l'infériorité des qualités physiques des hommes, on n'arrive pas à des résultats aussi complets, on obtiendra du moins des résultats analogues.

D'après ces considérations, voici de quelle manière nous réglerions ladite instruction. Il y aurait dans chaque régiment une école de gymnastique, dans laquelle, trois fois par semaine et pendant deux heures, les soldats se livreraient aux exercices qui, en dehors de celui des armes, développent le mieux la force, l'agilité et l'adresse du corps. La natation, la course cadencée, feraient partie de ces exercices et seraient surveillées avec un soin particulier. Les hommes destinés au rôle de tirailleurs seraient habitués à nager tout armés et équipés, à l'aide d'une ceinture en peau de bouc attachée sous les aisselles. A ce sujet, et pour ne pas abimer des effets neufs, on conserverait une certaine quantité de vieux effets de remplacement, au lieu de les livrer au domaine de l'État. Deux fois par mois, il y aurait une promenade militaire, dirigée autant que possible à travers des terrains variés, dans laquelle on camperait, et on ferait au bivouac le repas du matin. Dans ces promenades, les soldats équipés et armés comme en campagne, exécuteraient, avec la plus grande célérité, les différentes opérations du champ de bataille et seraient exercés à l'appréciation des distances, dans toutes les circonstances qui peuvent se rencontrer. Le maniement du sabre, du fusil armé de sa baïonnette, l'escrime, les exercices du tir, enfin l'exécution fréquente et aux diverses allures des manœuvres de l'ordonnance compléteraient l'instruction pratique du métier. Dans tous les régimens, l'enseignement serait donné suivant le même mode général; seulement il serait poussé plus loin et donnerait naturellement de plus beaux résultats dans ceux composés, comme les régimens d'infanterie extra-mobile, d'hommes d'élite sous le rapport des qualités physiques.

Il convient que l'instruction soit organisée, que l'emploi du temps soit réglé de telle sorte que tous les jours, excepté le dimanche, les hommes non commandés de service soient occupés pendant huit ou neuf heures, dont deux consacrées à l'enseignement primaire (1). On ne saurait imprimer trop d'activité à la vie du soldat, qui se développe physiquement et moralement par un travail convenable et se perd au contraire par l'oisiveté. Sous ce rapport, il y a de notables modifications à faire à ce qui se pratique en général. Ajoutons que dans la plupart des circonstances on pourrait, sans inconvéniens, diminuer du tiers ou du quart le service des gardes, des plantons, etc., etc., de manière à avoir beaucoup plus d'hommes disponibles pour les exercices et les instructions de toute espèce.

(1) Il ne nous semble nullement impossible de concilier le maintien de la discipline et de l'instruction militaire avec l'emploi de l'infanterie à des travaux d'utilité publique; mais ce n'est pas ici le lieu de traiter un pareil sujet. Notre armée d'Afrique a fait presque toutes les routes qui sillonnent l'Algérie, et cette armée est excellente sous tous les rapports.

SECTION II.

Emploi et tactique sur le champ de bataille.

PARAGRAPHE PREMIER.

Ressources générales de l'armée.

Résumons en quelques lignes les propriétés générales de l'infanterie et les ressources que présente cette arme dans les diverses circonstances de la guerre.

L'infanterie, par son excellent armement qui met à sa disposition le tir efficace de la mousqueterie et l'arme terrible de la baïonnette, par sa facilité à se mouvoir et à s'abriter, qui lui permet d'atteindre les terrains les plus difficiles et souvent de se préserver des feux de l'ennemi, l'infanterie est également propre à l'attaque et à la défense.

Dans l'une et dans l'autre, elle engage les affaires ou les soutient à leur début, à l'aide de tirailleurs hardis à l'approche, adroits au tir, habiles à se dérober, rusés à l'embuscade, lesquels forcent l'adversaire à s'avancer avec circonspection et mesure, tuent ou blessent ses officiers en reconnaissance, ses artilleurs protégeant les formations de combat, etc. Seule, elle peut être employée avantageusement dans cette mission importante, car la cavalerie ne saurait l'être, à cause du grand embarras des chevaux : elle est encore la seule qui, pour l'attaque comme pour la défense, soit capable d'atteindre immédiatement et sans préparatifs les positions les plus escarpées; la seule qui, avec de fortes chances de succès, puisse aborder de front une infanterie solide, dont le moral n'a pas été préalablement ébranlé par des pertes cruelles; la seule, enfin, qui, nonobstant l'aide puissante que lui apporte le concours de la cavalerie et surtout de l'artillerie, jouisse du privilége de pouvoir défendre une position par elle-même, sans secours étranger.

PARAGRAPHE II.

Des manœuvres.

Les manœuvres actuelles de l'infanterie, en France, laissent beaucoup à désirer. Elles sont trop lentes, trop compliquées et ne sont pas en rapport avec les besoins de la tactique moderne, avec les conditions nouvelles du gain des batailles, conditions qui placent dans l'extrême mobilité des troupes la source la plus féconde des succès à venir.

Les motifs de cette persistance dans les anciens erremens, en face d'un progrès nécessaire et possible, tiennent malheureusement moins à la sage réserve, avec laquelle il convient de régler la mesure des innovations, qu'à des préjugés funestes, à la puissance d'une longue routine, et aussi, disons-le, à l'apathie, à l'espèce de répugnance que soulèvent l'idée d'un apprentissage nouveau, l'abandon de vieilles habitudes qui eurent leur temps d'opportunité et d'avantages.

Qu'on ne s'y trompe pas cependant; la question n'est pas de celles qui n'offrent qu'un intérêt secondaire et dont on puisse différer impunément la solution : elle est au contraire de l'importance la plus grande et de l'intérêt le plus pressant. Montrons le mal du doigt et essayons aussi d'en indiquer le remède. A cet égard, et sans entrer dans la critique détaillée que comporteraient les manœuvres de l'ordonnance, analysées article par article, nous ferons les remarques que voici :

1° La théorie actuelle, dans son esprit, sinon dans son expression littérale, considère comme la sauvegarde de l'ordre et de l'ensemble des manœuvres, l'observation, la plus constante possible, des formations régulières en bataille, c'est-à-dire, de celles où les bataillons, les pelotons et les rangs conservent, de la droite à la gauche et d'avant en arrière, l'ordre naturel et primitif des numéros 1, 2, 3, 4, etc.

Il est admis, à la vérité, que lorsqu'une circonstance exigera qu'on se forme le plus promptement possible, et que la disposition d'une colonne en marche ne se prêtera pas à ce qu'on le fasse dans l'ordre direct, on dérogera à la règle commune et on se mettra en bataille par inversion. Mais ces cas-là sont regardés comme exceptionnels ou du moins comme fort rares, et il est entendu qu'aussitôt après la disparition des causes qui les auront amenés, on reviendra à la disposition dite régulière.

Ce que nous avançons ici est tellement vrai, et l'esprit de la théorie a si bien pénétré l'esprit des hommes, qu'un des meilleurs écrivains qui aient écrit sur la tactique, M. de Ternay, examinant divers cas de guerre où il importe qu'une colonne, la droite ou la gauche en tête, aille se former à droite ou à gauche en bataille, propose, pour éviter les inversions, de faire préalablement exécuter des contre-marches à toutes les subdivisions de la colonne, puis d'établir celle-ci dans un ordre renversé, parallèle à l'ordre primitif ; ce qui occasionnerait manifestement une perte de temps considérable.

2° Les inversions admises, dans l'ordonnance des manœuvres, pour les mouvemens *en avant*, à *droite, à gauche*, etc., en bataille et pour diverses autres formations successives, ne le sont pas pour le mouvement *face en arrière en bataille*, sans qu'il soit expliqué, d'ailleurs, si ce dernier est rejeté comme dangereux ou comme inutile.

3° La théorie admet les manœuvres par le troisième rang, mais à la condition expresse qu'en replaçant, après leur exécution, les bataillons qui ont manœuvré, par le premier rang, leurs subdivisions se trouvent dans l'ordre naturel.

4° Enfin, indépendamment de la complication, des embarras et des lenteurs qu'amènent dans les mouvemens, les conditions restrictives qui précèdent, ceux-ci, faute de bons principes fondamentaux qui les règlent, ne s'exécutent pas toujours par les moyens les plus directs, les plus prompts, et d'une manière uniforme pour tous les cas semblables. L'emploi des conversions et celui des marches par le flanc ne sont pas fixés par des modes aussi bien définis, aussi parfaits qu'ils devraient l'être. Outre les petits inconvéniens qui consistent à appeler *division* plusieurs choses différentes, à dénommer *peloton* un seul fantassin, etc., et qui introduisent dans le langage des sujets d'équivoque, des bizarreries inutiles et faciles à éviter, on peut dire que les commandemens laissent à désirer sous le rapport de la clarté, de la justesse, de l'accord de leur énoncé avec les manœuvres auxquelles ils se rapportent : en d'autres termes, ils n'aident pas, comme ils le devraient, l'intelligence et la mémoire, en indiquant, autant que possible, ce qu'il y a à faire, par les expressions les plus simples et les plus précises.

Les conséquences des faits consignés dans nos remarques sont faciles à comprendre et à déduire.

D'abord, de la complication que les inversions et les manœuvres permises par le troisième rang amènent dans les commandemens, de la confusion provenant de ce que les élémens des ordres en bataille ou en colonne y conservent les numéros de leur formation naturelle et primitive, quelle que soit leur disposition présente, résulte la conséquence suivante :

Dans les évolutions d'exercice, on évite généralement les mouvemens en question, ou du moins quand on en a fait un, on a soin de ne pas en faire d'autres, avant d'être revenu à l'ordre primitif et régulier, dans la crainte, assez fondée d'ailleurs, de finir par ne plus se reconnaître. Or, il est constant que les besoins du champ de bataille, la rapidité des mesures à y prendre, exigeant souvent l'emploi de plusieurs inversions successives, l'inexpérience et l'inhabileté à les exécuter peuvent devenir très préjudiciables, soit qu'on perde un temps précieux en voulant les éviter, soit qu'on amène le désordre en voulant les entreprendre.

Secondement, la mesure exceptionnelle qui rejette les inversions pour le mouvement *face en arrière en bataille*, établit une lacune fâcheuse dans la série des manœuvres qui peuvent s'exécuter réglementairement, ainsi que nous allons le démontrer par un exemple frappant.

Supposons qu'on ait une colonne de plusieurs bataillons par peloton, à distance entière, la droite en tête, et qu'on veuille la former, *face en arrière en bataille*, sur un terrain situé en avant d'elle : le seul moyen de le faire, d'après la théorie de l'ordonnance, consiste : 1° à arrêter la colonne à distance de peloton de la ligne de bataille; 2° à établir le premier bataillon sur cette ligne, en dirigeant ses pelotons, par le flanc droit, sur les points où doit venir s'appuyer leur gauche, puis en les faisant converser autour de ces points pour aller prendre leurs positions respectives; 3° à agir pour tous les autres bataillons comme pour le premier, après les avoir préalablement placés de la même manière, c'est-à-dire après les avoir conduits par des conversions à droite, puis à gauche, vis-à-vis des emplacemens de leurs pelotons de tête.

De là découle cette conséquence, qu'il faut commencer par amener la colonne sur la gauche du terrain qu'elle doit occuper, pour la déployer ensuite en arrière, sur la droite du même terrain. Or, si par la direction de sa marche, cette colonne se trouve précisément de ce dernier côté, on comprend la perte énorme de temps qui doit résulter de son mouvement préparatoire, et le parti que l'ennemi peut en tirer, soit à l'aide d'une cavalerie audacieuse et active, soit de toute autre manière.

Que si l'on objecte que dans le cas dont il s'agit, il faudrait se former simplement, *en avant en bataille*, et faire ensuite *face par le troisième rang* ; nous observons que cette manœuvre, *exécutée strictement suivant l'ordonnance*, serait encore fort longue et essentiellement dangereuse, puisqu'elle exigerait que les bataillons successivement déployés fussent tous arrivés en ligne et alignés, avant d'effectuer leur demi-tour. Pour qu'il en fût autrement, pour que la manœuvre fût à la fois la plus prompte, la plus simple et la plus sûre possible, il faudrait que chaque bataillon, en arrivant sur la ligne, pût faire immédiatement son demi-tour. Or, cette latitude constituerait une disposition qui reviendrait non-seulement à admettre les inversions dans le mouvement *face en arrière en bataille*, mais encore à les admettre avec le troisième rang en avant du premier.

Troisièmement, les conditions restrictives dans lesquelles sont autorisées les manœuvres par le troisième rang, sont plus fâcheuses encore que celles qui concernent les inversions, et entraînent plus de gêne, plus de difficultés à satisfaire convenablement aux exigences du champ de bataille.

Que, par exemple, une ligne déployée par le premier rang ait, par suite de manœuvres antérieures, inversion dans les subdivisions de ses bataillons, il lui est interdit de manœuvrer par le troisième rang. Qu'une colonne soit formée régulièrement, la droite ou la gauche en tête, et il lui est également interdit de faire face par les troisièmes rangs, pour se former ensuite en avant en bataille, par un oblique à droite dans le premier cas, ou par un oblique à gauche dans le second.

Enfin, lors même que les restrictions dont nous venons de parler et les inconvénients qu'elles entraînent n'existeraient pas, lors même que toute latitude serait laissée pour les inversions et les mouvemens par le troisième rang, il y aurait encore à reprocher à la théorie de manquer d'un ensemble de principes généraux, larges, simples, judicieusement choisis, qui permissent de classer, en un petit nombre de catégories, toutes les manœuvres du champ de bataille, et donnassent les moyens d'exécuter celles de chaque catégorie, de la manière la plus prompte, la plus sûre et la plus uniforme. Citons quelques exemples à l'appui de notre assertion.

Supposons qu'une colonne de bataillons par peloton, à distance entière, la droite en tête, puisse et veuille se former, *face en arrière en bataille*, sur le peloton de la tête, par inversion : il est bien évident que si la théorie autorisait ce mouvement, qui serait exactement à la gauche de la colonne, ce que le mouvement sans inversion est à sa droite, elle le prescrirait par les moyens employés pour celui-ci et que nous venons d'indiquer à l'instant. Or, ainsi que nous l'avons reconnu, ce ne seraient pas là les moyens les plus simples et les plus rapides, lesquels consisteraient manifestement à former successivement les bataillons, *face en avant*, sur la ligne de bataille, par des oblique à gauche, puis, *face en arrière*, par des demi-tours individuels. Il faudrait donc que la théorie possédât ces ressources qu'elle n'a pas et que nous proposerons effectivement de lui donner.

Supposons encore qu'on veuille former *face en avant en bataille*, une colonne de huit bataillons par peloton, à distance entière, la droite en tête, sur la tête du sixième.

D'après les prescriptions de la théorie, les septième et huitième bataillons se porteront sur la ligne de bataille par des mouvemens de conversion successifs de leurs pelotons et s'y établiront ainsi, par les moyens les plus directs et les plus prompts. Quant aux autres, qui doivent d'abord faire face en arrière pour reculer, et se remettre ensuite face en tête sur la ligne, ils commenceront par exécuter dans chaque peloton une contre-marche : cela fait, le cinquième effectuera un à gauche et chacun de ses pelotons, se portant par le flanc sur le point où doit venir s'appuyer la droite, conversera autour de ce point pour aller prendre sa position. Les quatrième, troisième, deuxième et premier bataillons, marchant en colonne et conversant d'abord à gauche, puis à droite, se porteront vis-à-vis de l'emplacement que leur dernier peloton doit occuper, et se formeront ensuite, *face en arrière en bataille*, comme le cinquième.

Il est inutile d'insister sur les défauts de cette

manœuvre, à la fois trop compliquée et trop longue, en ce qui concerne les cinquième, quatrième, troisième, deuxième et premier bataillons. La plus simple et la plus rapide pour eux consisterait, sans contredit, à faire *face par le troisième rang*, dans chaque peloton ; à porter ensuite, par des conversions successives, chaque bataillon vis-à-vis de l'emplacement que son quatrième peloton doit occuper dans la ligne; à le former, *en avant en bataille, oblique à gauche*, sans l'aligner; puis immédiatement, *face en arrière par le troisième rang*.

Mais ces moyens, les plus convenables et les plus expéditifs, sont exclus de ceux que procure l'esprit étroit de la théorie et, comme nous l'avons dit, le seraient encore, lors même que celle-ci admettrait, avec une entière latitude, les inversions et les mouvemens par le troisième rang. Dans cette hypothèse, en effet, la théorie ne pourrait se prêter à accroître la complication et la confusion, déjà fort grandes, introduites dans les manœuvres et dans les commandemens, par la latitude même dont nous venons de parler : ainsi, lorsque les pelotons des cinq premiers bataillons de la colonne auraient fait *face par le troisième rang*, elle prescrirait de les former, *face en arrière en bataille*, par les mêmes moyens que si la colonne était en ordre régulier, c'est-à-dire par des conversions de flanc successives des différens pelotons, et non par un procédé nouveau, constituant un double emploi pour une même chose.

Nous venons de signaler succinctement les inconvéniens attachés à la stricte exécution des manœuvres de l'infanterie, inconvéniens graves, consistant à la fois dans de fâcheuses lacunes pour la simplicité, pour la rapidité des mouvemens, et dans une complication de conditions à remplir, de commandemens à faire, essentiellement propre à tromper la mémoire et à amener le désordre.

Voici maintenant le remède que nous proposons d'apporter au mal; il se borne à établir en principe :

1° Qu'il n'y a jamais d'inversions; que dans une troupe en bataille ou en colonne et quels que soient l'ordre des bataillons, celui des pelotons, et dans les uns et les autres la disposition des rangs, la formation est régulière et les bataillons, les pelotons, les rangs, prennent de la droite à la gauche ou d'avant en arrière, et sauf à en changer dans la formation suivante, la série des numéros naturels 1, 2, 3, 4, etc.

2° Que dans toutes les circonstances, les manœuvres s'exécutent par les mouvemens les plus naturels, les plus prompts, et que leur mode est uniforme pour tous les cas semblables; que les conversions, les contre-marches sont évitées, toutes les fois qu'elles peuvent être avantageusement remplacées par de simples demi-tours.

A ces principes fondamentaux on en joindrait un petit nombre d'autres qui ne seraient, en quelque sorte, que leurs applications, leurs corollaires explicatifs, et qui résumeraient en eux la science théorique des écoles de peloton, de bataillon, et des évolutions de ligne. Le texte en serait clair, précis, et assez explicite pour qu'au simple énoncé d'une manœuvre, ont vit immédiatement ce qu'il y a à faire pour l'exécuter. En outre, les formules des commandemens pour le chef supérieur, ainsi que pour les sous-ordres, seraient rédigées avec le plus grand soin, de façon à aider la mémoire, en indiquant autant que possible le mécanisme des mouvemens à effectuer.

Il ne saurait entrer dans notre but d'exposer une théorie complète des manœuvres de l'infanterie; mais nous signalerons quelques points importans sur lesquels l'attention devra particulièrement se fixer.

Les mouvemens principaux et les plus fréquens, qui s'exécutent sur un champ de bataille, sont manifestement ceux dont le but est de former une colonne qui y arrive, soit à droite ou sur la droite, soit à gauche ou sur la gauche, soit face en avant, soit face en arrière en bataille.

Il conviendra, d'après cela, de régler d'abord, dans un des principes secondaires dont nous avons parlé, la manière générale dont s'effectueront les déploiemens, suivant que les colonnes seront formées à distance entière, à demi distance, ou en masse serrée. Or, les mouvemens par le flanc étant non seulement les plus dangereux, mais encore les plus longs, il faudra les éviter autant que possible.

On établira donc que dans les premier et deuxième cas, les déploiemens s'opéreront par des conversions successives des élémens formant le front des colonnes, ou des moitiés de ces élémens, et que dans le troisième seulement, ils se feront par des mouvemens de flanc. Outre les avantages que présentera l'observation de cette règle, pour l'exécution même des manœuvres, le fait seul de son existence aidera l'intelligence et la mémoire, en fixant les idées sur deux modes généraux de déploiemens, s'appliquant, dans des conditions définies, à tous les cas qui peuvent se présenter.

Cela posé, les manœuvres ayant pour objet de déployer une colonne à droite ou sur la droite, à gauche ou sur la gauche, s'exécuteront, sans difficultés ni embarras possibles, par des moyens semblables aux moyens actuels et aux simples commandemens : *à droite ou sur la droite; à gauche ou sur la gauche en bataille.*

Pour le déploiement en avant, s'il s'effectue sur la tête ou sur la queue de la colonne, il faudra indiquer, dans le commandement, l'oblique à faire à droite ou à gauche, suivant qu'on voudra gagner, en se déployant, du terrain à droite ou à gauche de l'élément de formation.

Si le mouvement doit s'opérer sur une partie intermédiaire, par exemple, sur la tête du quatrième bataillon d'une colonne de huit bataillons par division, il faudra encore que le commandement indique de quel côté se formeront les bataillons qui précèdent le quatrième, et de quel côté, ceux qui le suivent, ce qui pourra se faire de la manière suivante : *sur la première division du quatrième bataillon, la tête de la colonne à droite (ou à gauche), la queue de la colonne à gauche (ou à droite), face en avant en bataille.*

Les remarques que nous venons de faire sur les déploiemens, face en avant, s'appliquent entièrement aux déploiemens, face en arrière en bataille, lesquels s'exécuteront par des moyens analogues, c'est-à-dire, par des conversions ou des marches de flanc, suivant la disposition des colonnes, puis par des marches directes ou obliques, et enfin par des demi-tours individuels.

Nous n'insisterons pas sur les avantages qu'offrirait l'adoption de notre système, sous le rapport de la simplicité théorique des manœuvres, de leur facilité à s'appliquer à tous les cas et de la rapidité de leur exécution : ils nous semblent assez saillans, pour qu'on puisse se dispenser de les faire ressortir. Nous nous bornerons à constater que cette adoption n'entraînerait avec elle aucun inconvénient sérieux, et que loin d'être dans la pratique une cause de difficultés, d'embarras et de confusion, elle y serait au contraire une garantie puissante de la précision et du bon ordre des mouvemens, en présence de l'ennemi.

En effet, d'abord il est manifeste que l'inexistence des inversions, qui sont la pierre d'achoppement des commandemens en général et surtout des commandemens étendus, rendrait fort simple, fort facile et fort commode, la tâche des généraux de division et des généraux de brigade. Or, c'est là un point de la plus haute importance; car lorsqu'il se commet dans les manœuvres une faute, une erreur grave, il est bien évident qu'elle ne peut provenir que d'en haut. Passons au rôle des chefs d'un ordre inférieur.

Comme on le sait, l'unité de l'infanterie pour le combat est le bataillon. Le commandement des officiers généraux de cette arme se compose d'un certain nombre de ces unités, variant assez ordinairement de quatre à six pour un général de brigade, et de huit à douze, pour un général de division.

Supposons, pour fixer les idées, huit bataillons, réunis sous les ordres d'un même chef : il est manifeste que quelque formation qu'on effectue, conformément au système proposé, ces bataillons, indépendamment d'ailleurs de la disposition de leurs élémens, seront disposés soit en bataille, soit en colonne, suivant leur ordre primitif ou suivant un ordre précisément inverse : en d'autres termes, lesdits bataillons seront, de la droite à la gauche, ou de la tête à la queue, ceux qui avaient primitivement la série des numéros 1, 2, 3, 4, 5, 6, 7, 8 ou celle des numéros 8, 7, 6, 5, 4, 3, 2 et 1.

De là découle cette conséquence qu'un bataillon quelconque sera susceptible de prendre alternativement les deux numéros qui, dans sa formation primitive, étaient ses numéros d'ordre, par la droite et par la gauche : son chef aura donc à retenir ceux-ci, pour connaître toujours sa position présente, et faire exécuter, en ce qui le concerne, les manœuvres qui seront commandées. Or, ce sera là, sans contredit, une tâche d'observation, d'attention et de mémoire aisée à remplir : d'ailleurs, rien n'empêchera de rendre les méprises impossibles, en convenant d'indiquer, après chaque formation nouvelle, les numéros des bataillons, de la droite à la gauche, ou d'avant en arrière, soit au moyen de sonneries de clairons ou de batteries de tambours, soit au moyen de signaux se communiquant d'un bataillon à l'autre.

Un bataillon comprenant quatre divisions qui, à part la disposition des deux pelotons dont chacune se compose et celle de leur rangs, resteront toujours, l'une par rapport à l'autre, dans l'ordre des numéros primitifs 1, 2, 3, 4 ou dans cet ordre renversé, il en résulte que les chefs de ces divisions, pour comprendre et faire exécuter les commandemens du chef de bataillon, n'auront qu'à se rappeler, comme celui-ci, dans la formation primitive, leurs deux numéros d'ordre par la droite et par la gauche.

Il en serait de même des chefs de peloton, si les ploiemens et les déploiemens du champ de bataille s'opéraient toujours par peloton : mais comme il en est autrement et qu'au contraire ces mouvemens s'exécutent en général par division, comme dans ces divisions, un peloton peut être placé indistinctement à la droite ou à la gauche, il s'ensuit que de fait ce dernier est susceptible d'occuper dans son bataillon quatre places différentes. Ainsi, par suite d'une série de manœuvres faites alternativement par division et par peloton, le troisième peloton de l'ordre primitif peut devenir successivement le quatrième, le sixième, et enfin le cinquième. Mais il est à observer que delà ne peut résulter pour un chef de peloton ni difficulté sérieuse, ni grand embarras. Pour reconnaître dans une formation quelconque le numéro de son peloton, il suffit qu'il examine sa position, dans la division dont il fait partie, et qu'il se rappelle les deux numéros d'ordre de celle-ci, par la droite et par la gauche, dans la formation de départ. Au reste, afin d'empêcher toute méprise, il conviendra, après chaque manœuvre nouvelle, de faire numéroter, de la droite à la gauche, ou d'avant en arrière, les pelotons des divers bataillons, soit à la voix, soit, comme on vient de l'indiquer, par des sonneries, des batteries, ou des signaux.

Les pelotons étant convenablement surveillés et dirigés, il est clair que la confusion et les embarras ne sauraient naître dans les sections dont ils se composent et qui sont d'ailleurs commandées par des officiers.

Relativement au fait de considérer comme le premier rang dans toute formation, celui qui se trouve en avant des deux autres, il suffira, pour empêcher qu'il suscite jamais des difficultés, de répartir également dans les rangs extrêmes et d'une manière symétrique par rapport à la droite et à la gauche, les sous-officiers et caporaux destinés à encadrer les troupes et à les diriger dans leur marche.

Enfin, il va sans dire que les guides généraux, principaux ou particuliers, deviendront alternativement guides de droite ou guides de gauche, sans qu'à cet égard il puisse jamais résulter pour eux ni doute, ni embarras.

En résumé, le système de manœuvres que nous proposons de substituer au système actuel est à la fois beaucoup plus simple, plus rationnel, plus complet, et donne lieu à des mouvemens plus directs, plus prompts, plus faciles, moins sujets à amener la confusion et le désordre. Il a surtout le grand avantage de rendre, en quelque sorte, impossibles les erreurs et les fautes des commandans supérieurs, et n'entraîne d'ailleurs avec lui aucun inconvénient sérieux, aucune difficulté qui mérite considération. Trois mois d'études et de travail suffiraient pour l'établir en théorie, et trois mois d'exercices pour l'enseigner aux troupes et les familiariser avec lui. Comme nous l'avons dit plus haut, les manœuvres s'exécuteraient au pas de course, dans toutes les circonstances où il serait nécessaire d'exécuter, avec une grande rapidité, les combinaisons tactiques du général en chef.

PARAGRAPHE III.

Des meilleurs ordres pour l'attaque ou pour la défense, en terrain uni.

Ordres d'attaque.

Nous avons examiné les divers ordres d'attaque, sous le rapport des effets que produit contre eux l'artillerie, et reconnu que les plus avantageux à cet égard sont ceux qui présentent le front le plus étroit, celui d'une division, parmi les formations les plus usitées du champ de bataille.

Pour achever d'éclairer la question, nous allons l'envisager maintenant sous le rapport des pertes que les différens ordres d'attaque éprouvent ou font éprouver à l'ennemi, par les feux de la mousqueterie. Dans cet examen, nous chercherons surtout à reconnaître, par le calcul desdites pertes, si les formations en lignes déployées ont bien réellement les avantages que leur attribuent un grand nombre d'écrivains et de généraux distingués. Voici la marche que nous suivrons dans nos investigations :

Nous considérerons successivement les formations dont nous nous sommes occupé ci-dessus, ou des formations analogues, dans l'état de force numérique où elles se trouvent, au moment où le tir à mitraille cesse, pour faire place aux feux de la mousqueterie.

Commençant par l'ordre déployé, nous supposerons le cas le plus favorable pour qu'il produise lui-même les plus grands effets possibles par les feux en question. Ce cas sera manifestement celui où le tir pourra être utilisé intégralement, ce qui, eu égard à la bonne portée de la mousqueterie, exigera que les deux ailes de la formation d'attaque ne débordent que de 150 à 200 mètres, de chaque côté, les ailes de la ligne de défense.

Cela posé, cette dernière ligne se trouvant ainsi approximativement déterminée dans son développement, puisqu'elle aura 300 à 400 mètres de moins que celle de l'attaque, on calculera les pertes que, jusqu'au moment du combat à l'arme blanche, ses feux feront subir à chacune des formations soumises à l'examen, en supposant que celles en ligne déployée ou en ligne de bataillons ployés par demi-bataillon s'arrêtent à 50 mètres, pour faire une décharge générale, et que les autres, au contraire, marchent sans faire halte à l'attaque à la baïonnette. En ajoutant lesdites pertes à celles produites antérieurement par le tir de l'artillerie, on aura pour chaque formation l'état précis de force dans lequel elle arrivera à l'attaque en question.

D'une autre part, en calculant les pertes que les décharges de mousqueterie, opérées à 50 mètres, occasionneront à la ligne de défense, on aura exactement la situation numérique de celle-ci relativement à la ligne opposée. On pourra donc établir, pour chacune des formations examinées, le nombre d'assaillans et le nombre de défenseurs qui se trouveront finalement aux prises : par suite, la question se réduira à apprécier et à signaler, parmi les combinaisons ainsi déterminées, celles qui, tout considéré, seront les meilleures et les plus avantageuses pour les ordres d'attaque. Les conclusions, comme nous allons le voir, ne seront pas difficiles à tirer.

Admettons, d'après ce qui précède, qu'une première ligne de bataille, composée de six bataillons déployés, ait marché, en terrain uni, à l'attaque d'une position défendue par de l'infanterie, et par douze canons de 12 et douze obusiers de 16 centimètres.

Conformément aux calculs établis ci-dessus, chacun des bataillons dont elle se compose aura perdu 158 hommes par le tir de l'artillerie ennemie, en arrivant à 200 mètres du but et lorsque s'entameront contre lui les feux de mousqueterie. A ce moment, son front n'aura plus que 104 mètres au lieu de 130 : les intervalles réglementaires de 32 mètres (le front d'une division), qui séparaient, au départ, deux bataillons voisins, se seront accrus de 26 mètres et auront été par conséquent portés à 58. Enfin, le développement total du front de bataille aura été réduit de 940 mètres à 914.

D'après cela, le front de la ligne de défense, pour que les feux de celle d'attaque puissent être intégralement et efficacement employés contre elle, devra avoir un développement d'au moins 514 mètres. Afin de faire à cet égard une hypothèse rationnelle, nous le supposerons formé de quatre bataillons déployés, ayant éprouvé par le feu de l'artillerie opposée la moitié des pertes de l'assaillant, et été réduits chacun à 700 hommes : ledit front se trouvera ainsi porté à 602 mètres, avec des intervalles de 46 mètres entre les bataillons.

Cela posé, la ligne d'attaque s'avançant au pas de charge de 80 mètres par minute, restera exposée d'abord, pendant une minute, 53 secondes, au feu des quatre bataillons de la défense, dans le temps qu'elle mettra à franchir le trajet de 200 mètres à 50 mètres, avant de s'arrêter, pour faire elle-même une décharge générale. Pour avoir la mesure des pertes qu'elle éprouvera dans cette première période de son mouvement offensif, voici de quelle manière nous procéderons, en simplifiant les calculs, autant que possible, sans nuire à la justesse de leurs résultats. Nous admettrons que les feux des deux bataillons centraux de la défense et des deux divisions qui les avoisinent, à droite et à gauche, soient exécutés directement, à la distance moyenne de 125 mètres, et que ceux des six divisions restantes le soient obliquement, contre les bataillons extrêmes de l'attaque, à la distance moyenne de 200. Les coups tirés seront au nombre de 7,440, parmi lesquels 4,650 directs et 2,790 obliques; car chaque bataillon fournira 465 tireurs, et chacun de ceux-ci tirera au moins deux coups par minute, en se donnant le temps de charger et d'ajuster convenablement. Quant aux effets produits, ils se déduiront tout naturellement du tableau suivant, indiquant, pour différentes distances, l'efficacité probable du tir du fusil, à la charge ordinaire de guerre.

TIR DU FUSIL D'INFANTERIE A LA CHARGE DE GUERRE.

ÉTENDUE DU BUT.		NOMBRE SUR CENT DES BALLES QUI ATTEIGNANT LE BUT AUX DISTANCES DE					
Hauteur.	Largeur.	50 mètres.	100 mètres.	150 mètres.	200 mètres.	250 mètres.	300 mètres.
(mètres). 1,80	(mètres). 20 et au-delà.	80	65	50	40	30	18

Il résulte de l'inspection de ce tableau et du fait, que dans une formation quelconque les hommes d'un même rang, se touchant coude à coude, couvrent la moitié seulement du front qu'ils présentent, il résulte de là que les 7,440 coups tirés mettraient moyennement

$$\frac{57}{100} \cdot \frac{4650}{2} + \frac{40}{100} \cdot \frac{2790}{2}$$

hommes hors de combat, si le tir de guerre avait la justesse du tir d'expérience : mais il est bien loin d'en être ainsi. La poussière, la fumée de la poudre, la difficulté d'apprécier bien exactement les distances et, par dessus tout, l'émotion du combat, la précipitation avec laquelle on ajuste et on tire quand le danger est aussi pressant, toutes ces causes amènent des chances d'erreur qu'on ne saurait éviter et qui sont très considérables. Après avoir admis ci-dessus, pour le tir de l'artillerie, que les effets réels n'étaient que le quart des effets calculés, on ne peut guère admettre qu'ils soient de plus du huitième pour la mousqueterie : encore, ce chiffre paraîtra-t-il fort élevé si l'on considère le nombre énorme de cartouches qui se consomment à la guerre, relativement aux pertes éprouvées de part et d'autre. Nous l'adopterons cependant, par la raison qu'une exagération ne saurait nous éloigner de notre but et ne peut contribuer au contraire qu'à nous le faire atteindre, en rendant plus saillante une influence que nous cherchons précisément à apprécier dans ses limites extrêmes, celle des lignes déployées sur la valeur des ordres d'attaque.

Ainsi, nous estimerons que dans la première période de leur mouvement offensif, les menant de 200 mètres à 50 mètres de la ligne de défense, les six bataillons d'attaque auront $\frac{1}{5}$

$$\left(\frac{57.4650 + 40.2790}{2.\quad 100}\right)$$

ou 237 hommes hors de combat.

Arrivés à 50 mètres, lesdits bataillons, comme il a été indiqué, s'arrêteront pour faire une décharge générale. Or, quelque promptitude qu'ils mettent à rectifier un peu leur alignement, à préparer leurs armes, à ajuster et à obéir au commandement du feu, il s'écoulera bien certainement une minute, avant qu'ils aient exécuté ce dernier. Dans ce temps, les bataillons opposés fourniront, dans deux décharges consécutives, 3720 coups de fusil, dont 2325 tirés à 50 mètres et 1395 à 150 mètres, lesquels mettront moyennement $\frac{1}{5}$

$$\left(\frac{80.2325 + 59.1395}{2.\quad 100}\right)$$

ou 160 hommes hors de combat, et porteront à 397 hommes, depuis leur départ de la distance de 200 mètres, la perte des bataillons d'attaque.

Ceux-ci se trouveront réduits ainsi à 554 hommes par chacun des quatre bataillons du centre, et à 565 par chacun des deux autres, en tout à 3,334 hommes; parmi eux, il y aura 2,222 tireurs, dont 1,469 tirant à 50 mètres et 753 à 150 mètres, lesquels fourniront, dans leur décharge unique,

2,222 coups de fusil causant à la défense une perte totale de $\frac{1}{8}$

$$\left(\frac{80.1469 + 50.753}{2.\ 100}\right)$$

ou de 97 hommes, en maintenant les hypothèses que nous avons faites sur la convenable répartition des feux, ainsi que sur le rapport des pertes réelles aux pertes déduites du calcul.

Enfin, lorsqu'après avoir fait feu, les bataillons assaillans se précipiteront sur l'adversaire à la baïonnette, celui-ci aura encore le temps d'effectuer une décharge fournissant 1,802 coups de fusil, dont 1,126 tirés à la distance moyenne de 25 mètres et 676 tirés à celle de 150, et cette décharge mettra approximativement hors de combat $\frac{1}{8}$

$$\left(\frac{1126.90 + 676.50}{2.\ 100}\right)$$

ou 85 hommes.

En résumé, il résulte de l'hypothèse admise d'une ligne de six bataillons déployés attaquant, dans le cas le plus favorable pour utiliser ses feux, quatre bataillons déployés également et soutenus par 12 canons de 12 et par 12 obusiers de 16 centimètres, il résulte, disons-nous, de là qu'au moment de la crise finale où les deux partis combattront à l'arme blanche, leurs situations respectives de force numérique seront :

Pour les assaillans de 3,250 hommes et pour les

défenseurs de 2,705 hommes, ce qui établira entre les premiers et les seconds le rapport approximatif de 1,22 à 1,00.

Des calculs analogues aux précédens indiquent les forces de l'attaque et de la défense, à l'instant du combat à la baïonnette, pour toutes les formations différentes de celle que nous venons de considérer. Nous n'en répéterons pas les détails, et nous nous bornerons à en consigner les principaux résultats dans un tableau synoptique établi ci-contre. La seule observation à faire relativement à ce tableau, c'est que dans l'évaluation des effets de la mousqueterie, il a été tenu compte des distances moyennes auxquelles le tir s'exécutait, pour les bataillons extrêmes des lignes d'attaque et de défense, eu égard aux développemens respectifs de ces lignes. Ainsi, on a admis, ce qui est peu éloigné de la vérité, que dans les cas relatifs aux sept derniers ordres d'attaque, dont les fronts sont débordés plus ou moins par ceux de la défense, les deux bataillons extrêmes de celle-ci tiraient successivement aux distances de 180, 150, 210, 250, 200, 302 et 280 mètres, quand l'éloignement moyen des fronts était de 125, et aux distances de 82, 89, 76, 70, 77, 70 et 66 mètres, quand cet éloignement était de 25 ou 50.

(*Tableau ci-contre.*)

Tableau comparatif des pertes subies et causées, avant le combat à la baïonnette, par six Bataillons attaquant dans un terrain uni, quatre Bataillons déployés et soutenus par 12 Canons de 12 et par 12 Obusiers de 16 centimètres. On suppose que les défenseurs aient perdu moitié moins de monde que les assaillants, par le tir de l'Artillerie, et que ceux-ci s'arrêtent à 50 mètres, pour faire une décharge générale de mousqueterie, dans les formations où ils sont placés, sur 3 ou sur 6 rangs de profondeur.

Détail des Pertes.	Formations des Bataillons d'attaque.								
	Déployés en ligne et présentant, sur 3 hommes de profondeur, un front total de 914 mètres, à la distance de 900 mètres, où commence le tir de la mousqueterie.	Ployés en ligne par demi-bataillon, et présentant, sur 6 hommes de profondeur, un front total de 338 mètres, à la distance de 200.	Ployés en ligne par division et présentant, sur 12 hommes de profondeur, un front total de 250 mètres, à la distance de 200.	Déployés deux à deux, les uns derrière les autres, et présentant, sur 6 hommes de profondeur, un front total de 420 mètres, à la distance de 200.	Ployés par demi-bataillon, deux à deux, les uns derrière les autres, et présentant, sur 12 hommes de profondeur, un front total de 258 mètres, à la distance de 200.	Ployés par division, deux à deux, les uns derrière les autres et présentant, sur 24 hommes de profondeur, un front total de 138 mètres, à la distance de 200.	Déployés trois à trois, les uns derrière les autres et présentant, sur 9 hommes de profondeur, un front total de 283 mètres, à la distance de 200.	Ployés par demi-bataillon, trois à trois, les uns derrière les autres, et présentant, sur 18 hommes de profondeur, un front total de 158 mètres, à la distance de 200.	Ployés par division, trois à trois, les uns derrière les autres, et présentant, sur 36 hommes de profondeur, un front total de 95 mètres, à la distance de 200.
Pertes occasionnées aux Bataillons d'attaque, par le tir de l'Artillerie opposée, aux distances de 1200 à 200 mètres	948	890	690	973	948	753	998	946	846
Pertes occasionnées aux Bataillons d'attaque, par la mousqueterie ennemie, aux distances de 200 à 50 mètres	237	165	237	249	224	202	225	202	186
Pertes occasionnées par la mousqueterie ennemie, à cause des Bataillons d'attaque qui font halte, à 50 mètres, pour exécuter une décharge générale, pendant cette halte	460	186	.	172	.	.	.	.	.
Pertes occasionnées aux Bataillons d'attaque, par la mousqueterie ennemie, depuis la distance de 50 mètres, jusqu'au moment du combat à la baïonnette	85	100	82	89	76	70	77	70	66
Totaux des pertes éprouvées par les Bataillons d'attaque, au moment du combat à la baïonnette	1,430	1,444	1,009	1,483	1,245	1,025	1,000	1,218	1,068
Pertes occasionnées aux Bataillons de la défense, par le tir de l'Artillerie opposée	320	320	320	320	320	320	320	320	320
Pertes occasionnées aux Bataillons de la défense, par la décharge exécutée contre eux, à 50 mètres	97	57	.	48	.	.	.	.	.
Totaux des pertes éprouvées par les Bataillons de la défense, au moment du combat à la baïonnette	417	377	320	368	320	320	320	320	320
Situation des forces numériques des assaillants et des défenseurs, au moment du combat à la baïonnette — Assaillants	3,250	3,239	3,671	3,197	3,465	3,655	3,380	3,462	3,612
Défenseurs	2,703	2,743	2,800	2,752	2,800	2,800	2,800	2,800	2,800
Rapports desdites forces	1,20 à 1	1,18 à 1	1,31 à 1	1,16 à 1	1,23 à 1	1,30 à 1	1,20 à 1	1,23 à 1	1,29 à 1

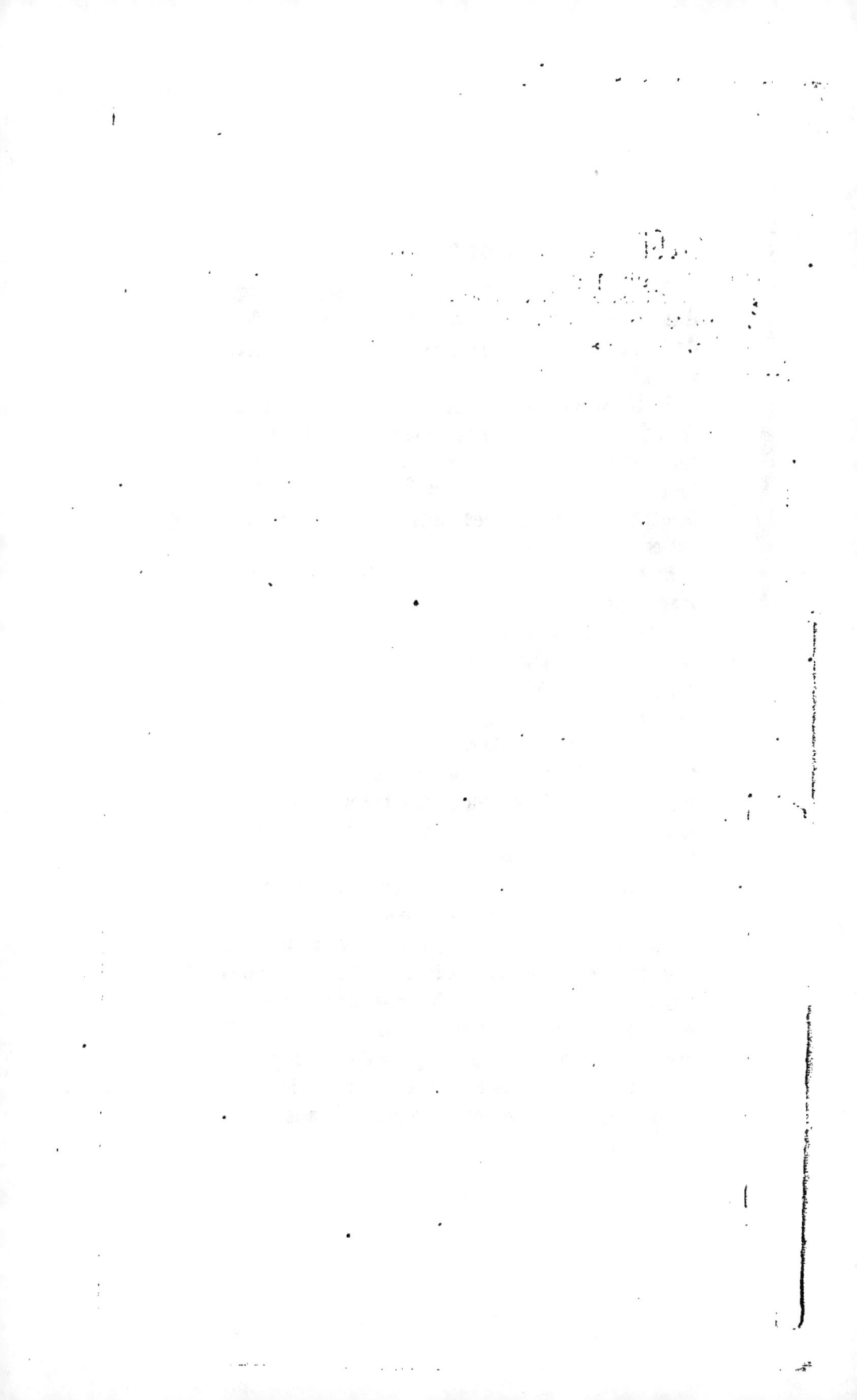

De l'inspection du tableau ci-contre, envisagé d'abord exclusivement sous le rapport des effets de la mousqueterie, ressortent les conséquences suivantes :

1° L'ordre d'attaque qui a le plus à souffrir des feux d'un ordre donné de défense est celui qui a sensiblement le même front que lui, lorsque d'ailleurs les différentes parties de ce front ont une largeur qui dépasse les plus grands écarts des balles :

2° L'ordre d'attaque qui cause le plus de dommages audit ordre de défense, par une décharge générale faite à 50 mètres, est celui qui le déborde de 150 à 200 mètres de chaque côté, de manière à bien utiliser tous ses feux :

3° Si l'on tient essentiellement à tirer sur une troupe contre laquelle on marche, avant de l'assaillir à la baïonnette, la ligne déployée est, de toutes les formations soumises à l'examen, celle où le rapport des pertes subies aux pertes occasionnées est le moins défavorable à l'attaque :

4° Mais, s'arrêter dans une charge, en terrain uni, pour faire feu, est une erreur préjudiciable et une faute, parce qu'on obtient alors pour la situation de ses forces, relativement aux forces opposées, au moment du combat à la baïonnette, un rapport moins avantageux que si on ne s'arrêtait pas; parce que, par exemple, pour l'ordre déployé, le plus favorable à la combinaison critiquée, ledit rapport dans l'hypothèse admise ci-dessus est de

120 à 100 hommes dans le premier cas, tandis qu'il serait de 122 à 100 dans le second.

Si de l'examen des effets particuliers l'on passe à celui des effets généraux, le tableau donne encore les enseignemens que voici :

1° En ajoutant les pertes causées aux divers ordres d'attaque par la mousqueterie, à celles occasionnées par l'artillerie, les résultats se maintiennent sensiblement dans la graduation des pertes produites par l'artillerie seule. Une exception unique existe en faveur de l'ordre en bataillons déployés, comparé à l'ordre en bataillons ployés en ligne par demi-bataillon et présentant six hommes de profondeur. Elle tient non-seulement à ce que le premier fournit plus de feux, mais encore à ce que ses ailes sont moins exposées aux feux de la défense dont elles débordent le front de 156 mètres de chaque côté. Cet avantage égalise à peu près les pertes totales éprouvées par chacun des deux ordres.

2° Parmi les formations usitées du champ de bataille, les ordres d'attaque qui subissent, en définitive et de beaucoup, les pertes les moins considérables, qui arrivent au combat à la baïonnette, dans les conditions les plus avantageuses de force numérique, relativement aux ordres de défense, sont toujours ceux qui présentent, dans leurs élémens, les fronts de troupes les moins étendus, c'est-à-dire, ceux d'une simple division. Entre eux, l'avantage appartient aux ordres qui ont le moins de profondeur, bien que celle-ci n'ait pas une influence fort sensible sur la totalité des dommages, surtout quand elle reste comprise dans les limites de douze à vingt-quatre rangs.

Nous possédons maintenant toutes les données que l'observation des faits, le raisonnement et le calcul peuvent fournir sur la question si délicate des meilleurs ordres d'attaque : mais pour donner de cette question une solution raisonnable, il importe de joindre à ces données positives les considérations que voici :

D'abord, une formation d'attaque pour être avantageuse, doit non-seulement offrir le moins de prise au feu de l'ennemi, mais encore et surtout de l'ordre, de l'ensemble, de la consistance, de la vitesse et de la force d'impulsion. Sous ce rapport les lignes déployées, ne présentant que trois rangs de profondeur et étant sujettes, par leur longueur, à des fluctuations, à des à-coup qui retardent leur marche, ne peuvent manifestement remplir les conditions voulues, aussi bien que des lignes formées de petites colonnes d'une profondeur raisonnable.

En second lieu, il faut, pour assurer un succès, que la première ligne d'un ordre d'attaque enfonce d'abord la première de l'ordre de défense, laquelle contient souvent des parties renforcées sur six ou sur douze rangs de profondeur, et puisse ensuite entrer avantageusement en lutte avec la seconde, généralement composée de colonnes. Or, pour satisfaire à cette double condition, ladite ligne d'attaque ne peut guère offrir moins de douze rangs de profondeur.

Troisièmement, il faut éviter d'exagérer la profondeur d'une formation; parce qu'au-delà d'une certaine limite elle ne peut plus contribuer au succès sur un point; parce qu'elle diminue les chances de succès totales, en diminuant avec le front le nombre des points d'attaque; parce qu'elle devient nuisible au lieu d'être favorable à l'ensemble et à la vitesse de la marche; parce qu'elle empêche de couvrir une quantité convenable de terrain; parce qu'enfin, elle expose trop aux dangers des contre-attaques de flanc.

Cela posé, de ce que nous venons de dire et de tout ce qui précède, on peut tirer logiquement des conclusions que nous résumerons comme il suit.

Conclusions relatives aux meilleurs ordres d'attaque.

Dans un terrain uni, les ordres d'attaque les plus avantageux pour enlever une position défendue par de l'infanterie et de l'artillerie, sont généralement ceux qui se composent de lignes de bataillons ployés un à un ou deux à deux par division et présentant, en même temps qu'une division de front, de 12 à 24 rangs de profondeur.

De pareilles formations dans lesquelles on marche, sans s'arrêter pour faire feu, à l'attaque à la baïonnette, ont à la fois moins à souffrir du tir de l'ennemi, plus d'ordre, d'ensemble, de solidité, de vitesse et de force d'impulsion que celles en lignes plus minces ou tout à fait déployées. Elles possèdent, en outre, un avantage que n'ont pas les autres, avantage déjà signalé, et que nous considérons comme pouvant être, dans maintes occasions, d'une grande importance : il consiste dans les intervalles qui séparent les colonnes partielles, formées de divisions, et qui sont précisément égaux aux fronts de ces dernières. Il en résulte que les hommes, au lieu de se toucher coude à coude, peuvent s'espacer dans les rangs de demi-mètre en demi-mètre, présenter ainsi au feu des masses ayant autant de vide que de plein, et subir par suite moitié moins de pertes. Or, dans beaucoup de cas, cette disposition, de laquelle on reviendra d'ailleurs rapidement à la disposition régulière, pourra être prise sans inconvéniens, jusqu'à quatre cents ou trois cents mètres de la position à enlever.

Les troupes, destinées à une attaque, adopteront donc en général pour leur première ligne, un ordre compris dans ceux que nous venons d'indiquer : elles profiteront également de l'avantage, à l'instant signalé, pour diminuer leurs pertes, toutes les fois qu'il leur sera loisible de le faire sans inconvéniens. Leurs tirailleurs seront pris dans la dernière et, au besoin, dans les deux dernières divisions des colonnes, auxquelles ils se rallieront, au pas de course, pour charger à la baïonnette. Il résultera de là que, par le fait, les formations ne présenteront aux feux de l'artillerie opposée que neuf hommes de profondeur, au moins, et vingt-et-un, au plus.

Lorsque les circonstances exigeront qu'on couvre une vaste étendue de terrain, soit pour garantir les flancs, en l'absence de cavalerie, soit pour tout autre motif, on adoptera l'ordre de bataillons ployés par division en ligne, dans lequel on pourra, sans grand inconvénient, porter les intervalles des colonnes à 40 ou à 50 mètres. Celles-ci, en effet, formant des espèces de petits carrés pleins, seront susceptibles de prendre instantanément de bonnes dispositions défensives contre les cavaliers ennemis. Agir ainsi vaudra mieux, suivant nous, que d'employer la formation par demi-bataillons déployés, ne présentant que six rangs de profondeur, laquelle cependant pourra être utilement adoptée dans maintes circonstances.

Quant à l'ordre d'attaque entièrement déployé, il conviendra de n'en faire usage, pour une première ligne, qu'exceptionnellement ou du moins que fort rarement, par exemple, lorsque les troupes à assaillir n'auront pas de consistance et qu'on voudra chercher à les envelopper.

Dans les cas où le terrain obligera de prendre des formations rétrécies et profondes, on pourra employer des colonnes de bataillons ployés par division, deux à deux, les uns derrière les autres, et présentant vingt-quatre hommes de profondeur.

Si de pareils ordres sont encore trop développés, on diminuera leur largeur en les rendant plus profonds; seulement, il conviendra alors de décomposer chaque colonne d'attaque en deux autres qui se suivront à 150 ou à 200 mètres de distance, jusqu'au moment où s'engagera contre elles le tir à balles : le but de ce soin sera d'empêcher que les colonnes partielles, qui se trouvent en arrière, soient atteintes par les ricochets des boulets et des obus lancés contre celles qui se trouvent en avant. Dès que l'ennemi aura ouvert son feu à mitraille, les deux lignes de colonnes partielles se rapprocheront, non-seulement sans inconvéniens, mais encore avec avantage; car la seconde se trouvera ainsi moins exposée aux ricochets des balles.

Il va sans dire qu'on adoptera un système analogue au précédent, toutes les fois que la nature d'un terrain à parcourir, ou d'une position à enlever, obligeront à supprimer les lignes d'attaque et à n'employer qu'une colonne ou un petit nombre de colonnes très étroites et très profondes : chacune de celles-ci sera divisée en deux ou en plusieurs parties, se suivant à des distances convenables.

On ne s'est occupé dans ce qui précède que de la première ligne des ordres d'attaque, lesquels généralement en comprennent deux. La seconde, le plus souvent, est formée et composée de la même façon que la première, puis disposée par rapport à elle, de telle sorte que les milieux des vides correspondent aux milieux des pleins et réciproquement. C'est là un moyen naturel de donner aux deux lignes la même force numérique, la même étendue, les mêmes intervalles, et par suite aussi la même profondeur.

Toutefois, si cette mesure est bonne à suivre dans un grand nombre de cas, elle admet des exceptions et n'est aucunement de nécessité absolue. Pour faire dans chaque circonstance ce qui convient le mieux, il faut se rapporter aux données principales de la question, qui nous semble pouvoir être analysée de la manière suivante :

La seconde ligne d'un ordre d'attaque a un double but : celui de rallier derrière elle la première, en cas d'échec ou de pertes trop cruelles, et celui d'achever une besogne mal ou incomplétement faite.

La première condition exige ou du moins établit la convenance que la seconde ligne ne soit pas entièrement déployée et présente des intervalles assez larges pour le rapide écoulement de troupes battues ou trop maltraitées : elle exige encore que cette ligne puisse fournir un bon nombre de feux, pour les cas où l'ennemi, après avoir victorieusement résisté à la première, voudrait profiter de son avantage, en prenant à son tour l'offensive.

D'un autre côté, la seconde condition demande, pour être bien remplie, que la seconde ligne soit composée de colonnes ou renferme, au moins, des parties formées de troupes en colonne. Des deux résulte cette conséquence, que ce sont les ressources et la position de l'ennemi qui doivent servir à régler convenablement la formation de la deuxième ligne d'attaque, ainsi que celle de la première.

Si l'ennemi est avantageusement posté et que, soit par ce motif, soit encore à cause de son infériorité numérique ou morale, il y ait peu de chances de le voir sortir de sa position, on formera la seconde ligne de manière à la rendre principalement propre à l'attaque. En conséquence, on la composera généralement de petites colonnes de bataillons par division, semblables à celles de la première et placées, relativement à elles, en échiquier.

Si au contraire, l'adversaire occupe un terrain peu favorable à la défensive, mais qu'il soit par lui-même assez fort pour lutter avec des chances de succès, il conviendra, dans la composition de la seconde ligne d'attaque, de sacrifier à la considération du but, à l'instant énoncé, de ralliement et de défense. Dans ce cas, on formera cette ligne de façon qu'elle procure un bon nombre de feux, et qu'avec une solidité convenable, elle possède des intervalles suffisans pour le prompt écoulement des troupes. On la composera, par exemple, soit de bataillons ployés par demi-bataillon, sur six hommes de profondeur; soit de bataillons formés en carrés longs, et présentant trois pelotons de face, etc. : mais il faudra alors que les intervalles de la première ligne soient réglés en conséquence, et égaux aux parties pleines de la seconde, placées derrière eux, si l'on veut séparer ces parties par des espaces convenables et maintenir dans les deux lignes l'égalité des forces.

Dans l'analyse succincte qui a été faite de la question des meilleurs ordres d'attaque, nous avons supposé que les troupes marchaient à découvert, dans un terrain uni. S'il en est autrement et que ce dernier soit accidenté, il est clair que la thèse change et que les formations doivent être plus ou moins subordonnées aux dispositions du terrain. Celui-ci présente-t-il parallèlement à la ligne de bataille, une suite continue de plis, de masses couvrantes, qui permettent d'arriver près de l'ennemi, en se dérobant à ses vues, c'est une raison d'adopter un ordre mince, ayant un front largement développé. Les crêtes, les couverts sont-ils, au contraire, fréquemment interrompus dans le sens indiqué, c'est un motif qui milite en faveur d'un ordre profond, formé de colonnes partielles ayant des fronts de peu d'étendue. Il va sans dire que sur le champ de bataille, l'observation des intervalles réglementaires, fixés pour les élémens des lignes, est aussi dans de certaines limites subordonnée aux dispositions du terrain.

Nous n'insisterons pas davantage sur ce sujet, et nous dirons maintenant quelques mots des meilleurs ordres de défense.

Des meilleurs ordres de défense.

L'action de se défendre est généralement chez une troupe, la conséquence de son infériorité numérique ou morale. Le but de cette action est de racheter cette infériorité par le double moyen des feux, causant des pertes à l'ennemi pendant qu'il marche à l'attaque, et de l'appui tiré d'une position favorable, pour le combat final à l'arme blanche.

Pour qu'un ordre de défense soit le meilleur possible, il faut qu'il possède une solidité convenable et procure le plus grand nombre de feux de mousqueterie, efficaces.

La réalisation de la dernière condition dépend uniquement de l'étendue du front de la défense, comparé à celui de l'attaque : elle fixe le maximum du premier à 300 ou 400 mètres de plus que le développement du second; quand celui-ci est connu ou peut s'apprécier d'avance.

Ainsi, contre l'ordre le plus favorable à l'attaque, celui de bataillons ployés en ligne par division, ce maximum serait de $(n+(n-1))\ 32^{\text{mèt.}},50$ + 400 mèt., en désignant par n le nombre de bataillons et supposant ceux-ci de 780 hommes : en langage vulgaire, il s'obtiendrait en multipliant par $32^{\text{mèt.}},50$ le double du nombre des bataillons et ajoutant au résultat $367^{\text{mèt.}},50$. Contre l'ordre de bataillons ployés en ligne par demi-bataillon, avec des intervalles égaux au front d'une division, ledit maximum serait de n. 65 mèt. + (n — 1) $32^{\text{mèt.}},50$ + 400 mèt. ou de n. $97^{\text{mèt.}}50 + 367^{\text{mèt.}},50$; c'est-à-dire qu'il s'obtiendrait en multipliant par $97^{\text{mèt.}},50$ le nombre de bataillons et ajoutant $367^{\text{mèt.}},50$ au résultat.

La réalisation de la première condition dépend principalement de la nature du terrain, puis de l'espèce de formation adoptée, ce qui conduit à distinguer deux cas : celui où la ligne de défense tire un grand appui de la position qu'elle occupe, et celui où elle n'en tire qu'un, insensible ou nul.

Dans le premier cas, il faut avoir surtout en vue de défendre intégralement et convenablement la position, déjà solide par elle-même, en ayant égard au terrain, en ayant égard aussi, mais à un degré moindre, aux dispositions d'attaque de l'ennemi. Il faut défendre par les feux tout ce qui peut être défendu par eux, éviter d'accumuler trop de monde sur les points forts, et réserver surtout les troupes en colonnes pour la garde des points faibles.

Dans le second cas, il importe avant tout de prendre en considération les dispositions de l'adversaire : il faut organiser contre elles une ligne de feux efficaces, la plus développée possible, et non moins nécessairement un ordre solide, propre à résister avantageusement dans la lutte à l'arme blanche.

Ici se présente naturellement une question à poser pour chacune des lignes de défense. Laquelle des conditions, à l'instant énoncées, est la plus essentielle à remplir pour la première? laquelle, pour la seconde? Convient-il de placer principalement la résistance dans le grand nombre des feux : ou est-il préférable de prendre des dispositions qui donnent moins de feux et présentent plus de solidité, pour le combat à la baïonnette?

Relativement à la première ligne, il y a à faire les observations suivantes :

Dans un terrain uni, comme nous le supposons, où l'ennemi peut marcher, sans obstacle qui le retarde, à l'attaque à l'arme blanche, les pertes qu'il éprouve par le tir de la mousqueterie ne sont, en définitive, pas très considérables.

En effet, dans les formations les plus défavorables qu'il puisse prendre sous ce rapport, ces pertes ne s'élèvent qu'à 50 ou 60 hommes par bataillon, environ le douzième de son effectif restant, d'après le tableau établi ci-dessus qui les exagère plutôt qu'il ne les amoindrit. Il suit de là que contre des troupes aguerries, une première ligne de défense ne peut compter sur les effets de son feu, pour acquérir une sensible prépondérance, et que dans le cas où elle serait constituée d'une manière plus faible que celle de l'attaque, elle succomberait vraisemblablement à son choc. Or, les résultats de sa défaite sont susceptibles d'être fort graves; car pour peu qu'il s'y mêle de désordre, l'adversaire en poursuivant les troupes, l'épée dans les reins, peut pénétrer avec elles dans les larges intervalles laissés dans la seconde, et faire tomber également celle-ci, en la prenant de flanc et de revers.

La conclusion à tirer de ce qui précède est facile et toute naturelle. Il convient avant tout, que la première ligne de l'ordre défensif ait, pour la lutte à l'arme blanche, une formation dont la solidité soit peu inférieure à la solidité de la première ligne d'attaque.

Ce qui vient d'être dit peut, sans modification notable, s'appliquer à la seconde ligne de la défense comparée à celle de l'attaque; car il est évident que les premières lignes se trouvant, toutes choses égales d'ailleurs, à peu près neutralisées l'une par l'autre, l'avantage devra rester à celui des deux ordres opposés, dont la deuxième aura le plus de consistance. Toutefois, il est à observer que si, à cause de l'infériorité sensible des forces, il est impossible que l'ordre défensif présente, une à une, des lignes aussi solides, aussi résistantes au choc que l'ordre offensif, il sera préférable qu'il soit plus faiblement constitué que celui-ci, en première ligne qu'en seconde : la raison en est simple. On pourra ainsi racheter, en partie, l'infériorité numérique par les feux, tandis qu'on ne le pourrait pas d'une autre manière; la seconde ligne n'agissant par la mousqueterie que secondairement, lorsque l'autre est enfoncée, et devant d'ailleurs contenir de larges intervalles pour l'écoulement et le ralliement des troupes.

Ceci se trouvant établi, considérons quelques-unes des principales formations d'attaque, et indiquons succinctement les meilleures formations de défense à adopter contre elles.

Si l'ennemi se présente en ordre déployé, on pourra lui opposer un ordre déployé également, dans lequel les bataillons de la seconde ligne seront placés, en échiquier, à une cinquantaine de mètres en arrière de ceux de la première, de façon à faciliter l'écoulement des troupes, par leurs intervalles (1). Mais il est à remarquer que lesdits bataillons, en raison du déploiement de ceux qui seront devant et qui leur masqueront l'ennemi, ayant beaucoup de peine à agir efficacement par les feux, il sera préférable, surtout avec des soldats aguerris, d'adopter une des formations suivantes, savoir :

Une première ligne de bataillons déployés; une seconde ligne de bataillons ployés par division, en arrière des ailes de ceux de la première.

Une première ligne de bataillons déployés; une seconde ligne de bataillons ployés par division, en arrière des intervalles de la première.

Une première ligne de bataillons déployés; une seconde ligne de bataillons ployés par demi-bataillon, en arrière des intervalles de la première.

Enfin, une première ligne de bataillons déployés; une seconde ligne de bataillons, formés en carrés

(1) Pour que ces intervalles soient convenables, il faudra que les bataillons de la seconde ligne soient moins forts que ceux de la première; que, par exemple, ils fournissent les tirailleurs.

longe, en arrière des intervalles de la première.

De ces quatre formations, la seconde est celle qui semble devoir être généralement la meilleure, dans le cas considéré. Elle est la plus avantageuse sous le rapport des feux ; car en portant les têtes des petites colonnes de la deuxième ligne dans les intervalles de la première, on peut faire tirer simultanément les cinq huitièmes des hommes, tandis que dans les autres formations, on n'en peut faire tirer, à la fois, que la moitié. Il est vrai qu'elle a l'inconvénient de présenter une seconde ligne dont les élémens ont entre eux de fort grands intervalles ; mais cet inconvénient est peu grave en présence d'un ordre déployé de l'ennemi : d'ailleurs, on peut l'amoindrir, en faisant serrer les colonnes sur leurs têtes respectives et les lançant à la rencontre de ce dernier, quand il est arrivé à une trentaine de mètres. Par ce moyen, qui rend la formation adoptée, défensive-offensive, la première ligne, devenue seconde, procure à l'autre un flanquement fort opportun et fort efficace.

La première formation peut être utilement employée non-seulement dans la défensive, mais encore dans l'offensive, lorsque, possédant l'ascendant moral, on entreprend une opération délicate, dans laquelle, pour épargner le temps et éviter des pertes trop cruelles, il importe de ne pas s'agglomérer dans un espace resserré et indiqué à l'avance : ainsi dans le passage à gué d'un fleuve ou d'une rivière. Napoléon adopta avec succès un ordre de ce genre, à son passage du Tagliamento, en 1797. Les Russes l'employèrent aussi avec avantage à la bataille d'Eylau, mais principalement dans la défensive. Il est à observer que dans un pareil ordre, la seconde ligne contient des forces doubles de celles de la première. Il se détermine, généralement, en déployant les seconds bataillons de régimens qui en ont trois, et ployant les bataillons extrêmes par division, en arrière des ailes des seconds.

Le quatrième ordre est essentiellement bon contre un adversaire qui a beaucoup de cavalerie; mais par le fait que les élémens de la deuxième ligne ne sont pas solidement constitués pour l'attaque, et ne peuvent passer par les intervalles de la première, il n'est pas aussi bien approprié que le second à la défensive-offensive. Cette dernière observation est applicable également au troisième.

Si l'ennemi marche à l'attaque en lignes formées, soit de bataillons ployés par demi-bataillon, soit de bataillons déployés, deux à deux, les uns derrière les autres, et présentant six rangs de profondeur, soit encore de bataillons en carrés, on pourra lui opposer une formation analogue à la sienne, ou même, sans grand inconvénient, une de celles mentionnées à l'instant.

S'il se présente dans l'ordre généralement le plus favorable à l'attaque, c'est-à-dire, en deux lignes de bataillons ployés par division et formant échiquier, il conviendra, à égalité de forces, de lui opposer un ordre semblable, en ayant soin de faire avancer opportunément les colonnes de la seconde ligne dans les intervalles de la première, pour doubler les feux, et les lancer ensuite sur lui à la distance de vingt-cinq ou trente pas.

Si, comme il advient le plus souvent, l'infériorité numérique de la défense ne permet pas d'en agir de la sorte, il faudra ne former la première ligne que de bataillons ployés par demi-bataillon, composer la seconde de bataillons ployés par division, derrière les intervalles de la première, faire avancer ces derniers dans lesdits intervalles, et enfin, les lancer au moment favorable sur l'ennemi, comme dans le cas précédent. De cette manière, après avoir opposé d'abord à l'attaque une ligne de feux respectables, auxquels prendront part les trois huitièmes des troupes défensives, on se donnera les meilleures chances de profiter de l'effet de ces feux. L'avantage du plus grand nombre de bataillons, dont se composeront les lignes de l'assaillant, se trouvera en partie annulé par ce fait, que ceux d'entre eux qui ne seront pas directement aux prises avec les colonnes de la seconde ligne de défense (devenue première), ne pourront agir, sans s'exposer à de grands dangers. En effet, s'ils essayent de secourir les bataillons voisins, ils prêteront le flanc aux colonnes par demi-bataillon de la première ligne; et s'ils marchent contre celles-ci, ils compromettront non moins gravement leurs derrières.

Nous ne nous arrêterons pas davantage sur le sujet des meilleurs ordres d'attaque et de défense pour l'infanterie, ordres dont nous croyons avoir exposé les règles et les applications principales. Nous allons nous occuper maintenant du chapitre intéressant de la cavalerie et essayer de traiter de notre mieux les questions importantes qu'il comporte.

CHAPITRE IV.

DE LA CAVALERIE.

SECTION PREMIÈRE.

Organisation de l'arme.

PARAGRAPHE PREMIER.

Composition.

La cavalerie a un but mixte, et son usage à la guerre est des plus variés. En général, on en tire un parti avantageux dans tous les cas où il faut déployer dans les mouvemens une célérité extrême; dans ceux où il importe de produire, par un choc considérable et impétueux, un grand effet matériel contre des troupes solides; dans ceux enfin, où, par l'aspect menaçant d'une masse imposante, par la perspective des dangers auxquels elle expose, il convient de produire un puissant effet moral sur des troupes peu aguerries, ou ébranlées par des pertes antérieures.

Les circonstances diverses qui exigent l'emploi de la cavalerie, établissent aussi la convenance de faire parmi elle la distinction de plusieurs espèces. Ainsi, dans les unes, l'intérêt prédominant est d'occasionner un grand choc dont la vigueur doit être préférée à la vitesse : dans les autres, au contraire, il faut rechercher avant tout beaucoup de rapidité dans l'action, et il n'est pas nécessaire de causer un effet matériel considérable.

Delà, les distinctions de la grosse cavalerie, de la cavalerie légère et, comme un intermédiaire naturel, de la cavalerie de ligne, propre à suppléer au besoin les premières et tenant des propriétés de l'une et de l'autre. Ces distinctions, d'ailleurs, résultat des exigences de l'art militaire, s'accordent d'une manière heureuse avec les ressources des différens pays, lesquels produisent des chevaux plus ou moins grands, plus ou moins forts, plus ou moins agiles, dont la nourriture et l'entretien sont plus ou moins onéreux.

Relativement à la proportion à adopter pour la cavalerie, dans la composition des armées, nous avons vu qu'en campagne, il convenait qu'elle fût d'environ un huitième de l'effectif total. D'après cela, pour une armée de 400,000 hommes, que nous avons prise pour type, il faudrait 50,000 chevaux disponibles, ce qui, à cause des remplacemens, exigerait approximativement un chiffre de 60,000. Ce nombre serait considérable, et pour y suffire, indépendamment des besoins de l'artillerie, du train des équipages militaires, etc., il faudrait que les ressources d'un pays fussent bien puissantes en produits et en argent : mais il est à observer qu'il est permis de le réduire par les raisons suivantes : la totalité d'une armée de 400,000 hommes ne saurait être employée de la même manière; s'il faut des troupes pour agir offensivement au dehors, il en faut aussi pour garder les frontières, pour protéger le sol; d'ailleurs, parmi celles qui ont pris l'offensive, il en est qui opèrent sur des théâtres dont le terrain est plus ou moins accidenté, plus ou moins montagneux. Finalement, tous les corps, dans leur composition, n'ont pas besoin d'une proportion de cavalerie, s'élevant à un huitième de leur effectif, laquelle a été fixée pour une armée de 80,000 à 100,000 hommes, destinée surtout à combattre dans un pays de plaine.

Parmi les grandes nations de l'Europe, celles qui possèdent en permanence dans leurs armées, 35,000 à 40,000 chevaux disponibles, peuvent être regardées comme bien pourvues en cavalerie, et convenablement préparées aux éventualités de la guerre.

Relativement aux proportions respectives des diverses espèces de cavalerie, il serait difficile de les fixer d'une manière absolue, et elles dépendent d'aille rs des ressources qu'offrent les différens pays pour les unes et pour les autres. Les nombres 3, 5 et 7 nous semblent convenables pour représenter les rapports de la grosse cavalerie, de la cavalerie de ligne et de la cavalerie légère, dans la généralité des circonstances : ce sont, à peu près, ceux que l'on a adoptés en France, où il existe douze régimens de la première espèce, vingt de la seconde et vingt-six de la troisième, indépendamment de quatre régimens de chasseurs d'Afrique et de trois régimens de spahis, exclusivement destinés à l'Algérie.

En général, un régiment se compose de six escadrons, comprenant, chacun, cent à cent vingt chevaux, et cent trente à cent quarante hommes. Cette organisation nous semble bonne, et l'importance des divers commandemens s'y trouve dans un rapport rationnel avec l'élévation des grades.

Ainsi que nous l'avons observé antérieurement, l'expérience a démontré que les officiers d'état-major, escortés par la cavalerie la plus mobile, ne pouvaient suffire à la tâche éminemment importante d'éclairer convenablement les armées, de faire d'une manière exacte et complète les reconnaissances militaires. D'après cela, nous avons jugé nécessaire de destiner à cet objet une partie de la cavalerie légère, évaluée au septième environ des troupes à cheval, et instruite de telle façon que, depuis le grade le plus humble jusqu'au plus élevé, chacun concourût, dans la mesure de son intelligence et de son savoir, à fournir les renseignemens nombreux et variés qu'il importe d'avoir à la guerre.

Cette partie, eu égard à l'évaluation que nous venons de rappeler, eu égard aux proportions des trois espèces de cavalerie, à l'instant dénommées, formera les $\frac{11}{35}$ ou un peu moins du tiers de la dernière espèce. Les troupes qui la composeront seront, comme les autres, organisées en régimens, afin qu'il y ait une bonne direction d'ensemble dans leur emploi à la guerre : seulement, le régiment qui sera attaché à chaque corps d'armée sera, suivant la force de celui-ci, formé d'un nombre d'escadrons plus ou moins grand, variable en général de quatre à six.

Nous avons énuméré déjà, à plusieurs reprises, les qualités que doit posséder le personnel des corps d'éclaireurs : nous n'y reviendrons donc que fort succinctement, pour déduire, d'une manière logique, l'organisation de ces corps des conditions qu'ils sont appelés à remplir.

Les officiers, outre la connaissance d'une ou de plusieurs langues étrangères, principalement de l'allemand, s'il s'agit de l'armée française, les officiers devant savoir juger, lever, décrire promptement et avec exactitude tous les terrains possibles, devant savoir estimer aussi, sans sensible erreur, toute espèce de réunions de troupes, seront recrutés parmi ceux des différens corps de l'armée qui montreront le plus d'aptitude à ce genre de service. L'état-major et le génie militaire, le dernier surtout, dont l'expérience et l'instruction ne sont pas utilisées comme elles pourraient et devraient l'être dans la guerre de campagne, fourniront le noyau principal : mais on admettra également les officiers de cavalerie et même ceux d'infanterie qui posséderont les connaissances nécessaires. La question de l'habileté en équitation, bien qu'importante, n'est pas ici la question principale. Avant elle, passe celle du savoir militaire, et c'est pour ce motif qu'il convient d'appeler le concours de toutes les aptitudes, de toutes les intelligences. Si l'on cherchait à rendre propres au métier spécial et difficile d'éclairer les armées, de faire les reconnaissances militaires, tous les officiers de cavalerie légère, on n'en viendrait pas à bout : il faut avant tout choisir les officiers possédant les qualités requises, et leur apprendre, au besoin, à monter à cheval.

Quant aux sous-officiers et aux soldats qui, bien qu'à des degrés moindres que leurs supérieurs, doivent satisfaire aussi à des conditions difficiles, ils seront pris exclusivement dans les corps où l'on apprend à monter à cheval, parmi les hommes que leurs facultés physiques, leur intelligence e leurs goûts rendront les plus aptes au service dont nous nous occupons. Afin de stimuler l'émulation et de favoriser un bon recrutement dans les corps d'éclaireurs, il conviendra d'avantager ces corps, dans de raisonnables limites, sous le rapport de a solde et de l'avancement. Ainsi que nous l'avons dit tout à l'heure, ils seront, comme toutes les troupes à cheval, organisés en régimens : seulement ces régimens, au lieu d'être formés du nombre fixe de six escadrons, le seront d'un nombre variable avec les besoins du service, avec l'importance des corps d'armée auxquels ils seront attachés. En outre, il y aura une différence dans le personnel, sinon dans l'effectif des escadrons. Ceux-ci, pour exécuter leur tâche d'une manière convenable et rapide, devant être divisés souvent en fractions minimes, renfermeront, eu égard au grand intérêt de cette tâche, un cadre nombreux d'officiers et de sous-officiers. Il conviendrait, selon nous, de donner le commandement de chacun d'eux à un officier supérieur qui aurait sous ses ordres quatre capitaines, huit lieutenans ou sous-lieutenans, et un nombre de maréchaux-des-logis et de brigadiers double de celui des escadrons ordinaires.

Nous n'avons pas à nous occuper ici de la division de la grosse cavalerie en régimens de carabiniers et de cuirassiers, ni de celle de la cavalerie légère en régimens de chasseurs et de hussards : ce sont là des distinctions purement nominatives, qui n'établissent point de différences entre les choses et qui ont uniquement pour objet l'agrément du coup-d'œil et la variété des costumes militaires. Il n'en est pas de même de la décomposition de la cavalerie de ligne, en lanciers et en dragons. Là les dénominations ont des significations bien positives, et les troupes auxquelles elles se rapportent, des destinations et des buts bien différens.

Les lanciers, avec leur lance, qui est la plus longue de toutes les armes en usage, ont pour objet d'atteindre l'ennemi de loin dans les combats corps à corps, et d'avoir ainsi un avantage sur les cavaliers armés de leur sabre et sur les fantassins armés de leur baïonnette.

Les dragons, dans l'armement desquels on a fait entrer le fusil, ont un but mixte : d'abord, celui de servir comme cavalerie; ensuite, celui de remplacer au besoin l'infanterie, sur les points où elle vient à manquer et où il importe de la suppléer dans le délai le plus rapide.

Nous verrons bientôt que les uns et les autres remplissent imparfaitement la destination qu'on a la prétention de leur donner; que les premiers absorbent à eux seuls un armement fort efficace, mais qui leur est superflu, embarrassant, et qui, pour être utilisé de la manière la plus convenable et la plus complète, devrait être réparti entre un plus grand nombre; que les seconds sont impropres à suppléer l'infanterie et qu'il faut se borner à en faire de bonnes troupes à cheval.

PARAGRAPHE II.

Armement et Équipement.

Grosse cavalerie.

La grosse cavalerie, par la taille et la force de ses chevaux et de ses hommes, étant celle qui présente la masse la plus considérable, qui conserve le mieux son ordre par la régularité des allures et des alignemens, est aussi celle qui est le plus utilement employée dans les circonstances où il importe surtout d'occasionner un grand choc : ainsi, lorsqu'il s'agit d'enfoncer un carré ou une ligne solide d'infanterie, de culbuter une masse respectable de cavalerie ennemie.

Pour produire l'effet le plus puissant dans les circonstances auxquelles nous faisons allusion, il faut, non-seulement arriver sur l'adversaire avec beaucoup de force d'impulsion et d'ensemble, mais il faut encore posséder une arme dont on puisse se servir avantageusement, d'abord à l'instant du choc, ensuite pendant la mêlée. Or, l'arme la plus favorable pour enfoncer une troupe, au moment où on l'aborde, est manifestement la lance, la seule qui, par sa longueur, permette d'atteindre le fantassin armé de son fusil à baïonnette. Une fois la troupe enfoncée, l'arme la plus avantageuse contre elle est le sabre, parce que la lance ne se manie pas assez facilement dans une mêlée.

Il suite de là que pour charger, dans les meilleures conditions de succès, des troupes solides, il conviendrait de mettre en tête de charge des cavaliers armés de lances, et de les faire suivre de cavaliers armés de sabres.

La conséquence de ce raisonnement logique est facile à déduire : il faut donner des lances à une certaine partie de la grosse cavalerie. Quant à la proportion de cette partie, il nous semble rationnel de la fixer au tiers, par les considérations suivantes :

En général, il convient, pour exécuter une charge, que les troupes soient disposées sur trois lignes, formées chacune de deux rangs de cavaliers. La première aborde l'ennemi, produit le choc et, comme nous venons de le voir, il importe qu'elle soit armée de lances. La seconde, suivant la première à cent ou cent cinquante mètres de distance, pénètre par les trouées plus ou moins nombreuses, plus ou moins larges, faites dans les rangs opposés, décide l'affaire et assure le succès : Pour que celle-là puisse combattre dans la mêlée, de la façon la plus avantageuse, il faut, avons-nous dit, qu'elle soit armée de sabres. Enfin, la troisième ligne est destinée à recueillir les fruits de la victoire, à achever un adversaire démoralisé et en déroute, et pour qu'elle puisse bien remplir sa mission, il faut qu'elle ne possède pas non plus une arme embarrassante. Le sabre est donc encore celle qui lui convient le mieux. La proportion indiquée ci-dessus satisfait par conséquent, généralement, aux convenances à observer.

Ainsi, dans un régiment de grosse cavalerie de six escadrons, les deux premiers escadrons, indépendamment du sabre, seront armés de la lance. Il est vrai qu'en adoptant cet armement, on ne pourra pas charger par régiment déployé, avec la condition, reconnue importante, d'avoir en tête de charge une ligne entièrement composée de lanciers; mais c'est là un inconvénient peu grave. En effet, si l'on charge par régiment déployé, il faut pour avoir trois lignes qui se suivent, employer nécessairement trois régimens. Or, par des motifs que nous ne tarderons pas à déduire, il est dans la généralité des circonstances préférable de charger avec trois régimens, s'avançant de front et ployés chacun par division de deux escadrons, que de le faire avec ces trois régimens déployés les uns derrière les autres.

La cuirasse et le casque de la grosse cavalerie seront conservés, comme deux armes excellentes pour la défensive, préservant à la fois des effets de la mousqueterie et des coups d'armes blanches. Quant au pistolet, susceptible d'être utilement employé, sinon dans les charges, du moins dans les combats corps à corps, il faut remplacer celui actuellement en usage et qui n'a ni portée, ni justesse, par un bon pistolet à deux coups, à percussion et à balle forcée. La condition que la balle soit forcée est indispensable à remplir, pour que l'arme puisse être chargée à l'avance, sans qu'on ait à craindre que, dans les mouvemens du cheval, la balle ne tombe dans la fonte du cavalier.

Cavalerie de ligne.

La cavalerie de ligne étant destinée à suppléer au besoin les deux autres, mais principalement la grosse cavalerie, beaucoup plus rare que la légère, à cause de la difficulté de son recrutement et des dépenses qu'elle occasionne, on peut lui appliquer sans grandes modifications ce qui vient d'être dit de la précédente.

Les régimens de lanciers seront supprimés, et remplacés par d'autres dont les deux premiers escadrons seulement seront armés de lances. Dans les nouveaux régimens, tous les cavaliers auront le sabre long, à lame droite ou à peu près, analogue à celui de la grosse cavalerie, mais un peu moins lourd : Ils auront, pour arme à feu, un pistolet à deux coups, à percussion et à balle forcée. Il serait bon également de leur donner, comme l'ont proposé quelques écrivains militaires, non pas une cuirasse métallique et pesante, mais une cuirasse en buffle ou en cuir doublé, qui préservât la poitrine des coups d'armes blanches et des coups de feu, tirés de loin. Enfin, rien ne s'oppose à ce qu'ils conservent la coiffure des lanciers actuels, laquelle est gracieuse et garantit assez bien la tête.

Quant au fusil, qui est incommode à porter et devient embarrassant dans les mouvemens rapides, qui invite trop à tirailler sans résultats, il sera banni de l'armement, parce qu'effectivement il est plus nuisible qu'utile.

Les dragons seront employés exclusivement comme cavalerie et, sauf leur casque qu'ils pourront garder, seront armés et équipés de la manière que nous venons de dire. Ils ne sont pas susceptibles, en effet, de remplacer convenablement l'infanterie, et le fusil qu'on leur donne ne sert qu'à diminuer leur valeur, comme troupes à cheval.

Tant de discussions ont été soulevées pour ou contre le maintien des dragons, comme troupe mixte, que nous croyons devoir énoncer succinctement les motifs qui nous portent à avoir l'opinion que nous venons d'émettre à leur égard.

D'abord, une partie de ceux qui partagent cette opinion la basent sur le fait de la double éducation des dragons et des principes contradictoires qu'on leur inculque, leur enseignant, le matin, qu'aucune cavalerie ne saurait enfoncer un carré, une ligne de bonne infanterie, et leur affirmant, le soir, le contraire. Il résulte, suivant eux, de ce fait que lesdites troupes, dans le doute où elles se trouvent sur le mérite respectif des deux armes, ne sauraient posséder cette confiance, cette force morale, qui sont les plus sûrs garans des succès à la guerre. Cet argument, nous l'avouerons, nous semble plus spécieux que logique; car de braves gens doivent comprendre que la valeur intrinsèque d'un corps réside, avant tout, dans le courage et la vigueur des soldats qui le composent : Aussi ne faisons-nous que le mentionner sans y attacher une grande importance. Voici des argumens que nous jugeons plus sérieux et dignes d'une considération plus grande.

1° Si l'on veut se servir de dragons, pour remplacer des troupes d'infanterie, leurs chevaux deviennent nécessairement un grand embarras, puisque, pour les tenir et les garder, il faut distraire du combat un nombre d'hommes assez considérable :

2° Les dragons, avec leurs bottes éperonnées, leur grand sabre, leur casque pesant, leur inexpérience de la marche et des évolutions à pied, sont impropres à manœuvrer comme fantassins, avec l'ensemble et la promptitude desirables, même pendant un temps de courte durée :

3° Ils ont, du moins en France, le fusil sans baïonnette et, à moins de leur ôter le sabre, ce qui leur enlèverait tout leur mérite comme troupes à cheval, il n'est pas possible de leur donner la baïonnette, sans les charger, sans les embarrasser outre mesure : Or, cet inconvénient empêche d'une façon absolue qu'ils soient utilement employés comme fantassins. En effet, l'avantage, limité d'ailleurs par leur nombre, qu'ils possèdent de fournir quelques feux de mousqueterie est de peu de valeur, si l'on considère qu'en campagne il se brûle moyennement un millier de cartouches, pour mettre un homme hors de combat. Dans tous les engagemens sérieux, la force principale de l'infanterie réside dans le fusil armé de sa baïonnette.

Les motifs que nous venons d'exposer nous semblent concluans pour ne plus se servir des dragons, comme de troupes à pied. Lorsqu'il importera de porter rapidement un renfort d'infanterie en un point d'un champ de bataille, on y dirigera, au pas de course, de l'infanterie extra-mobile du corps de réserve ou des réserves particulières du centre et des ailes. Ce sera là, sans contredit, la meilleure et la plus profitable de toutes les mesures.

Cavalerie légère.

La cavalerie légère, dont l'agilité et la vitesse sont un des principaux mérites, doit, comme son nom l'indique, être armée et équipée légèrement. Elle aura, pour armes, le pistolet à deux coups, à percussion et à balle forcée, et un sabre courbe, propre à sabrer plutôt qu'à pointer. On ne lui donnera pas la lance, parce qu'elle est gênante dans les mouvemens rapides, surtout lorsque les terrains à parcourir sont difficiles. Les cosaques, il est vrai, la portent partout, ce qui ne les empêche pas d'être, sous certains rapports, de bonnes troupes de cavalerie légère, remarquables par leur mobilité et leur prestesse : mais il faut dire aussi qu'ils sont habitués à la manier, dès leur enfance. Les régimens, spécialement destinés à éclairer les armées et à faire les reconnaissances militaires, auront, outre le pistolet à deux coups et le sabre, une carabine légère, à tige. Il faut en effet que leurs cavaliers, quand l'exécution de leur tâche les amène à proximité des généraux de l'ennemi, de ses officiers d'état-major, etc., soient munis d'une arme, ayant de la portée et de la justesse, qui donne des chances de mettre ceux-ci hors de combat.

Relativement au reste de l'équipement, celui de nos hussards et de nos chasseurs en France est convenable et peut être conservé, sauf le bonnet à poil donné récemment aux derniers, et qui semble trop lourd et trop embarrassant pour des troupes légères.

PARAGRAPHE III.

Instruction.

La plus grande partie des observations qui ont été faites au sujet de l'instruction de l'infanterie, sont applicables à l'instruction des troupes à cheval. Celle-ci, en France, laisse peu à désirer, et en fait de choses nouvelles à y introduire, nous ne voyons guères que les exercices gymnastiques, propres à développer la force, l'adresse, l'agilité du corps; le maniement de la lance, dans les régimens de grosse cavalerie et de cavalerie de ligne; enfin, dans tous, la manœuvre du pistolet nouveau.

Dans les régimens d'éclaireurs, l'instruction naturellement sera plus étendue et plus variée que dans les autres. Indépendamment de l'enseignement ordinaire, les officiers, les sous-officiers et les soldats y recevront des enseignemens spéciaux; on les exercera assidûment à des reconnaissances, à des levers de toute espèce, les obligeant, suivant leur grade et leur aptitude, à faire des rapports écrits et verbaux sur la forme, la nature des terrains, sur la direction, la longueur, la pente, l'état des chemins et des routes, sur la situation, la largeur, la profondeur des cours d'eau, sur les ressources des pays parcourus; en un mot, sur tous les objets qu'on a intérêt à connaître exactement en campagne. On les habituera également, dans les camps de manœuvre, à bien apprécier l'effectif d'une troupe quelconque, d'après l'agglomération qu'elle présente aux yeux. On les exercera encore, comme les troupes d'infanterie extra-mobile, au tir de la carabine à tige et à l'évaluation exacte des distances, dans toute sorte de terrains et par toute espèce de temps. Enfin, il y aura dans chaque régiment des cours de langues étrangères, au moins pour les officiers et les sous-officiers. En France, il pourra suffire d'y enseigner l'allemand.

Comme on le voit, l'éducation complète de bons corps d'éclaireurs comprend beaucoup de choses : mais les services immenses qu'ils sont appelés à rendre en campagne, les inconvéniens graves qu'il y aurait à persister dans les erremens anciens, après l'expérience des guerres passées, doivent faire surmonter les obstacles que leur création présente. Ainsi que nous l'avons dit, ces corps seront formés de sujets d'élite, choisis parmi les plus intelligens des autres, principalement de la cavalerie légère. Pour faciliter leur recrutement et soutenir leur émulation, ils auront sur tous ceux de troupes à cheval des avantages, sous le rapport de l'avancement et de la solde. Enfin, eu égard à l'importance et aux difficultés de leur mission à la guerre, ils auront, pour le même nombre d'hommes, des cadres plus nombreux d'officiers et surtout de sous-officiers et de brigadiers.

SECTION II.

Emploi sur le champ de bataille.

PARAGRAPHE PREMIER.

Ressources générales de l'arme.

Les ressources de la cavalerie sur le champ de bataille sont, comme nous l'avons observé en commençant, nombreuses et variées. En général, cette arme peut être employée utilement et de préférence à l'infanterie, dans tous les cas où il est nécessaire d'agir avec une grande rapidité, à des distances lointaines; dans ceux où il importe de produire un choc vigoureux; dans ceux où il est possible d'ébranler le moral de l'adversaire, en lançant contre lui une masse lourde, impétueuse, d'un aspect imposant. Enumérons succinctement les circonstances les plus favorables à son emploi.

D'abord, elle rendra d'éminens services toutes les fois que d'un bout à l'autre d'un champ de bataille, il faudra mouvoir des troupes dans le plus bref délai, soit pour renforcer un point qui vient à faiblir, soit pour frapper inopinément un coup vigoureux, soit pour un motif analogue.

Il en sera de même dans les occasions où la nature du terrain et les dispositions de l'adversaire permettront de seconder une attaque directe, par une attaque de côté ou de revers : la cavalerie, lancée alors subitement sur les flancs, sur les derrières d'une ligne ou d'une colonne, manquera rarement de produire un effet décisif.

Il en sera encore ainsi, dans les cas où il importera de prendre l'offensive contre la cavalerie opposée, pour prévenir ses desseins ou en empêcher l'exécution.

La cavalerie sera encore employée de la façon la plus avantageuse à faire les reconnaissances militaires, à éclairer au loin les armées, à observer les mouvemens de l'ennemi, à instruire de ses desseins, à intercepter ses communications, à enlever ses convois, à le harceler incessamment de toutes parts. Après une bataille gagnée, on en tirera le meilleur parti pour recueillir tous les fruits de la victoire, par une poursuite rapide, active, sans relâche.

Dans les circonstances que nous venons de mentionner, l'emploi de la cavalerie sera en quelque sorte indispensable, et cette arme ne pourra être suppléée sans désavantage, même par l'infanterie la plus mobile. L'artillerie seule, capable de la suivre dans ses mouvemens les plus rapides, sera susceptible de l'aider dans sa tâche et permettra d'en diminuer le nombre : mais elle sera impuissante à la remplacer, parce qu'elle ne saurait être employée isolément et a besoin dans son action d'être protégée.

En dehors des cas cités à l'instant, la cavalerie rendra d'utiles services en enlevant plus rapidement que ne saurait le faire l'infanterie, des batteries occasionnant des pertes cruelles, et établies, à une distance un peu considérable, dans des terrains accessibles par elle. Enfin, on pourra en tirer un bon parti pour enfoncer, de front, des troupes peu solides, sur lesquelles on aura l'ascendant des armes, ou des troupes aguerries, mais venant d'être ébranlées par des feux meurtriers.

Quant à l'emploi de la cavalerie dans des attaques directes contre une ligne ou un carré de fantassins solides et intacts, il offre, il faut bien le reconnaître, des dangers, des chances de revers qu'il convient d'éviter; parce que ces soldats tirent un avantage immense de leurs feux de mousqueterie et de leurs baïonnettes. Observons, en passant, que cet avantage serait moins considérable, si, comme nous en avons reconnu la convenance, la lance faisait partie de l'armement de la grosse cavalerie, la plus propre à être utilisée dans le cas que nous considérons.

Par le fait de la supériorité de l'armement du fantassin sur celui du cavalier, il faut éviter aussi de faire combattre corps à corps le dernier contre le premier, et d'exéuter des charges de fourrageurs contre des tirailleurs intacts, engageant une affaire. L'avantage du soldat d'infanterie, qui est mieux armé, qui évite facilement le choc d'un cheval, et auquel il suffit d'atteindre celui-ci ou l'homme qui le monte, pour obtenir une victoire presque assurée; cet avantage n'est pas d'ailleurs le seul à faire valoir, pour observer le soin que nous recommandons. Il faut encore tenir compte de la faible proportion de la cavalerie, relativement à l'infanterie, dans une armée, d'où il résulte qu'un cavalier par son importance, par les frais de son équipement et de son entretien, représente une valeur plus précieuse, plus à ménager qu'un soldat d'infanterie.

En résumé, la cavalerie par son impétuosité, par sa vitesse, par sa masse considérable et imposante, est une arme essentiellement propre à l'offensive. Elle rend des services considérables dans une multitude de circonstances, et ne peut, dans beaucoup, être suppléée par aucune autre. Son rôle pourtant, est moins étendu que les rôles de l'infanterie et de l'artillerie : ainsi, elle ne saurait être employée avec avantage dans la défensive pure, où ces dernières ont, au contraire, un emploi fort utile : elle est impropre à défendre une position par elle-même, avec ses seules ressources, parce qu'elle possède, pour cela, un armement défavorable, n'ayant ni la baïonnette, ni l'efficacité des feux; parce que ses chevaux deviennent un grand embarras; parce qu'elle est trop facilement mise en désordre par les ravages, par le bruit du canon et de la mousqueterie.

La cavalerie n'est pas, en général, une arme d'initiative, bien qu'elle produise les plus grands effets, quand on peut la lancer à l'improviste sur le front d'une troupe qui n'est pas préparée à son choc, ou sur le flanc et les derrières d'une troupe quelconque. Son rôle essentiel, le plus sûr comme le plus fructueux, consiste à achever des troupes entamées, ébranlées par les autres armes; et il convient rarement d'engager avec elle une affaire contre des troupes aguerries et intactes.

Quant à la distinction à faire entre les différentes espèces de troupes à cheval, dans les cas où leur emploi est utile, il va sans dire que la grosse cavalerie, ou à son défaut la cavalerie de ligne, doit être préférée toutes les fois qu'il s'agit de livrer un combat sérieux, qu'il importe de produire un grand effet matériel, en même temps que moral; et que la préférence, au contraire, doit être donnée à la cavalerie légère, lorsqu'il n'y a à recueillir que des avantages faciles, lorsqu'il faut avant tout opérer avec une rapidité extrême.

PARAGRAPHE II.

Des Manœuvres.

Les observations qui ont été faites au sujet des manœuvres de l'infanterie, sont en grande partie applicables à celles de la cavalerie.

Il importe que ces manœuvres soient les plus simples, les plus promptes possibles; que surtout elles présentent le moins de difficultés aux chefs chargés de commandemens supérieurs. Ces conditions exigent qu'on adopte pour elles des principes fondamentaux, analogues à ceux que nous avons posés ci-dessus et dont nous nous bornerons à donner ici l'énoncé.

1° Il n'existe jamais d'inversions dans une troupe en bataille ou en colonne : quels que soient l'ordre des régimens, celui des escadrons, celui des pelotons, et dans les uns et les autres, la disposition des rangs, les formations sont considérées comme régulières, et les régimens, les escadrons, les pelotons, les rangs, prennent de la droite à la gauche, ou d'avant en arrière, et sauf à en changer dans la formation suivante, la série des numéros naturels, 1, 2, 3, 4, 5, etc.

2° Dans toutes les circonstances, les manœuvres s'exécutent par les mouvemens les plus naturels, les plus prompts et d'une manière uniforme pour les cas semblables. Les conversions, les contre-marches sont évitées avec soin, lorsqu'elles peuvent être avantageusement remplacées par des mouvemens par quatre.

Toutefois, il faut le reconnaître, dans l'état actuel de l'ordonnance, les manœuvres de la cavalerie présentent des inconvéniens beaucoup moins graves et dont les conséquences sont moins funestes que celles de l'infanterie. Les motifs en sont faciles à comprendre et à déduire.

La cavalerie étant, en quelque sorte, une arme d'action instantanée, partant en général de la position du repos ou d'une disposition de marche simple et régulière, pour fournir une charge, droit devant elle, ou à droite, ou à gauche, par une simple conversion, la cavalerie manœuvre ordinairement fort peu sur le champ de bataille. En outre, la vitesse avec laquelle elle est susceptible de se mouvoir rachète les défauts de la théorie, sous le rapport de la longueur des mouvemens.

Nous allons nous borner, dans ce paragraphe, à traiter la question fort controversée, et passablement obscure, des meilleures allures à adopter pour les charges. Il va sans dire qu'il ne saurait s'agir ici que de charges en muraille, dirigées contre des formations de troupes régulières, et non de charges à la débandade, exécutées contre des tirailleurs ou des soldats en déroute.

Des meilleures allures à adopter pour les charges.

Pour qu'une charge soit exécutée de la manière la plus favorable, et ait les plus grandes chances de réussite, il faut qu'elle joigne à une grande force d'impulsion, le plus d'ordre et d'ensemble possibles, la liaison et l'alignement les plus complets des cavaliers entre eux.

Or, il est à remarquer qu'il existe dans l'ensemble de ces conditions des parties contradictoires, dont les unes ne peuvent être parfaitement remplies, sans qu'il en résulte plus ou moins de préjudice pour les autres.

Ainsi, il est évident que plus une troupe, exécutant une charge, aura de force d'impulsion et par conséquent de vitesse, moins, en arrivant sur l'ennemi, elle conservera d'ordre et d'ensemble parmi ses hommes. En d'autres termes, il est impossible de satisfaire complètement à la condition de la liaison intime, de l'alignement correct des cavaliers, sans nuire à celle de la grande force d'impulsion; et réciproquement.

Delà sont venues les controverses sur la préférence à donner dans les charges à l'allure du galop ou à celle du trot. La plupart des officiers de cavalerie admettent qu'on ne peut pas charger autrement qu'au galop le plus rapide, pris à deux cents mètres environ avant d'aborder l'ennemi. Ils donnent à l'appui de leur opinion, la nécessité d'obtenir une grande impétuosité de choc, d'ébranler le plus possible le moral de l'adversaire, de rester le moins longtemps exposé à son feu et à ses entreprises.

Les contradicteurs, moins imposans par le nombre, mais plus imposans peut-être par l'autorité du nom, puisqu'ils comptent parmi eux le général Jomini, et, d'après son affirmation, des généraux de cavalerie de premier ordre, les contradicteurs prétendent, de leur côté, que pour obtenir d'une charge un résultat efficace, un choc capable de rompre des troupes faisant bonne contenance, il faut avant tout l'exécuter avec le plus grand ordre et le plus grand ensemble, ce qui ne peut avoir lieu qu'à une allure modérée. Ils induisent de là que contre des troupes solides, formées en ordre convenable, les charges au trot sont préférables aux charges au galop; et que celles-ci ne doivent être employées que contre des troupes en désordre, entre lesquelles il est facile de pénétrer, ou contre des tirailleurs.

Comme nous l'avons observé, les difficultés du point contesté, et le désacord qu'elles soulèvent, proviennent de ce qu'il faut satisfaire à un ensemble de conditions contradictoires, dont les unes sont mieux remplies par l'adoption du galop, les autres par celle du trot, sans qu'on puisse assigner l'importance relative de ces conditions, ni le degré auquel elles sont remplies ou empêchées, par la première ou la seconde de ces allures.

Il faut dire encore, et nous le démontrerons tout à l'heure, que la question, outre les difficultés qui lui sont inhérentes, est mal posée et embrassée d'une façon à la fois défectueuse et incomplète. Ainsi, c'est à tort que l'on cherche à la résoudre d'une manière absolue et uniforme pour toutes les circonstances, et il est, au contraire, essentiel d'établir des distinctions entre divers cas exigeant des solutions différentes. Cherchons à la dégager de l'obscurité qui l'environne, et à la placer sur son véritable terrain. Nous examinerons d'abord le cas d'une charge exécutée de front contre une ligne ou contre un carré d'infanterie.

Les points principaux sur lesquels il importe d'être fixé, les élémens de solution qu'il est essentiel de connaître nous semblent être les suivans :

1° Quelle est la force de choc nécessaire pour enfoncer, en un point donné, une ligne ou un carré d'infanterie ?

2° Quelle est la largeur de l'ouverture ou de la brèche à faire, pour donner un passage suffisant aux troupes qui exécutent la charge?

3° Quel est le degré d'ordre et de liaison que doivent conserver, en arrivant, les cavaliers dont le front correspond à la largeur de la brèche, pour que celle-ci soit convenablement produite? Est-il de nécessité absolue qu'ils abordent tous à la fois la ligne à enfoncer; ou bien, peuvent-ils le faire successivement, à des intervalles de quelques secondes, les uns des autres?

4° Quels sont, aux différentes allures, les degrés d'ensemble et de force d'impulsion des trois espèces de cavalerie ; et quelle est d'après cela, pour chacune de celles-ci, l'allure à laquelle les conditions desirables sont le mieux remplies, en tenant compte des pertes occasionnées par les feux de la mousqueterie ennemie ?

Relativement au premier point, il est permis d'admettre que les trois hommes d'une file d'infanterie résisteraient difficilement, tout étant égal de part et d'autre, au choc de trois fantassins qui arriveraient sur eux, avec la vitesse d'un cheval au trot.

Or, ces fantassins, avec leur armement et leur équipement, formant au plus une masse de 300 kilogrammes, tandis qu'un cavalier de cavalerie légère en présente avec son cheval une d'environ 500, il en résulte que le choc de ce cavalier arrivant bien carrément, bien franchement sur une ligne déployée ou sur un carré, peut être regardé comme suffisant pour y produire une brèche.

Relativement au second point, il y a à faire les observations suivantes :

Lorsqu'un seul cavalier ou un très petit nombre de cavaliers d'une première ligne d'attaque, plus braves, plus adroits, ou plus heureux que les autres, parviennent dans une charge à percer une formation d'infanterie, leur effet est en quelque sorte perdu, par la raison que la faible ouverture qu'ils ont pratiquée se referme, avant que les assaillans de la deuxième ligne aient pu y arriver. Il n'en est pas de même, quand cette ouverture est plus considérable; et, bien qu'à cet égard il n'y ait rien d'absolu, rien de bien précis, nous estimons que lorsqu'elle est d'une quinzaine de mètres, et peut donner passage au front d'un peloton de douze files, elle est suffisante pour entraîner la perte de la formation, en permettant de la prendre à revers.

Au sujet du troisième point, concernant le degré d'ensemble et d'ordre nécessaire à un peloton qui charge, il y a à dire : que tout importans, tout avantageux que soient, sous le rapport de la force du choc, et si l'on veut de l'effet moral produit sur l'ennemi, un alignement parfaitement correct, une liaison, botte à botte, des cavaliers dans chaque rang, ces conditions pourtant ne sont pas indispensables. Il suffit que les cavaliers se maintiennent bien dans leur direction, ne se jettent ni à droite ni à gauche, et qu'en outre dans chaque rang ils ne soient ni en avance, ni en retard, de plus d'une longueur de cheval, de façon que ceux qui doivent marcher côte à côte ne puissent se placer les uns derrière les autres.

Quant au quatrième et dernier point, qui est le plus compliqué, qui résume, à lui seul, l'importance de tous, nous allons le subdiviser pour en faciliter l'analyse, et nous occuper d'abord de l'ordre que conservent, aux diverses allures, les trois espèces de cavalerie.

Il existe en mécanique un principe qui établit ceci : lorsqu'un corps, se mouvant régulièrement, se trouve soumis à des causes susceptibles de troubler, de faire varier son mouvement, les chances de variations sont d'autant plus faibles que le corps est plus pesant et possède une masse plus considérable. Or, ce principe mathématique est entièrement applicable aux allures des différentes espèces de cavalerie. Ainsi, la grosse cavalerie, à cause de la taille et de la force de ses chevaux et de ses hommes, à cause de la pesanteur de son équipement, présentant une masse beaucoup plus grande que les autres, doit se maintenir aussi plus facilement dans la régularité d'une allure, quelle qu'elle soit. La cavalerie de ligne a, sous le rapport indiqué, le même avantage sur la cavalerie légère, que la précédente a sur elle.

L'expérience d'ailleurs vient confirmer pleinement les déductions de la théorie. On peut s'assurer journellement sur les champs de manœuvre, qu'aux allures vives auxquelles les régimens de chasseurs et de hussards perdent bientôt leur alignement et leur ensemble, ceux de dragons et de lanciers les conservent mieux et plus longtemps; ceux de cuirassiers et de carabiniers, mieux et plus longtemps encore.

Cela posé, sans entrer dans des détails d'analyse minutieux et inutiles, sans prendre un à un des régimens de grosse cavalerie, de cavalerie de ligne et de cavalerie légère, pour les faire galopper, trotter à l'encontre de troupes tirant à blanc sur elles, et reconnaître comment elles arriveraient alignées sur une ligne tracée au cordeau; sans faire, disons-nous, tous ces essais, il nous semble permis de tirer des faits précités de théorie et d'expérience les conséquences que voici :

Le galop se trouvant divisé en trois degrés : le galop ordinaire, le galop allongé, et le galop à la plus grande vitesse, ce dernier sera d'abord rejeté pour toute espèce de charge contre des formations régulières. En effet, à une allure aussi rapide, les hommes ne sont pas assez maîtres de leurs chevaux, et ceux-ci peuvent se dérober avec trop de facilité; en outre, des cavaliers arrivant ventre à terre, sur une troupe qui leur opposerait de la résistance, seraient non-seulement désarçonnés, au moment du choc, par la chute de leurs chevaux blessés, mais encore grièvement blessés eux-mêmes, sinon tués.

Charges contre l'infanterie.

L'allure la plus vive des charges en muraille, sera, d'après ce qu'on vient de dire, le galop allongé, qu'on prendra à 200 mètres environ de l'ennemi, après avoir parcouru les 200 mètres précédens, au galop ordinaire. Ladite allure sera adoptée par les troupes de grosse cavalerie pour charger des formations d'infanterie. Si l'ordre et l'ensemble de ces troupes ne sont pas précisément aussi grands qu'ils le seraient au galop ordinaire, ils seront néanmoins suffisans, et on aura l'avantage de rester exposé un peu moins longtemps au feu et aux contre-attaques de l'adversaire, d'avoir plus de chances de le surprendre, de produire sur lui un effet moral plus puissant.

La cavalerie de ligne, par les raisons que nous venons de déduire, exécutera ses charges contre l'infanterie, à l'allure du galop ordinaire.

Quant à la cavalerie légère, qui se maintient difficilement à un galop régulier, l'allure qui lui conviendrait le mieux serait peut-être le trot, s'il était permis de ne considérer que l'effet de la charge, au moment où elle arrive : mais il est à remarquer qu'au lieu de la différence peu notable, sous le rapport des conséquences, qui existe entre le galop ordinaire et le galop allongé, il se manifesterait ici une différence plus grande, plus susceptible d'entraîner des dommages. En effet, la vitesse du galop allongé étant moyennement de 200 mètres par quart de minute, celle du galop ordinaire, de 200 mètres par demi minute, et enfin celle du trot, de 200 mètres par minute, il en résulte qu'en chargeant à cette dernière allure, on pourrait essuyer au moins une décharge de mousqueterie de plus qu'en chargeant à la première, ou même à la seconde. Par ce motif, qui a d'autant plus de poids pour la cavalerie légère qu'elle ne porte pas d'armure qui la garantisse, cette cavalerie, comme celle de ligne, employera pour charger l'allure du galop ordinaire.

Si l'on veut maintenant se faire une idée de la

force du choc produit par une charge de cuirassiers, de dragons, ou de hussards, aux allures qui leur conviennent le mieux, cette force peut s'évaluer approximativement en chiffres. Ainsi, un cheval de grosse cavalerie, pesant avec son cavalier environ 700 kilogrammes, produira à l'allure du galop allongé, soit celle de 13 mètres 33 centimètres par seconde, un choc qui pourra être représenté par 700 × 13, 33 ou 9331 kilogrammètres. Un cheval de cavalerie de ligne, pesant avec son cavalier 600 kilogrammes, produira à l'allure du galop ordinaire, soit celle de 6 mètres 66 centimètres par seconde, un choc qui sera représenté par 3996 kilogrammètres. Enfin, un cheval de cavalerie légère, pesant avec son cavalier 500 kilogrammes, produira à l'allure précédente, un choc de 3330 kilogrammètres.

Comme on peut en juger, la grosse cavalerie, indépendamment de sa cuirasse qui la préserve si efficacement, a un avantage immense sur les autres. La cavalerie de ligne tient le second rang; et la cavalerie légère occupe le dernier. Celle-ci ne saurait, il faut le dire, être employée avec avantage pour charger de front des troupes d'infanterie solides et ayant une formation régulière : il convient, à moins de nécessité absolue, de la réserver pour des charges sur les flancs et les derrières de l'ennemi, dans lesquelles, en raison de sa mobilité, elle peut rendre d'immenses services.

Nous venons de reconnaître la nécessité de faire

une distinction entre les différentes espèces de cavalerie, pour déterminer les allures les plus favorables aux charges en muraille contre l'infanterie. Cette distinction doit être maintenue dans les charges contre la cavalerie; et, ce qui est surtout à remarquer, il importe pour la convenance des allures, d'établir une différence notable entre les charges qui s'exécutent contre les troupes à pied et celles qui s'exécutent contre les troupes à cheval.

Contre l'infanterie, la force du choc produit dans les allures reconnues les meilleures, n'est pas indispensable. Elle pourrait être moindre, en restant suffisante pour enfoncer une formation; mais elle est une conséquence de la vitesse avec laquelle il convient d'agir, pour occasionner des surprises, pour échapper, autant que possible, au feu et aux contre-attaques de l'ennemi.

Contre la cavalerie, on ne peut guères compter sur des surprises : d'un autre côté, on n'a pas à redouter beaucoup les feux; et les contre-attaques, non plus, ne sont pas fort à craindre, puisque les troupes à cheval, les seules aptes à les exécuter, doivent songer ici à leur propre défense. Enfin, et c'est là le point à considérer, la grande force d'impulsion des cavaliers n'est pas nécessaire, tandis que leur ordre, leur ensemble sont de la plus haute importance, et constituent l'intérêt prépondérant, ainsi qu'il est facile de l'établir.

En effet, lorsque deux masses de cavalerie opposées, viennent à se choquer, que l'une soit au galop et l'autre au pas, la première ne peut culbuter la seconde, lui passer sur le ventre et la balayer, en quelque sorte, comme elle ferait d'une ligne d'infanterie peu solide. Hommes et chevaux sont renversés de part et d'autre, et si l'on considère par la pensée deux cavaliers s'abordant de front, voici ce qui doit arriver pour chacun d'eux, en supposant toutes choses égales, hormis les allures. Les vitesses des chevaux s'entredétruisent en partie et finissent par s'éteindre complètement dans les effets de la rencontre; mais, pour que ce résultat soit produit, il faut qu'il se produise également des à-coup, des frottemens qui viennent user, pour ainsi dire, les forces motrices dont étaient animées les masses, au moment de leur choc. Ces à-coup, ces frottemens ne peuvent naître que du brusque déplacement ou de la chute des chevaux rejetés à droite et à gauche ou roulés par terre. Or, comme ils doivent être plus considérables pour détruire la force d'impulsion d'un cheval lancé au galop, que pour détruire celle d'un cheval lancé au trot, il faut nécessairement aussi que le premier cheval soit projeté plus au loin et mis dans un plus grand désordre que le second.

Ce que nous venons de dire pour les chevaux est applicable aux cavaliers. Ceux-ci, bien qu'intimement liés à leur monture, avant le choc, en deviennent en quelque sorte indépendans, au moment où le choc se produit. Il faut alors que leur propre vitesse acquise soit détruite, ou par les efforts heureux qu'ils effectuent pour se maintenir en selle, ou par la chute qu'ils font en se trouvant désarçonnés. Or, sous les deux rapports, il est évident que la chance d'être le moins maltraité appartient au cavalier lancé à l'allure la moins rapide.

Si maintenant, au lieu de considérer deux cavaliers isolés, on considère deux pelotons, deux escadrons, ou deux régimens qui se chargent, les choses se passeront d'une manière analogue à celle que nous venons de rapporter. Indépendamment de l'avantage qu'elle aura d'arriver avec plus d'ordre et d'ensemble, la troupe qui aura pris l'allure la moins vive aura encore celui d'être moins dispersée, moins maltraitée par l'effet de la rencontre : elle aura donc, toutes choses égales d'ailleurs, la perspective presque assurée de sortir victorieuse de la lutte.

Par les considérations qui précèdent, nous croyons rationnel de régler, comme il suit, les allures à adopter pour les charges de troupes à cheval contre troupes à cheval.

Charges contre la cavalerie.

La grosse cavalerie et la cavalerie de ligne chargeront au trot allongé, et prendront cette allure à deux cents mètres de l'ennemi, après avoir franchi les deux cents mètres précédens, au trot ordinaire.

La cavalerie légère, dont les chevaux ne sauraient se maintenir au grand trot, qui, mise à cette allure, ne tarderait pas à prendre le galop et à se désunir, chargera au trot ordinaire qu'elle prendra à quatre cents mètres de la cavalerie opposée.

En thèse générale, comme nous l'avons dit dans l'introduction de notre ouvrage : *Toutes les fois que dans l'exécution d'une charge contre des troupes à cheval, l'on n'a à prendre en considération que les meilleurs moyens de la faire bien réussir, l'allure qu'il convient le mieux de prendre, pour charger, est celle qui permet de conserver le plus d'ordre et d'ensemble, cette allure fût-elle celle du petit trot.*

Or, les différentes espèces de cavalerie, suffisamment exercées, sont susceptibles de conserver, aux allures que nous leur avons assignées, une liaison et un alignement convenables dans les rangs. Il est vrai que si l'on adoptait pour la grosse cavalerie et pour celle de ligne, comme pour la cavalerie légère, le trot ordinaire, on obtiendrait peut-être un ordre et un ensemble plus parfaits encore : en outre, on aurait, ainsi que nous l'avons démontré, l'avantage d'être dans les charges moins dispersé, moins endommagé par l'effet du choc. Aussi sommes-nous loin de proscrire cette dernière allure, et la recommandons-nous, au contraire, dans les circonstances où un retard ne peut entraîner aucun dommage. Mais, comme dans la généralité des cas, il n'en est pas ainsi, comme il y a presque toujours un intérêt plus ou moins grand à opérer avec promptitude, il convient d'admettre en principe que les deux espèces de cavalerie dénommées exécuteront au grand trot leurs charges contre les troupes à cheval, puisqu'elles sont aptes à le faire avec un ordre et une régularité qui laissent fort peu à désirer.

Conclusion.

En résumé, contre des formations régulières d'infanterie on chargera au galop : contre des formations régulières de cavalerie, on chargera au trot.

Dans les charges contre les premières troupes et à deux cents mètres de l'ennemi, la grosse cavalerie prendra le galop allongé ; la cavalerie de ligne et la cavalerie légère prendront le galop ordinaire.

Dans les charges contre les secondes troupes, et à la même distance de deux cents mètres, la grosse cavalerie et la cavalerie de ligne prendront le grand trot, sauf dans les cas rares où, aucun inconvénient ne pouvant naître d'un retard, elles conserveront le trot ordinaire : la cavalerie légère se maintiendra dans cette dernière allure qu'elle aura prise, à partir de quatre cents mètres.

Dans toutes les charges, excepté dans celles qui s'exécuteront au trot ordinaire, les troupes prendront à quatre cents mètres et garderont jusqu'à deux cents, l'allure moins vive d'un degré que celle à laquelle sera produit le choc.

Quant aux attaques dirigées contre les flancs ou les derrières d'une troupe quelconque, elles le seront toujours aux allures les plus vives; et dans celles-là, la cavalerie légère, en raison de sa mobilité extrême, pourra rendre de grands services qu'elle a peu d'aptitude à rendre dans les autres. Il y aura, en effet, l'intérêt le plus puissant à agir avec une rapidité extrême, autant pour prendre l'ennemi au dépourvu, que pour échapper aux dangers d'opérations souvent téméraires et hasardeuses.

PARAGRAPHE III.

Des meilleurs ordres pour l'attaque, et des dispositions convenables pour la cavalerie au repos.

Ordres d'attaque.

Les formations à préférer pour mener la cavalerie au combat, dépendent nécessairement des circonstances et de la nature du terrain. L'influence de celui-ci sur les dispositions à adopter est surtout fort grande et s'explique par deux motifs. D'abord, la cavalerie présentant au feu de l'ennemi un but très élevé, il est essentiel de profiter autant que possible des accidens du terrain pour l'abriter: ensuite, il importe encore de le faire pour favoriser les surprises qui sont, comme on le sait, les moyens de succès les plus efficaces et les plus sûrs des troupes à cheval.

Nous n'examinerons ici que les cas les plus fréquens, où les charges s'exécutent dans des terrains sensiblement unis, tels enfin qu'ils se prêtent aux manœuvres et aux opérations de la cavalerie. Dans ces cas, les conditions ou convenances les plus importantes à observer dans le choix des ordres d'attaque, peuvent se résumer dans les suivantes:

1° Il faut qu'une formation présente au moins trois lignes de cavaliers sur deux rangs, et que les deux dernières contiennent de larges intervalles pour l'écoulement et le ralliement des cavaliers qui auraient échoué, en avant d'elles; il convient en outre, pour peu que l'attaque ait de l'importance, qu'il y ait en arrière des trois lignes, une ou deux masses susceptibles de servir de réserve. Il suit de là que la formation, pour ne laisser rien à désirer, doit se composer de trois à cinq parties de troupes à opposer successivement à l'ennemi.

2° Il convient qu'une disposition d'attaque n'offre pas un déploiement plus considérable que celui qui correspond au front d'un régiment.

3° Il convient, encore, que le commandement des régimens, qui constituent l'unité des troupes à cheval, comme les bataillons sont l'unité des troupes à pied, soit exercé en profondeur; c'est-à-dire que ces régimens, pour manœuvrer et pour charger, soient disposés en colonnes par division (deux escadrons de front) ou par escadron, et non déployés dans toute leur étendue.

4° Il convient, enfin, que l'on adopte, autant que possible, des formations en saillie par le centre, et échelonnées derrière lui sur les ailes, de manière à présenter, en quelque sorte, la figure d'un coin disposé pour pénétrer dans une muraille.

Analysons et démontrons succinctement les propositions que nous venons d'établir.

D'abord, pour qu'une charge ait des chances de réussite, il faut que les troupes qui l'exécutent soient formées au moins sur trois lignes : en effet, la première étant assez généralement ramenée ou mise hors de combat, la seconde, même dans un cas favorable, n'arrive souvent qu'à ouvrir la brèche, à pénétrer tout juste : il importe donc qu'une troisième vienne poursuivre les avantages, et recueillir les trophées. Une quatrième force, tenue en réserve en arrière des trois précédentes, ne pourrait être qu'utile, sinon nécessaire : enfin, une cinquième ne saurait nuire, si l'on considère combien il importe, pour le succès des affaires, d'être le dernier à conserver des réserves de troupes à cheval. Toutefois, dans les efforts à opposer successivement à l'ennemi, il convient de considérer, comme un maximum, le chiffre de cinq parties desdites troupes; car elles sont trop utiles partout et trop rares dans les armées, pour qu'il soit permis de les prodiguer sur un point. D'ailleurs, la cavalerie doit ne pas être disposée sur une profondeur trop grande, qui la mette hors de bonne portée, qui l'empêche d'arriver opportunément aux lieux où sa présence est nécessaire, qui l'expose, dans ses manœuvres, à des contre-attaques de flanc dangereuses. Quant à la nécessité de laisser de larges intervalles dans les lignes qui suivent la première, elle est évidente d'elle-même et n'a pas besoin d'être démontrée.

Relativement au deuxième point, il y a à faire les observations suivantes. Les lignes trop étendues sont très difficiles à manier, très-sujettes à des à-coup qui font perdre l'alignement, qui occasionnent des retards dans la marche; et par suite ces lignes n'ont ni consistance, ni ensemble, ni force d'impulsion: en outre, elles sont fort exposées aux ravages du tir à mitraille qui, somme toute, et bien que le tir à obus soit plus à craindre pour la cavalerie que pour l'infanterie, est encore le plus redoutable et le plus destructeur aux distances de 500 à 600 mètres, où doivent être prises les formations d'attaque. Les lignes d'un développement exagéré, entrainant avec elles des dispositions de forces sans profondeur, ont encore le défaut de mettre les réserves, ordinairement placées en arrière du centre, hors de portée pour appuyer convenablement les ailes, de rapprocher ces réserves de l'artillerie opposée, de les exposer ainsi au feu, et surtout à l'inconvénient grave d'entrer en action trop promptement, de s'épuiser avant celles de l'ennemi.

D'après les considérations qui précèdent, il est convenable de limiter au front d'un régiment de six escadrons, formant comme il a été dit l'unité de force dans la cavalerie, le déploiement maximum d'une ligne d'attaque. Ce déploiement paraît encore bien considérable, si l'on songe que son étendue est pour le moins de 300 mètres. Aussi convient-il, dans la généralité des circonstances, de diminuer les inconvéniens qu'il présente, les chances de dommages qu'il peut entraîner, en l'opérant en échiquier, et non pas sur un même alignement, de manière que la division du centre soit, d'une cinquantaine de mètres, en avant des deux autres qui la flanquent sur les côtés.

Relativement au troisième point, la formation des régimens en colonnes, par division, avec des distances de 100 ou 150 mètres, présente les avantages que voici : d'abord, elle se prête bien à l'observation de la convenance, à l'instant mentionnée, de disposer en échiquier, une première ligne qui doit avoir une grande étendue, puisqu'elle donne aux échelons qui les premiers abordent l'ennemi, des colonels pour les conduire : elle favorise ensuite la bonne exécution des commandemens, en les rendant plus faciles ; et, ce qui est fort à apprécier, elle tend à exalter le courage des régimens, appelés à charger, pour ainsi dire, côte à côte, en excitant leur émulation. Enfin, et c'est là aussi un point à considérer, pour ceux qui pensent comme nous qu'il faut armer de lances les deux premiers escadrons de chaque régiment de grosse cavalerie et de cavalerie de ligne, la formation précitée procure une première ligne entièrement composée de lanciers, ce qui est d'une grande importance pour assurer le succès d'une attaque.

Quant au quatrième point, il est manifeste qu'en adoptant, pour charger, un ordre présentant au centre une partie saillante et derrière elle, sur les côtés, des parties formées en échelons, on use d'une force offensive qui a l'avantage de se développer, en même temps qu'elle gagne du terrain en profondeur, dont les élémens s'appuyent les uns les autres en se flanquant, dont la disposition, enfin, se prête au placement d'une réserve qui soit à portée de secourir opportunément tous les points qui peuvent se trouver compromis.

Cela posé, d'après les considérations qui précèdent, il est facile de régler, dans des circonstances données, les formations les plus favorables pour attaquer l'infanterie, avec un nombre plus ou moins considérable de troupes à cheval. Ainsi, prenons trois exemples: celui d'un régiment chargé d'enfoncer une des grandes faces d'un carré de régiment ou, ce qui revient au même, un bataillon déployé; celui d'une brigade, composée d'un régiment de grosse cavalerie et de deux régimens de cavalerie de ligne, chargée d'enfoncer une ligne déployée de trois bataillons; enfin, celui d'une division composée d'un régiment de grosse cavalerie, de deux régimens de cavalerie de ligne et de deux régimens de cavalerie légère, chargée d'enfoncer une ligne déployée de cinq bataillons.

Dans le premier cas, les formations qui présentent les combinaisons les plus heureuses, en remplissant en totalité ou en partie les conditions énoncées ci-dessus, sont les suivantes :

1° La division des deux escadrons de lanciers, en première ligne; à cent mètres en arrière, une seconde division ayant un intervalle de 50 mètres entre ses escadrons; enfin, en troisième ligne, la division restante, à cent mètres de la précédente et ayant également un intervalle de 50 mètres entre ses escadrons.

2° Un seul escadron de lanciers en première ligne; deux escadrons, en seconde ligne, ayant entre eux 25 mètres d'intervalle; deux escadrons en troisième ligne, séparés par un intervalle de cinquante mètres; enfin un escadron de lanciers, en réserve.

Dans le second cas, on peut adopter avec avantage les ordres que voici :

1° Le régiment de grosse cavalerie, au centre, en colonne de divisions déployées, à cent mètres de distance; les régimens de cavalerie de ligne, disposés de la même manière, sur les flancs du premier, à cinquante mètres d'intervalle et à cinquante mètres plus en arrière, de telle sorte que les divisions correspondantes des trois régimens forment trois lignes en échelons, se suivant à des distances de cent mètres.

2° Les deux régimens de cavalerie de ligne s'avançant de front, avec un intervalle de cinquante mètres entre leurs premières divisions, formant la première ligne d'attaque, avec un intervalle de cent mètres entre leurs secondes divisions, suivant les premières à cent mètres de distance, avec un intervalle de cent cinquante mètres entre leurs troisièmes divisions, placées à cent mètres en arrière des précédentes ; de telle sorte que chaque régiment présente une colonne échelonnée de divisions, se débordant successivement de la moitié du front d'un escadron, depuis le centre de la formation jusqu'à ses ailes : le régiment de grosse cavalerie, tenu en réserve, en arrière du centre, en colonne par division.

3° Les deux régimens de cavalerie de ligne, s'avançant de front, à cent mètres d'intervalle l'un de l'autre, en colonnes par division, avec des distances de cent mètres ; le régiment de grosse cavalerie, tenu en réserve, en arrière de leur intervalle, également en colonne par division.

Enfin, dans le troisième cas, parmi les ordres les plus favorables, nous citerons les suivans :

1° Les deux régimens de cavalerie de ligne et le régiment de grosse cavalerie, placés comme dans la formation précédente ; les deux régimens de cavalerie légère, sur le même alignement que le dernier, à cent mètres d'intervalle de lui, et disposés de la même manière, en colonnes par division.

2° Le régiment de grosse cavalerie, au centre, en colonne de divisions déployées, avec des distances de cent mètres; les régimens de cavalerie de ligne, sur les flancs du premier, à cent mètres d'intervalle, à cinquante mètres plus en arrière, et disposés de la même façon que lui; les deux régimens de cavalerie légère, en colonne par division, en arrière des intervalles des précédens ou de leurs flancs extérieurs, suivant les circonstances.

3° Le régiment de grosse cavalerie et les régimens de cavalerie de ligne, s'avançant de front, le premier au milieu, à cent mètres d'intervalle les uns des autres, en colonnes par division, avec des distances de cent mètres; les régimens de cavalerie légère, en arrière des intervalles des précédens ou de leurs flancs extérieurs, suivant les cas qui se présentent.

Nous bornerons là nos citations : elles sont suffisantes pour montrer les applications des règles de convenance, concernant les dispositions à adopter pour mener la cavalerie au combat. Dans l'établissement de ces règles, nous n'avons pas fait de distinction entre les ordres d'attaque contre l'infanterie et les ordres d'attaque contre la cavalerie, parce qu'en effet cette distinction n'était pas nécessaire. Tout ce qu'il peut y avoir à remarquer à cet égard, c'est que dans les seconds les contre-attaques de flanc ou de revers étant moins à craindre que dans les premiers, parce que les troupes à cheval, qui seules peuvent les exécuter, ont alors à songer à leur propre défense, il est aussi moins nécessaire d'y avoir une ou deux réserves, en sus des troupes formant les trois lignes d'attaque.

Dispositions convenables pour la cavalerie au repos, etc.

Nous terminerons ce chapitre par deux observations qui trouvent ici leur place naturelle et qui ne manquent pas d'importance. L'une d'elles a déjà été faite au chapitre de l'infanterie, à laquelle elle est également applicable, et n'est par conséquent pas nouvelle. Elle concerne les dispositions qui conviennent à la cavalerie au repos, et dans les marches de front, soit au-delà des distances, de 600 à 700 mètres, où elle prend les formations de combat, soit dans les circonstances où, exposée aux feux de l'ennemi, elle n'a d'ailleurs rien à craindre de ses tentatives.

Relativement aux marches, une troupe à cheval s'avançant, par exemple, en plusieurs colonnes par division, à cent mètres d'intervalle les unes des autres, il convient d'espacer, d'un demi-mètre à un mètre, les cavaliers d'un même rang, au lieu de les faire cheminer botte à botte. On évite ainsi, comme nous l'avons démontré ailleurs, la moitié environ des pertes occasionnées par le tir de l'artillerie.

Lorsque la cavalerie se trouve à la position du repos, non-seulement il importe de prendre le soin que nous venons de signaler, mais souvent il convient, encore, de faire mettre pied à terre aux hommes, autant pour les dérober aux vues de l'adversaire, pour augmenter les chances de le surprendre, au moment venu, que pour échapper aux effets destructeurs de son feu.

La seconde observation est relative à un mauvais raisonnement, à un faux calcul que l'on fait assez fréquemment, et qui entraînent un abus fâcheux dans l'emploi des troupes à cheval. Quand celles-ci sont appelées à donner en masse considérable, quand il s'agit d'un coup de vigueur à frapper par une division toute entière, composée de cinq régimens, dont un de grosse cavalerie, dont deux de cavalerie de ligne et deux de cavalerie légère, il n'est pas rare de voir mener à la charge, d'abord les deux derniers; puis, les deux précédens; puis enfin le premier, à l'espèce duquel, soit dit en passant, on a eu tort de donner la dénomination de cavalerie de réserve. Or, c'est là généralement, comme il est facile de s'en convaincre, une erreur grave, de nature à entraîner de fâcheuses conséquences. En effet, si les troupes à combattre ont de la solidité et de la consistance, il est probable qu'en envoyant contre elles de la cavalerie légère, qui n'a pas la lance pour attaquer, la cuirasse pour la défendre, qui ne possède, non plus, ni un grand ordre, ni un grand ensemble, ni une grande force d'impulsion, il est probable, disons-nous, que cette cavalerie éprouvera un échec; qu'elle sera mise dans un désordre tel, que pendant le reste de l'engagement, elle sera incapable de rendre de bons services. La force d'action de la masse se trouvera donc réduite à la force de la grosse cavalerie et de la cavalerie de ligne : peut-être même, aura-t-on à regretter d'avoir rendu la tâche de celles-ci plus pénible et plus difficile, en exaltant le moral de l'ennemi par le succès d'une première résistance. Les choses se passeront d'une tout autre manière, en employant d'abord les troupes les plus solides, et réservant les autres pour la fin de l'engagement. En effet, les cuirassiers et les dragons habilement, vigoureusement conduits à la charge, s'ils n'enlèvent pas promptement un avantage décisif, obtiendront au moins des succès en certains points, ébranleront l'adversaire au physique et au moral, et feront dans ses rangs, des brèches partielles. Or, la cavalerie légère, arrivant alors avec la rapidité et l'agilité qui lui sont propres, pénétrera sans difficulté par les ouvertures pratiquées et n'aura qu'à remplir une tâche appropriée à ses facultés, puisque cette tâche consistera à combattre, à l'arme blanche, des soldats rompus, ou surpris sur leurs flancs et leurs derrières. En agissant comme il a été dit, on se trouvera donc dans les conditions les plus favorables pour utiliser intégralement toutes ses ressources, et par conséquent pour sortir victorieux de la lutte.

Le raisonnement que nous venons de faire, au sujet de la graduation à établir, en général, dans l'emploi des différentes espèces de cavalerie, est analogue à celui que nous avons fait, au chapitre de l'artillerie, au sujet de l'emploi des batteries de 12 et des batteries de 8. On se rappelle que nous avons considéré ces dernières, bien que moins puissantes que les autres pour les effets du tir, comme étant, en raison de leur mobilité, les véritables batteries de réserve, propres à frapper rapidement et de près les coups décidant finalement les affaires.

Indépendamment de la considération que nous avons fait valoir, il en existe encore une autre, pour ne mettre en action qu'à la fin des engagemens les troupes de cavalerie légère. Pour qu'une attaque contre des troupes solides, formées régulièrement, soit exécutée dans les meilleures conditions de réussite, il faut qu'en même temps qu'on les aborde de front, on lance de la cavalerie sur leurs flancs, ou, mieux encore, sur leurs derrières. Or, si les qualités les plus importantes que doivent posséder les cavaliers pour le succès des charges directes, sont la grande consistance, l'ensemble, la force d'impulsion, à part d'ailleurs leur armement spécial, celles qui leur sont les plus utiles dans les charges de flanc et de revers, sont l'agilité et la vitesse qui font aboutir ces dernières; parce que la victoire est toujours facile contre des soldats surpris, n'étant pas en mesure de se défendre. En conséquence, de même que dans une brigade ou une division comprenant à la fois de la grosse cavalerie, de la cavalerie de ligne, et de la cavalerie légère, il convient de placer en tête de charge les troupes des deux premières espèces; de même, il convient de placer celles de la troisième, en arrière et sur les côtés, afin qu'elles profitent des occasions favorables pour tomber sur les flancs, ou les derrières de l'ennemi. Si ces occasions ne se présentent pas, au moins les troupes légères, disposées comme il vient d'être dit, seront-elles bien placées pour s'opposer aux entreprises de l'adversaire contre les flancs de la grosse cavalerie et de la cavalerie de ligne, exécutant leur charge; et c'est-là un point fort important.

CHAPITRE V.

DE L'EMPLOI COMBINÉ DES TROIS ARMES.

Ce que nous avons dit des propriétés et des ressources particulières de chacune des trois armes, aux chapitres spéciaux qui les concernent, nous permet d'apprécier maintenant les effets de leur action simultanée. Cherchons à indiquer, dans un aperçu rapide, les principaux moyens de rendre ces effets les plus grands possibles, dans les circonstances générales de la guerre.

Les combinaisons que peuvent former les trois armes, considérées deux à deux ou toutes les trois ensemble, sont au nombre de quatre et comprennent :

1° L'emploi de l'artillerie avec l'infanterie ;

2° L'emploi de l'artillerie avec la cavalerie ;

3° L'emploi de l'infanterie avec la cavalerie ;

4° Enfin, l'emploi simultané de l'artillerie, de l'infanterie et de la cavalerie.

Examinons successivement ces combinaisons, et distinguons dans chacune d'elles, les cas de l'offensive, de la défensive, et en outre ceux où une arme quelconque doit, en raison de sa quantité, être considérée comme arme principale, ou comme arme de soutien.

PARAGRAPHE PREMIER.

Emploi de l'artillerie avec l'infanterie.

L'infanterie et l'artillerie étant toutes deux essentiellement propres à l'attaque et à la défense, il doit en être de même de leur emploi simultané.

Dans l'offensive et dans un terrain ordinaire, ces deux armes, pour marcher à l'ennemi, s'appuyent réciproquement d'une manière toute simple, peu sujette aux variations, et qui constitue, en quelque sorte, la base de la lutte.

D'abord, aux distances éloignées où l'on abandonne l'ordre de route pour prendre celui de combat, l'artillerie, soit qu'elle se joigne aux tirailleurs et se déploye en avant du front pour le couvrir, soit qu'elle occupe des positions favorables, desquelles elle puisse protéger à la fois les formations et les attaques, l'artillerie assure les dispositions de l'infanterie, qui sans elle ne sauraient s'effectuer sans un grand danger. Dans cette première partie de l'affaire, où la dernière arme est occupée à faire ses préparatifs, l'artillerie naturellement est l'arme agissante qui prédomine : or, comme elle ne peut se défendre elle-même, il faut nécessairement qu'une certaine quantité des troupes à pied soit employée à la soutenir contre les entreprises de l'ennemi. Ce que nous disons ici de l'appui à donner à l'artillerie, au commencement de l'action, est applicable, pour toute sa durée, aux batteries de position et à celles qui s'écartent momentanément du gros de l'armée, dans un but ou dans un intérêt quelconque. Nous verrons bientôt comment il convient d'établir cet appui, suivant les circonstances.

L'infanterie ayant pris ses dispositions de combat, s'avance protégée par une partie de l'artillerie disponible, qui l'accompagne en avant des intervalles et sur les côtés, de manière à ne pas gêner ses mouvemens. Elle marche d'abord lentement, et les batteries profitent de leur mobilité, pour tirer le plus longtemps possible aux endroits propices, et gagner ensuite rapidement des positions plus avancées. Ces mouvemens des batteries doivent être successifs et non pas simultanés, dans les marches agressives aussi bien que dans les retraites, afin que les troupes aient un soutien efficace dont l'action se manifeste en permanence. On s'arrête de temps en temps, mais le plus rarement possible et pendant de courts intervalles, pour rectifier les alignemens devenus trop irréguliers, pour resserrer les rangs éclaircis par le feu, pour permettre à l'artillerie de battre et d'ébranler les rangs de l'adversaire. Les pertes devenant plus sensibles à mesure qu'on approche, la vitesse de la marche doit s'accroître aussi et les haltes doivent devenir moins fréquentes. Dans les circonstances ordinaires, il convient de prendre, à environ 800 mètres, le pas franchement accéléré et de ne le quitter, sauf empêchements amenés par les tentatives de l'ennemi, sauf les haltes précitées, que pour prendre le pas de charge et livrer le combat à la baïonnette. L'artillerie continue à accompagner l'infanterie et à tirer, jusqu'à ce qu'elle soit arrivée à environ 200 mètres de la ligne opposée: là son rôle se termine.

Telle est dans une bataille, la manière générale dont on combine l'emploi de l'infanterie et de l'artillerie, pour marcher à l'attaque des troupes qui se présentent à découvert. La combinaison est toute simple, toute naturelle, et il serait inutile de faire des frais d'imagination, pour en découvrir une qui fût plus ingénieuse et offrît plus d'avantages. Il ne saurait entrer dans notre but, lors même que cela serait possible, d'embrasser dans leurs détails, les événements divers, les actes nombreux, variés, dont se compose le drame d'un engagement, et dans lesquels l'enlèvement des villages ainsi que celui des positions dominantes jouent le rôle le plus important. Nous observerons seulement, relativement à ces dernières opérations, qu'afin d'y épargner à l'infanterie des pertes cruelles, il faut profiter des couverts, pour faire des haltes, et ne s'avancer qu'après avoir éteint en partie les feux de l'artillerie opposée, par les feux directs ou courbes des batteries dont on dispose. Ajoutons qu'on abuse généralement, dans l'offensive, de l'attaque des villages et des positions dominantes, en ce sens qu'on attache à leur occupation une importance exagérée, qu'on sacrifie trop de monde pour s'en emparer. Dans un grand nombre de circonstances où l'on engage, à cet effet, des luttes acharnées, où l'on subit des pertes considérables, on pourrait éviter les unes et les autres, en enfonçant la ligne ennemie sur un point voisin de celui dont on veut se rendre maître, et faisant tomber celui-ci en le tournant.

Relativement aux formations à adopter pour l'infanterie, dans son emploi avec l'artillerie, il y a à faire les remarques suivantes. Les extrémités de la ligne d'attaque devant pouvoir être opportunément secourues, en cas de besoin, il importe que cette ligne n'ait pas un développement trop considérable. Il convient donc d'éviter les ordres en lignes déployées et de choisir, au contraire, des ordres d'une certaine profondeur, comme ceux qui se composent de lignes de bataillons, ployés en colonnes par division, ou formant des carrés en échiquier, de manière à se flanquer les uns les autres.

Dans tous les cas susmentionnés, l'infanterie doit être considérée comme l'arme principale et l'artillerie comme l'arme de soutien. Indiquons de quelle façon la première doit se prêter à l'appui de la seconde et comment doit être fait l'emploi des deux, quand le contraire arrive, quand il s'agit de mettre à l'abri de coups de main, les batteries de position, ou celles qui, dans un intérêt déterminé, s'écartent en marchant du gros de l'armée.

Supposons une batterie de huit pièces, occupant une position dominante, avec un bataillon de 760 à 800 hommes, pour la soutenir.

D'abord, les pièces se trouvant placées à une quinzaine de mètres d'intervalle les unes des autres, avec les avant-trains dans leur prolongement et à six mètres en arrière, les caissons serreront sur les derniers, puis tourneront à gauche, de manière à venir se mettre en travers des intervalles précités. Les caissons de la huitième pièce se placeront à côté et à gauche de son avant-train. Les chevaux de derrière des caissons seront à leur place, mais dételés, afin que dans un mouvement de frayeur, ils ne puissent pas déranger les voitures et donner accès à l'ennemi par le revers de la batterie.

Cela posé, dans l'intérieur du carré, formé comme il vient d'être dit, en arrière des pièces et vis-à-vis de leurs intervalles, se tiendront des pelotons de vingt-quatre files sur trois rangs, prêts à les défendre. Derrière eux en seront placés d'autres, de vingt-quatre hommes seulement, destinés suivant les besoins à secourir les premiers, ou à défendre la batterie par le revers. Deux pelotons d'une trentaine d'hommes, chacun, garderont les intervalles de six mètres, qui pourraient donner accès par les côtés. Enfin, les vingt à trente hommes qui resteront, formeront une petite réserve qu'on placera au centre de la batterie, à égale portée de tous ses points.

Supposons encore une batterie de huit pièces, en colonne par batterie de quatre, s'avançant avec un bataillon d'infanterie pour soutien, sur un terrain où l'on a à craindre des surprises. Le bataillon sera partagé en divisions qui marcheront, formées en carrés, sur les flancs de la colonne, deux en avant et deux en arrière. Voici les dispositions qu'on prendra, aussitôt qu'on verra se dessiner une attaque :

Les pièces qui marcheront en tête se mettront en batterie, pour faire *feu en avant :* les caissons serreront sur les avant-trains et se mettront en travers des intervalles, comme dans le cas précédent. Ceux de la quatrième pièce viendront se placer à côté et à gauche de son avant-train.

La seconde batterie prendra, pour faire *feu en arrière*, une disposition semblable à celle de la première, et telle que les caissons des deux déterminent, en barrant les intervalles des pièces, deux lignes parallèles, ayant entre elles une distance de six mètres.

Les caissons de la quatrième pièce se placeront à côté et à droite de son avant-train.

L'ensemble des bouches à feu et des voitures

qui les suivent formera ainsi un carré parfait, d'environ 35 mètres de base, pouvant se défendre avec quatre pièces en avant et en arrière et avec deux pièces de chaque côté. Pour obtenir un tir latéral, il suffira de faire exécuter des quarts de conversion aux pièces extrêmes des batteries, ce qui ne pourra gêner l'emploi des autres, si l'on conserve entre deux voisines des intervalles d'une quinzaine de mètres. Les carrés d'infanterie seront formés au dehors des angles du carré de matériel, les faces parallèles à celles de ce dernier, à des distances de 25 à 30 mètres, de manière que l'artillerie puisse faire feu des quatre côtés, sans blesser les hommes.

Les dispositions que nous venons d'indiquer sont fort simples, peuvent être prises avec une grande promptitude, et c'est là un point essentiel, quand il s'agit de parer aux surpises de l'ennemi sur un champ de bataille.

En résumé, la propriété commune dont jouissent l'infanterie et l'artillerie d'être toutes deux également propres à l'offensive, fait que leur emploi combiné est susceptible d'y donner de fort bons résultats, et forme, comme nous l'avons dit, la base de la lutte dans les combats et dans les batailles. S'il existait entre les mobilités de ces armes la même harmonie qui existe entre les puissances de leurs effets, on pourrait affirmer qu'en elles réside toute la force agissante qu'il est possible de produire. Malheureusement, il n'en est pas ainsi, et leur action simultanée, trop lente pour causer au loin de ces événemens subits, inattendus, qui décident si souvent les affaires, se borne en général à soutenir convenablement les luttes progressives, engagées pied à pied. A la vérité, il est bien possible en se servant, comme nous l'avons recommandé, d'infanterie extrà-mobile, de produire sous le rapport signalé des effets recommandables, à des distances de trois ou quatre lieues; mais ces effets n'auront jamais ni la rapidité ni l'étendue de ceux qu'on produira par l'emploi combiné de l'artillerie et de la cavalerie.

Dans la défensive, où d'ailleurs l'action d'ensemble de l'infanterie et de l'artillerie s'exerce d'une manière analogue à celle que nous venons d'exposer, l'inconvénient signalé n'a pas la même gravité, et ladite action procure des chances plus grandes de satisfaire à tous les besoins, de procurer un entier succès, que dans l'offensive; cela résulte de ce qu'attendant l'ennemi et le voyant venir, on a à la fois plus de loisir et de facilités pour prévenir ses desseins, pour faire naître, dans un temps limité, une combinaison inusitée qui le surprenne au dépourvu, et procure en définitive la victoire. Ainsi, rien ne s'oppose à ce qu'avec de l'infanterie et de l'artillerie habilement conduites, on obtienne un avantage pareil à celui qu'obtint à Marengo la division Desaix, et qui décida de la journée. En effet, la cavalerie de Kellermann, qui contribua puissamment au succès, aurait pu sans grand désavantage être remplacée par de l'infanterie très mobile qui serait tombée, au pas de course, sur le flanc de la grande colonne autrichienne, en marche sur la route de Tortone. Rien ne s'oppose non plus, et cet exemple est plus frappant encore que le précédent, à ce que l'emploi exclusif, et bien entendu des armes désignées procure sur un vaste champ de bataille, un succès semblable à celui de Hohenlinden.

Quoi qu'il en soit et quelque grands que puissent être, dans la défensive, les avantages de l'emploi combiné dont nous nous occupons, il est manifeste qu'à une armée exclusivement composée d'infanterie et d'artillerie, il manquera toujours quelque chose de fort important : il manquera le moyen de recueillir intégralement dans une poursuite active et rapide de l'ennemi battu, les fruits d'une victoire ; car ce moyen, à moins de circonstances exceptionnelles, l'usage de la cavalerie peut seule le procurer. Quand on n'aura pas de troupes à cheval et qu'on voudra les suppléer le mieux ou le moins imparfaitement possible par de l'infanterie, on choisira, comme on l'a dit plus haut, celle-ci parmi la plus mobile, la plus exercée à manœuvrer au pas de course, et on la débarrassera momentanément de ses havresacs. On se rappelle que dans l'organisation d'une armée, nous avons pourvu aux besoins qu'entraine cette mesure, en réservant, pour l'éventualité rare que nous venons de signaler, un certain nombre de voitures vides dans les équipages.

PARAGRAPHE II.

Emploi de l'artillerie avec la cavalerie.

La cavalerie étant, comme il a été dit et prouvé, impropre à la défensive pure, et l'artillerie ne pouvant non plus se protéger par elle-même, il en résulte que l'emploi combiné des deux armes ne saurait donner de bons résultats, dans la défense passive des positions qu'on a intérêt à garder contre les entreprises de l'ennemi. Les choses changent dans les cas où il faut marcher à la rencontre des forces opposées, et dans ceux où la nature et l'étendue d'un terrain à défendre permettent d'exécuter des mouvemens offensifs avec des troupes à cheval; en un mot, dans les circonstances qui se prêtent à la défensive-offensive. Toutefois, pour qu'on puisse lutter, dans ces dernières, avec de bonnes chances de succès, il convient que la position à garder présente des accidens de terrain, derrière lesquels la cavalerie puisse s'abriter contre les feux, jusqu'au moment de charger.

Le véritable rôle de l'artillerie et de la cavalerie, unies ensemble pour une action commune, c'est de porter rapidement un renfort efficace sur un point compromis, ou sur un point où il importe d'enlever un succès qui se balance; c'est de produire subitement un de ces événemens imprévus et décisifs dont nous avons parlé si souvent et dont nous parlons encore : on ne saurait, en effet, trop y insister; on ne saurait trop répéter que l'étonnement, l'émotion que ces événemens causent à l'adversaire, le temps qu'ils lui font perdre en hésitations, en ordres et contre-ordres en opposition avec les instructions primitives, et que souvent on interprète de travers, on ne saurait trop répéter que tous ces motifs réunis assurent presque toujours la victoire. Le rôle indiqué consiste encore à poursuivre activement et vigoureusement un avantage obtenu, de manière à en tirer tout le fruit possible : ainsi, lorsqu'après un échec l'ennemi abandonne le champ de bataille, mais sans être en déroute, en conservant encore assez de moral, pour qu'il soit imprudent de le poursuivre avec de la cavalerie seule, des escadrons de troupes à cheval et des pièces d'artillerie légère bien conduits pourront recueillir de nombreux trophées.

Quoi qu'il en soit des services que peut rendre le concours de l'artillerie et de la cavalerie pour le gain des batailles, il est à remarquer que même dans l'offensive et dans le terrain le plus favorable, il faut adjoindre à ces armes une certaine quantité d'infanterie, pour assurer un succès complet. En effet, un corps qui ne serait exclusivement composé que d'elles seules, ne pourrait d'abord que très difficilement causer des surprises, frapper des coups à l'improviste, parce que l'adversaire ne tarderait pas à reconnaître chez lui l'absence d'infanterie, et prendrait ses mesures en conséquence, en réglant son ordre de combat. En outre, la cavalerie ne pouvant généralement réussir dans des attaques de front, que contre des troupes sans consistance ou ébranlées par les feux, il en résulte que pendant le temps nécessaire pour préparer son succès, elle essuyerait, dans la plupart des cas, des pertes cruelles, de nature à compromettre fort ce dernier. Ce qu'il y a ordinairement de mieux à faire lorsque, disposant exclusivement de troupes à cheval et d'artillerie, on a à assaillir une formation offrant une sérieuse résistance, c'est de brusquer l'attaque; c'est de se porter rapidement à petite distance, de 500 à 400 mètres, de l'ennemi, de le mitrailler de manière à l'ébranler, puis de lancer directement sur lui une partie de la cavalerie, pendant qu'une autre partie cherche à tomber sur ses flancs et sur ses derrières, pendant qu'une troisième reste en réserve pour défendre les pièces.

Quant au mode de l'emploi combiné dont nous nous occupons, le meilleur, soit que l'une ou l'autre des deux armes prédomine, soit qu'elles se trouvent en quantités proportionnelles à leurs effectifs, le meilleur consiste, pour ainsi dire exclusivement, dans les deux points que voici :

Masquer l'artillerie derrière les troupes à cheval,

jusqu'au moment où elle doit entrer en action;

Disposer celles-ci dans les manœuvres, de façon qu'après avoir démasqué les pièces, elles soient le mieux placées pour pouvoir, suivant leur nombre, d'abord, protéger ces pièces; puis, fournir, soit une charge directe, soit une charge de flanc ou de revers, soit simultanément deux de ces charges.

Or, les ordres de combat qui, dans un cas donné, permettent de satisfaire à ces conditions, sont en nombre assez restreint, pour que le choix entre eux ne soit pas bien embarrassant.

En effet, d'abord l'artillerie devant être protégée pendant l'exécution de la charge, il est naturel que les troupes qui marchent devant elle et qui doivent la démasquer, au moment opportun, par des conversions à droite et à gauche, viennent se reformer derrière elle, pour lui servir ensuite de soutien. Une division de deux escadrons déployée peut couvrir huit pièces marchant en bataille, avec les intervalles convenables, et il est permis d'admettre que cette force est suffisante pour protéger la batterie, d'autant plus que les chevaux de réserve restent naturellement avec elle, jusqu'à ce que le besoin de leur emploi se fasse sentir.

Cela posé, considérons une masse d'artillerie déployée ou en colonne, selon son importance et la nature du terrain, marchant à l'attaque derrière une division de cavalerie, et suivie elle-même, au cas où cette division serait insuffisante, des forces nécessaires pour la soutenir. Les dispositions des troupes pour les charges se prendront, suivant des modes analogues à ceux que nous avons indiqués ci-dessus, soit à droite, soit à gauche de la batterie, soit des deux côtés à la fois, si on veut placer, en tête, des divisions séparées par un intervalle d'une centaine de mètres.

Si l'on projette d'assaillir une des ailes de la ligne opposée ou une formation ayant peu d'étendue, et qu'après avoir occasionné du désordre par le tir, on veuille diriger simultanément une attaque de front et une attaque de flanc et de revers, il convient de former d'un côté des pièces, les troupes destinées à la première attaque, et de l'autre côté, celles destinées à la seconde. Il va sans dire que les troupes qui chargeront de front, se composeront, autant que possible, de grosse cavalerie, et que les autres seront prises dans la cavalerie légère.

Si l'on veut aborder l'ennemi par le flanc, après avoir tiré contre lui d'écharpe, et qu'avant d'agir, il y ait à exécuter un mouvement général de conversion, il faut, en prenant d'ailleurs en dehors de l'attaque les précautions nécessaires pour parer à ses dangers, il faut couvrir l'artillerie du côté de l'aile marchante. Or, ce soin se prend à l'aide d'une disposition de cavalerie, en colonne par peloton, ou même en colonne par quatre, laquelle disposition se modifie, quand l'artillerie est arrivée en place, conformément au mode favorable à l'attaque projetée.

Nous n'insisterons pas davantage sur le sujet de ce paragraphe, et nous allons dire quelques mots de l'emploi combiné de l'infanterie avec la cavalerie.

PARAGRAPHE III.

Emploi de l'infanterie avec la cavalerie.

La cavalerie étant, comme nous l'avons établi plusieurs fois, impropre à défendre les positions par elle-même, et l'infanterie ayant pour remplir cet objet un effet qui, bien que puissant, ne peut s'exercer que de près, il en résulte que contre un adversaire possédant, avec de l'artillerie, les moyens de causer au loin de grands ravages, l'emploi exclusif des deux premières armes est généralement peu efficace, et a sur celui des trois réunies, une infériorité de nature à amener des revers.

Lorsque les circonstances obligent à lutter avec des chances aussi défavorables, il faut chercher à amoindrir les dangers de la situation, en tirant habilement partie du terrain, en couvrant les troupes par les plis qu'il présente, en faisant coucher à leurs rangs les fantassins trop exposés, jusqu'à ce que l'ennemi soit arrivé à 250 ou à 200 mètres de distance.

Il existe cependant un cas où, dans les conditions présentes, la défense d'une position peut s'opérer sans trop de désavantage. C'est lorsque cette position a des abords assez difficiles pour tenir hors de portée l'artillerie de campagne, et offre avec un développement convenable, une nature de terrain propice à l'emploi de la cavalerie : Ainsi, par exemple, un vaste plateau situé au sommet d'une montagne qui n'a pas, sur ses flancs, de chemins praticables aux voitures.

Dans l'offensive, l'emploi exclusif de l'infanterie et de la cavalerie est susceptible de donner aussi de bons résultats avec des troupes aguerries; mais il faut pour cela l'effectuer d'une façon particulière. Il faut abréger les préliminaires de l'attaque; franchir rapidement les distances où les feux de l'artillerie ont seuls de l'efficacité et causent de nombreux ravages; brusquer, enfin, l'attaque à la baïonnette ainsi que les charges de cavalerie; tout cela, de la façon la plus avantageuse, de manière à subir le moins de pertes et à produire à la fois soi-même le plus grand effet matériel et moral. Dans ce but, les dispositions de combat ayant été prises hors de portée du canon, les troupes d'infanterie s'avancent aussi rapidement que possible, en profitant pour se couvrir des accidens, des sinuosités du terrain, et ne s'arrêtant que quand cela est indispensable pour rétablir l'ordre et les alignemens perdus. Elles sont précédées par un grand nombre d'adroits et hardis tirailleurs qui s'approchent au pas de course, engagent un feu vif, à bonne portée de fusil, et cherchent à ébranler le moral de l'ennemi en lui causant de sensibles dommages. La cavalerie les suit à deux cents ou trois cents mètres en arrière, principalement sur les flancs. Si des batteries, occasionnant des pertes cruelles, se trouvent aventurées loin de secours prompts et efficaces, on lance contre elles, au pas de course, des fantassins débarrassés de leurs sacs, ou mieux encore des escadrons de cavalerie, lorsque le terrain ne s'y oppose pas. En tout cas, arrivée à deux cents ou à cent cinquante mètres de la ligne opposée, l'infanterie prend le pas de charge et se précipite sur elle à la baïonnette. La cavalerie alors, dont les effets sont hasardeux dans les charges directes contre des troupes non ébranlées, s'avance rapidement et cherche à seconder l'attaque de front, par des attaques de flanc et de revers.

Tel est le mode qui offre, d'ordinaire, le plus de bonnes chances, dans l'emploi simultané de l'infanterie et de la cavalerie. Il réussit souvent avec des troupes qui ont l'ascendant des armes, par le fait de sa rapidité et de sa hardiesse, qui produisent chez l'ennemi la surprise et la démoralisation. Il est de règle générale, dans toutes les entreprises périlleuses, de brusquer l'exécution, autant pour prendre l'adversaire au dépourvu, que pour empêcher la réflexion de venir parmi les troupes qui vont braver un danger imminent. Observons que l'usage des fusils à longue portée et à grande justesse, récemment inventés en France, est de nature à accroître considérablement les effets de l'emploi combiné et exclusif de l'infanterie et de la cavalerie.

Terminons enfin ce chapitre par l'examen de l'emploi simultané des trois armes, emploi qui est à la fois le plus efficace et le plus usité sur les champs de bataille.

PARAGRAPHE IV.

Emploi simultané des trois armes.

Ce que nous avons dit des propriétés particulières des trois armes et des ressources qu'elles présentent, considérées deux à deux, indique naturellement les moyens de les employer avantageusement toutes les trois ensemble. En thèse générale, il faut agir de façon à produire, à la fois, le plus grand effet matériel et le plus grand effet moral.

Or, nous l'avons établi, dans un précédent volume, les moyens principaux d'arriver à un pareil résultat consistent : soit à enfoncer l'ennemi au centre d'une partie attaquée, de manière à en isoler les deux fractions; soit à le surprendre par une attaque à laquelle il n'est pas en mesure de résister; soit, enfin, à l'assaillir sur ses flancs ou sur ses derrières.

D'après cela, les combinaisons que peut offrir l'emploi des trois armes, dans des proportions déterminées pour chacune, ne sauraient être bien nombreuses.

En effet, s'agit-il d'assaillir vigoureusement, mais méthodiquement et progressivement, le centre d'une ligne, sans rechercher une surprise qui présente toujours des difficultés et des dangers? il n'y a pas d'autre façon de procéder, pour l'infanterie et l'artillerie, que celle indiquée à propos de leur emploi simultané et exclusif. Quant à la cavalerie, son rôle, sauf l'enlèvement de batteries qui se trouveraient imprudemment aventurées, ne peut être d'abord que de protéger la marche et les progrès des deux autres armes, en couvrant leurs flancs. Lorsque l'infanterie exécute sa charge à la baïonnette, ledit rôle alors devient plus important et plus varié. Il consiste à seconder cette charge directe par des charges de flanc et de revers, à rallier l'infanterie ou à la remplacer en cas d'échec, et en cas de succès, à poursuivre vivement les avantages obtenus par elle.

Veut-on dans une attaque centrale essayer d'occasionner, jusqu'à un certain point, une surprise? Il n'y a guère qu'un moyen de réussir : c'est de brusquer l'attaque; de faire avancer rapidement la cavalerie; puis, derrière elle, l'artillerie suivie elle-même par l'infanterie, au pas de course. Dans ce cas, l'artillerie subitement démasquée ouvre un feu vif à mitraille; après ce feu, la cavalerie charge, soutenue par l'infanterie qui la suit, le plus vite possible, pour la rallier au besoin, ou pour achever sa tache imparfaitement remplie.

S'agit-il d'assaillir une aile de la ligne opposée, et veut-on chercher à surprendre l'ennemi sur le côté, ou par derrière? Il faut, comme dans le cas précédent, opérer avec une grande rapidité, et en outre, se résigner nécessairement à aventurer la partie de la cavalerie, destinée à l'attaque de flanq ou de revers. Enfin, il convient d'adopter pour l'infanterie, plus exposée aussi que dans ledit cas, une formation en carrés ou en petites colonnes de bataillons, par division, qui la protége mieux contre les contre-attaques.

Dans la défensive, la base de la défense repose primitivement sur les feux. L'infanterie et l'artillerie sont donc disposées pour en fournir le plus possible d'utiles, tout en présentant une formation qui ait une consistance convenable. Alors, le rôle de la cavalerie consiste principalement à tomber sur les flancs de l'adversaire, pendant qu'il se porte en avant, et à l'assaillir de front, lorsque les feux sont parvenus à arrêter sa marche, ou à l'ébranler fortement.

En résumé, les difficultés de l'emploi simultané des trois armes consistent, d'abord, à fixer les quantités de chacune qui doivent être employées, sur chaque point important du champ de bataille; en entendant par là, non pas les trois parties principales de la ligne, mais bien les neuf parties qui correspondent aux milieux et aux extrémités des trois corps du centre et des ailes. Les difficultés consistent, ensuite, à déterminer les divers ordres combinés, dans lesquels les trois armes se prêteront mutuellement le secours le plus efficace, et produiront le plus grand résultat final. Or, si ces dernières difficultés ne sont pas bien graves, en raison du petit nombre de combinaisons propres à remplir un but donné, il n'en est pas de même des premières, qui participent naturellement de celles que présente le choix des meilleurs objectifs. Dans tous les cas, on ne saurait donner de préceptes positifs et fixes pour surmonter les unes ou les autres. C'est dans son tact, dans son habileté à le faire que se manifestent le talent en tactique, le génie militaire d'un chef d'armée.

CHAPITRE VI.

DES MARCHES.

La science des marches consiste, pour un général en chef, à faire mouvoir ses corps d'armée, pour les commandans des corps d'armée, à faire mouvoir leurs divisions, de manière que ces élémens s'appuyent le mieux les uns les autres, concourent avec le plus d'ensemble à remplir le but commun, et s'avancent, au besoin, avec la plus grande rapidité qu'il soit possible d'atteindre, sans exposer les troupes à des fatigues qu'elles ne sauraient supporter.

Sans offrir des difficultés qu'on puisse réputer excessives, cette science, qui est de l'importance la plus haute, exige, dans la pratique, des soins si minutieux, des précautions si nombreuses, un esprit d'observation si étendu, si sûr, et, on peut dire, si positif, qu'il est fort rare de la rencontrer à un degré éminent parmi les chefs chargés de diriger les armées. Dans les derniers temps, Napoléon est le seul homme de guerre qui l'ait possédée d'une façon complète. L'archiduc Charles, qui en comprend parfaitement les grands principes, n'en apprécie pas bien tous les détails : il l'applique parfois avec habileté et profit, mais parfois aussi ne sait pas le faire, comme nous en avons vu la preuve dans la campagne du Tagliamento, en 1797. Moreau semble l'ignorer tout à fait, bien qu'il soit incontestablement un général d'un talent plus qu'ordinaire.

Essayons d'en exposer succinctement les règles principales et d'établir les conditions les plus importantes à remplir dans leur application. Il va sans dire que, laissant de côté les marches-manœuvres du champ de bataille, nous ne nous occuperons que des marches de route, exécutées à une certaine distance de l'ennemi, ou dans lesquelles, du moins, on ne saurait être surpris à l'improviste.

D'abord, lorsqu'il s'agit de combiner des marches sur un vaste théâtre de guerre, de manière à imprimer une bonne direction d'ensemble à des corps d'armée devant concourir à un même but, le chef qui coordonne les mouvemens n'a pas, en général, à entrer dans les opérations de détails. A moins qu'il ne soit très pressé par le temps pour la marche de l'un ou de plusieurs de ses corps, il peut se borner à assigner à ses lieutenans les directions à suivre, et les époques précises auxquelles ils faut qu'ils arrivent à certains points principaux, indiqués comme jalons. Ces époques, qu'il importe de ne pas dépasser et de ne pas devancer, pour maintenir l'ensemble dans les mouvemens, sont d'ailleurs fixées, en évaluant les étapes à une longueur modérée de six à sept lieues par jour.

Lorsque les circonstances sont pressantes et exigent qu'on agisse d'un côté ou d'un autre, avec une grande rapidité, le généralissime doit embrasser à la fois l'ensemble et les détails, spécifier plus particulièrement les choses, prescrire au besoin à chacun la tâche de chaque jour, et donner ses instructions de façon que ses lieutenans n'évitent pas de les suivre, sous des prétextes mal fondés; il doit, autant que possible, prévoir les empêchemens qui peuvent naître, soit de la nature du terrain, soit de la résistance de l'ennemi, soit de toute autre cause, et indiquer les moyens de les lever; il doit, en un mot, entrer dans les rôles de ses chefs de corps d'armée, qui sont ordinairement plus compliqués et plus difficiles que le sien. Voyons de quelle manière ces rôles peuvent être convenablement remplis.

Comme nous l'avons dit plus haut, un corps d'armée se compose de deux parties distinctes: d'abord, d'une partie qui combat et comprend une division du centre, deux divisions des ailes, une division de réserve, et une réserve particulière d'artillerie; ensuite, d'une partie qui ne combat pas et forme le parc. La division de réserve destinée à renforcer, suivant les besoins, une quelconque des trois autres, et devant, par conséquent, se tenir à portée de toutes, marche généralement à peu de distance, en arrière de celle du centre, et est, elle-même, suivie de près par le parc, ou par la plus grande partie de celui-ci, en tête duquel marche la réserve particulière d'artillerie.

Cela posé, pour que la marche de tous les élémens que nous venons de citer s'effectue de la manière la plus parfaite, il faut manifestement satisfaire aux conditions suivantes :

1° Faire marcher les trois divisions de la ligne de bataille, à hauteur les unes des autres, surtout quand on approche de l'ennemi, de telle sorte qu'en les arrêtant à un moment quelconque, elles présentent un front qui puisse être promptement préparé au combat;

2° Régler dans chacune d'elles l'ordre des troupes, de façon que la marche s'effectue le plus promptement possible, sans fatigue, et que l'on puisse aussi prendre rapidement les dispositions de combat, si cela devient nécessaire.

3° Fixer sur la ligne parcourue par la division du centre, la distance entre celle-ci et la division de réserve, puis la distance entre cette dernière et le parc, de manière que ces trois élémens soient le plus près les uns des autres, sans se gêner réciproquement, sans fatiguer inutilement les hommes et les chevaux;

4° Régler dans la division de réserve l'ordre des troupes, et dans le parc l'ordre des équipages, de telle sorte que la marche s'y effectue aussi le plus rapidement possible, et que la première puisse avec une égale efficacité, soit apporter des secours en arrière, soit envoyer des secours en avant;

5° Enfin, régler les heures de départ du bivouac, des repas, des haltes en route, etc., de manière qu'elles se prêtent le mieux au repos des troupes, à la régularité de leur hygiène et, en général, à tous les soins qui contribuent à les entretenir.

Pour remplir la première condition, il faut d'abord faire une reconnaissance très exacte et très détaillée du terrain qui existe entre le front d'où l'on part et celui que l'on veut atteindre. La reconnaissance faite, on détermine, entre les deux fronts, la ligne de plus courte distance ou plutôt de plus rapide parcours pour la division du centre, en choisissant autant que possible des grandes routes, que puissent suivre sans trop de fatigue, ni trop de lenteur, les équipages qui se trouvent en arrière. On agit de même pour les divisions des ailes, en traçant leurs lignes de plus rapide parcours, parallèlement à la précédente ou à peu près, mais sans s'astreindre à ne suivre que des chemins bien frayés, et en se bornant à faire passer lesdites lignes, par les points où les cours d'eau sont guéables, ou présentent des ponts pour le passage. Une marche s'effectue fort bien à travers des terrains de labour ou autres, qui ne sont pas suivis d'habitude; seulement, les troupes qui l'ouvrent éprouvent plus de peines, et il convient de les changer chaque jour. Les pièces et les caissons de l'artillerie parcourent sans difficultés les terrains en question. Les voitures des équipages, plus lourdes et plus chargées, le font moins facilement; aussi faut-il, comme nous l'avons établi, en faire cheminer la plus grande partie, sinon la totalité, sur les grandes routes choisies pour la division du centre.

Cela posé, cette division ainsi que les divisions des ailes quittent le bivouac de bon matin, de manière à arriver en même temps et avant la nuit, aux étapes qui leur ont été assignées pour chaque jour. À cet effet, les dernières partent ordinairement une heure ou deux heures avant l'autre, suivant la nature du terrain qu'elles ont à parcourir. Tous les soirs, quand elles sont arrivées à leur destination, les différentes colonnes se préviennent, au moyen de petites fusées, susceptibles d'être lancées simplement avec des fusils. Pendant qu'elles sont en marche, elles se préviennent également de leurs progrès respectifs, lorsque cela est nécessaire, quand, par exemple, on s'attend à rencontrer l'ennemi. Le gros des équipages, comme il a été dit, se trouve au parc et suit de bonnes routes frayées, généralement en arrière de la division du centre; mais, il convient que chaque division emmène avec elle, une vingtaine ou une trentaine de voitures, jugées les plus utiles, d'après les besoins présumés, renfermant des tentes d'ambulance, des instrumens et des médicamens pour les premiers pansemens, pour le traitement des maladies à leur début, etc.

En prenant les soins et les précautions que nous venons d'indiquer, on se procure les meilleures chances de mettre l'ensemble nécessaire dans la marche des trois divisions d'un corps d'armée, destinées à former sa ligne de bataille.

Pour remplir la seconde condition, il y a à distinguer deux cas : celui où l'on se trouve loin de l'ennemi et où l'on ne saurait le rencontrer, celui où l'on s'approche de lui et où il importe de pouvoir le combattre, sans délai ni grands préparatifs.

Dans le premier cas, il n'y a que trois choses à faire, savoir : disposer les troupes dans l'ordre de route, suivant leur degré de mobilité, de façon qu'en les menant convenablement, aucune espèce n'arrête ni ne retarde la marche de la suivante; veiller à ce que chaque espèce avance avec la vitesse qu'elle peut prendre sans inconvénient, et ne forme pas une colonne trop allongée; régler la longueur des étapes, de manière que les fatigues en soient supportées, sans préjudice pour la santé des hommes et des chevaux.

On satisfait au premier point, en faisant marcher la cavalerie en tête de colonne, en plaçant après elle l'artillerie, en faisant suivre cette dernière par l'infanterie, enfin, en fermant la marche par les voitures des équipages.

Relativement au second point, il y a à faire les observations suivantes :

Quand une colonne d'infanterie, de cavalerie, d'artillerie ou de voitures d'équipages se trouve en route, il y a généralement deux parties qui forcent l'allure : la tête qui marche trop vite parce qu'elle n'a devant elle rien qui la gêne; et la queue, qui allonge le pas, pour ne point se trouver isolée. Entre ces deux parties, et par suite de négligences ou d'accidens indépendans de la volonté, les distances primitives se perdent et finissent par produire un allongement considérable. Pour restreindre cet allongement dans de raisonnables limites, pour faire qu'il ne devienne pas préjudiciable et dangereux, il faut naturellement profiter des haltes de la route. Or, le moyen que l'on emploie habituellement et qui consiste à rapprocher, à chaque halte, les divers élémens de la colonne aux distances voulues, ce moyen est défectueux : en effet, d'abord il est impuissant à empêcher le mal, puisqu'il se borne à remettre les choses dans le même état qu'au point de départ; ensuite, il a le défaut de ne pas permettre aux troupes qui se trouvent à la queue de se reposer tranquillement, par le fait qu'elles voient la tête déjà en mouvement, au moment où elles s'arrêtent. Pour remplir le mieux le but que l'on veut atteindre, il convient de fractionner la grande colonne en un certain nombre de petites, soit par deux ou trois bataillons, soit par quatre ou cinq escadrons, soit par vingt ou trente voitures, suivant les circonstances, et de faire marcher ces colonnes partielles pour leur propre compte, de manière qu'elles partent et s'arrêtent toutes en même temps, puis se rallient, à chaque halte, sur leur propre tête et non sur celle de la colonne générale. En agissant ainsi, on favorise effectivement le repos dans les haltes; on multiplie les parties qui, comme nous venons de le dire, sont portées à prendre une allure vive, et on se place, par conséquent, dans les conditions les plus favorables, pour empêcher l'allongement et accélérer la marche.

On satisfait enfin au troisième point, en ayant égard aux données d'expérience que voici :

Un fantassin équipé en guerre, portant ses armes, ses munitions et au besoin trois ou quatre jours de vivres, peut faire sur de bonnes routes, sept à huit lieues par jour, pendant toute la durée d'une campagne. Dans de mauvais chemins, à travers des terrains de labour ou autres non frayés, il n'en fait que cinq ou six.

S'il s'agit d'une expédition qui n'exige qu'un petit nombre de journées de marche, le même homme, en lui donnant s'il le faut un supplément de nourriture, fera dix à douze lieues par jour, dans de bons chemins, et sept à huit, dans les terrains accidentés et mauvais. Enfin, s'il ne s'agit que d'un seul jour de marche, il pourra au besoin faire quinze lieues. Si même, alors, son moral est exalté par le succès ou par le désir de venger un revers, il lui suffira de cinq ou six heures de repos pour être prêt à combattre.

Dans les circonstances précitées, une lieue de quatre kilomètres sera parcourue moyennement en quarante ou quarante-cinq minutes, sur une grande route, et dans une journée de huit heures de marche : il faudra compter cinq minutes de plus, par heure, si la journée doit en comprendre douze. Dans de mauvais terrains, de labour ou autres, il ne sera guère possible de parcourir plus d'une lieue métrique en une heure. Dans tous les cas, il conviendra de faire, toutes les heures, une halte de cinq minutes; et vers le milieu de l'étape, un grand repos, pendant lequel les troupes prendront le repas du matin.

Relativement à la cavalerie et à l'artillerie, on peut établir, sans grande erreur, qu'elles seraient capables de faire, dans le même temps, des étapes d'un tiers ou d'un quart plus fortes que celles de l'infanterie, interrompues d'ailleurs par les mêmes haltes et les mêmes repos. Il n'en est pas de même des voitures d'équipages qui, en raison de la pesanteur et du peu de commodité de leur chargement, sont, au plus, susceptibles de parcourir journellement d'aussi longs trajets que l'infanterie, et mettent moyennement un quart en sus du temps que met celle-ci à les faire.

Lorsqu'une marche s'effectue à proximité de

l'ennemi, il faut naturellement prendre pour la route, des dispositions qui permettent de passer rapidement à celles de combat. Dans ce cas, et eu égard à ce qui a été dit de ces dernières, il convient de régler, ainsi qu'il suit, l'ordre des troupes, dans une division du centre ou des ailes : cette division se compose, comme on l'a vu, de six bataillons d'infanterie ayant, chacun, une compagnie extra-mobile, d'un régiment de cavalerie de six escadrons, plus d'un escadron d'éclaireurs, de quatre batteries d'artillerie de campagne, de deux batteries de fusées à la congrève, d'un petit équipage de pont de six bateaux, d'une demi-compagnie du génie, munie d'outils et de quelques approvisionnemens de mines; enfin, d'une trentaine de voitures d'équipages :

1° L'escadron d'éclaireurs, répandu en avant de la colonne, sur ses flancs et en arrière, pour éclairer la marche de tous les côtés;

2° Le régiment de cavalerie, prêt d'ailleurs à marcher sur les flancs de la colonne, si le terrain le permet; prêt aussi à laisser passer devant lui l'artillerie et l'infanterie, au premier signal de la présence de l'ennemi, ou si l'on a à traverser un défilé d'une grande longueur, dans lequel il est possible qu'on soit attaqué;

3° La demi-compagnie du génie, avec les outils nécessaires pour applanir les difficultés de la route, d'après les reconnaissances faites du terrain;

4° Les six compagnies d'infanterie extra-mobiles;

5° Une batterie de 8 et une batterie de 12 de campagne, comprenant huit pièces et trente-deux voitures;

6° Le petit équipage de pont de six bateaux, accompagné par le détachement de pontonniers, et une voiture d'outils et d'approvisionnemens de mines pour le génie (1);

7° Quatre bataillons d'infanterie, moins les compagnies extra-mobiles;

8° Les deux batteries de fusées à la congrève;

9° Les voitures d'équipages;

10° Les deux batteries de 8 restantes;

11° Enfin, les deux bataillons d'infanterie restans, moins les compagnies extra-mobiles.

Relativement à la troisième des conditions générales, énoncées ci-dessus, il est à remarquer qu'en adoptant les dispositions qui viennent d'être indiquées, en veillant d'ailleurs aux soins recommandés pour la marche de chaque espèce de troupes, on obtient, pour la division du centre, non compris la distance qui la sépare de son avant-garde, une colonne de 2200 à 2400 mètres de longueur, les fantassins marchant par huit de

(1) Les parties ci-dessus désignées peuvent être détachées en avant-garde, à 1800 ou 2000 mètres en avant des autres; mais pour ne pas les compromettre, il convient de ne pas les aventurer plus au loin.

front, les cavaliers par quatre, et les voitures d'artillerie ou autres une par une. Il résulte de là qu'en faisant suivre la division de réserve à une lieue environ en arrière, en mettant la même distance entre elle et le parc, on doit remplir ladite condition d'une manière convenable.

Au sujet de la quatrième, on y satisfait : 1° En adoptant pour la division de réserve, un ordre de marche qui ne diffère du précédent, qu'en ce que la cavalerie se trouve placée à la queue de la colonne, pour être à portée de protéger le parc, en tête duquel marche, en général, la réserve d'artillerie ; 2° en divisant les équipages du parc, assez nombreux pour former une colonne d'une lieue et demie à une lieue trois quarts de longueur, en groupes de vingt à trente voitures, destinés, comme on vient de le dire, à marcher chacun pour son propre compte.

Pour remplir enfin la cinquième condition, il convient de se conformer habituellement aux dispositions suivantes :

Partir du bivouac de grand matin, à quatre heures au plus tard en été, à six heures au plus tard en hiver, de manière à arriver à l'étape d'assez bonne heure pour faire manger la soupe aux hommes, sans nuire à leur sommeil; de manière, aussi, à procurer convenablement la nourriture et le repos aux chevaux et aux bêtes de somme :

Avant le départ, en même temps que les animaux prennent le repas du matin, faire prendre aux hommes du café chaud et légèrement sucré, dans lequel ils peuvent tremper du pain ou du biscuit; rien n'est plus hygiénique que ce léger repas préparé en un quart-d'heure; rien n'est plus propre à les dégourdir et à les mettre en haleine :

Faire emporter à chaque homme une partie de sa portion de viande cuite la veille, pour le repas de la grande halte au milieu de l'étape; donner encore le café après ce repas, s'il fait froid ou humide;

Enfin, se maintenir, pour la longueur des étapes, dans les limites approximativement indiquées ci-dessus, de façon à ne pas exiger des hommes plus qu'ils ne sauraient faire.

Telles nous paraissent être les principales règles à suivre, les conditions les plus importantes à remplir, pour ordonner convenablement les marches des troupes en campagne. Les précautions à prendre sont nombreuses, les soins à apporter sont minutieux; mais on ne peut se dispenser des unes ni des autres, sans s'exposer à la chance d'éprouver des mécomptes et des déceptions. Les règles que nous avons indiquées pour l'hygiène, et dont l'observation est de la plus haute importance, sont empruntées à l'expérience de la guerre d'Afrique. Elles sont également bonnes pour tous les pays, pour tous les climats, et nous ne croyons pas qu'il soit possible d'en établir de meilleures. On se rappelle que c'est encore à cette longue et instructive expérience que nous avons puisé deux améliorations d'un grand intérêt, déjà signalées ailleurs, dont l'une se rapporte au mode de campement, à l'aide de petites tentes portées par les hommes, dont l'autre est relative à la fabrication du pain, au bivouac, avec le blé trouvé sur les lieux.

RÉSULTAT PROBABLE DE L'EMPLOI, A LA GUERRE, DES FUSÉES A LA CONGRÈVE ET DES FUSILS A TIGE.

Nous nous sommes suffisamment occupé dans les précédens volumes, de l'influence qu'ont sur les opérations de la guerre, la direction des bases et des lignes d'opérations, ainsi que la configuration des ordres de bataille. Pour satisfaire au programme tracé dans l'introduction de notre livre, il ne nous reste plus qu'à donner un aperçu général des modifications probables qu'amèneront, dans l'art de la tactique, les nouveaux et puissans moyens d'action que vient de conquérir l'artillerie: Nous voulons parler de l'emploi facile et n'offrant plus de dangers des fusées à la congrève, et de celui des fusils à tige.

Sous ce rapport, nous éprouvons, il faut en convenir, un assez grand embarras. En effet, des prévisions ne s'établissent que sur des événemens à venir, sur des résultats inconnus et problématiques. Lorsque les événemens sont arrivés, lorsqu'on a pu connaître et apprécier leurs résultats, les prévisions cessent pour faire place aux faits accomplis ; les leçons de l'expérience se traduisent en conclusions dont l'importance et la portée sont d'ailleurs en rapport avec l'intérêt et la sûreté de ces leçons elles-mêmes. Or, une guerre récente, qui fut assez longue, et assez meurtrière, celle des Hongrois contre les Autrichiens et les Russes, a dû donner des renseignemens concluans sur un des points qui nous occupent, à savoir, sur l'emploi des fusées à la congrève, fait en grand, dit-on, dans les armées impériales. Malheureusement, ces enseignemens ne se sont encore répandus que confus et vagues, et il est d'autant plus difficile d'asseoir un jugement sur les bruits qui ont attribué audit emploi les plus brillans effets, que ceux-ci n'ont pas empêché les Hongrois d'obtenir au début d'assez nombreux et beaux avantages. Nous ne pouvons donc, et c'est là le sujet de notre souci, qu'ajouter très peu de chose à ce que nous avons dit de la question, à propos de l'organisation des armées. Si une longue pratique démontre la grande efficacité des nouveaux moyens de destruction, il en résultera, surtout, qu'on diminuera dans les armées les quantités de l'artillerie ordinaire; qu'on augmentera celles de la cavalerie qui est l'arme la plus propre à enlever les batteries causant beaucoup de ravages; enfin, qu'on attachera plus d'importance aux retranchemens, aux villages, aux abris de toute espèce, derrière lesquels les fusées peuvent être tirées sans trop exposer leur fragile matériel, sans donner les embarras qu'occasionne le tir des canons.

Quant au degré précis des modifications à faire, l'expérience seule pourra le déterminer. Toutefois, il est permis d'affirmer qu'il y aura nécessairement des limites à l'importance et à l'étendue de ces modifications, par les raisons que voici :

D'abord, il n'est pas possible que des fusées lancées dans des tuyaux sans résistance, dont la bonne direction dépend moins d'un bon pointage, que de la composition homogène de leur matière, du tube qui renferme cette matière, de la baguette directrice, etc., il n'est pas possible que ces fusées aient une justesse comparable à celle des boulets et des obus, ni même un tir exempt d'anomalies.

En second lieu, si les batteries de fusées ont un matériel très simple, très facilement transportable, ce matériel est aussi excessivement fragile. Pour les mettre hors de service, pour les détruire, il n'est pas nécessaire d'employer les boulets : il suffit de la mitraille, des éclats de schrapnels et d'obus. Il est donc possible d'en avoir raison, en portant rapidement contre elles, à 600 ou à 500 mètres de distance, des batteries ordinaires pourvues de munitions convenables. Or, l'augmentation, dans les approvisionnemens, des coups à balles et à obus, ainsi que l'introduction des schrapnels seront, disons-le en passant, une conséquence naturelle de l'adoption des batteries de fusées.

Enfin, dans le cas où une batterie de fusées ravagerait trop cruellement des troupes sur la défensive, qui n'auraient pas les moyens de la contre-battre, ces troupes auraient la ressource de se coucher à plat ventre jusqu'à ce qu'on vînt à elles pour les charger, et nous ne voyons pas que cette précaution puisse entraîner de bien fâcheuses conséquences.

Relativement à l'emploi des fusils à tige, qui ont une portée et une justesse vraiment extraordinaires, nous ferons les observations suivantes :

Si ces fusils pouvaient être mis entre les mains de toutes les troupes, et qu'ils conservassent sur le champ de bataille, les qualités qu'on remarque en eux dans les exercices du champ de manœuvre, sans contredit, leur introduction dans les armées serait de nature à y causer une révolution complète; à faire supprimer, ou peu s'en faudrait, l'artillerie pour la guerre de campagne; à ne permettre d'employer la cavalerie que bardée, en quelque sorte, de fer, hommes et chevaux, comme au moyen-âge; enfin, à donner à l'infanterie une prépondérance énorme et, pour ainsi dire, la force exclusive dans les combats.

Mais, comme nous l'avons dit plus haut, il n'en saurait être ainsi, par des raisons de plus d'une espèce. D'abord, le bon tir du fusil exige, à la fois, une grande sûreté de coup d'œil et de main, une appréciation fort exacte des distances, en un mot, une habitude, une habileté et un sang-froid que ne peuvent réunir des troupes exposées aux feux de l'ennemi. Ensuite, les munitions de l'arme nouvelle sont beaucoup plus pesantes que celles du fusil ordinaire, et à quantité égale leur transport exigerait un nombre d'équipages notablement plus considérable. Il faut dire, encore, que le fusil à tige exigerait en campagne des réparations plus nombreuses, plus délicates que l'ancien, et que s'il formait l'armement exclusif d'une armée, il pourrait résulter de là des inconvéniens graves.

D'après tous ces motifs réunis, il convient de ne donner la nouvelle arme qu'à une partie restreinte de l'infanterie, à des hommes adroits, intelligens, agiles, employés principalement comme tirailleurs, et profitant des sinuosités du terrain, de tous les abris qu'ils rencontrent, pour se couvrir, pour tirer en sûreté.

Ce fait admis, les conséquences de l'emploi du fusil à tige en découlent et sont faciles à déduire. En effet, elles sont d'abord analogues à celles que nous venons d'indiquer pour l'usage des fusées, relativement à l'accroissement d'importance des retranchemens, des couverts de toute nature et des villages. Les armées, qui les premières auront adopté ledit emploi, en tireront des avantages qui pourront contribuer, dans une certaine mesure, à leur procurer la victoire. Lorsque l'usage se sera répandu partout, jusqu'au degré qu'il est raisonnable d'atteindre et de ne pas dépasser, la guerre de tirailleurs deviendra, dans les armées, plus active et plus importante. Les pertes éprouvées de part et d'autre seront plus considérables, principalement dans le personnel des corps, tels que l'état-major, l'artillerie, plus exposés à agir isolément, à des distances éloignées. Les affaires entamées par des luttes de tirailleurs à tirailleurs, contre lesquels l'artillerie serait peu efficace, contre lesquels la cavalerie se ferait décimer, sans bons résultats, les affaires s'engageront plus lentement au début, pour laisser éteindre les feux de ces tirailleurs; mais, elles se précipiteront ensuite vers le dénouement, pour exposer le moins longtemps les troupes aux feux des fusils à tige, partant, soit des lignes de bataille, soit des retranchemens à enlever. Quant aux conséquences de l'adoption des armes nouvelles, relativement aux proportions de l'artillerie et de la cavalerie, nous ne voyons pas qu'elles doivent modifier beaucoup les proportions actuelles.

En résumé, l'usage des fusées à la congrève et des fusils à tige est de nature à assurer de grands avantages aux armées qui seront les premières à l'introduire. Lorsque les puissances militaires l'auront successivement adopté et qu'il sera devenu général, il s'effectuera dans la tactique des modifications et des changemens assez notables. Ces modifications et ces changemens porteront, en partie, sur les proportions respectives des trois armes, diminueront l'importance relative et la quantité de l'artillerie existante, et substitueront à ce qu'on en aura supprimé une artillerie nouvelle; ils donneront plus d'utilité, plus d'extension au rôle de la cavalerie; ils augmenteront surtout la valeur des retranchemens, des villages, des abris de toute espèce, et rendront plus avantageux, plus fréquent, l'emploi de la fortification passagère; ils mettront, enfin, un grand poids dans la balance, en faveur des batailles défensives: mais, suivant des prévisions raisonnables, le progrès n'ira pas jusqu'à bouleverser complètement la tactique actuelle, jusqu'à renverser, entre les différentes armes, l'ordre des importances et des rôles; il respectera les principes généraux, les vérités, les règles de convenance que nous avons établies sur les propriétés particulières de ces armes et sur les moyens les plus avantageux de les employer, soit isolément, soit deux à deux, soit combinées toutes les trois ensemble.

FIN.

TABLE DES MATIÈRES DE LA TROISIÈME PARTIE.

CHAPITRE PREMIER.

ORGANISATION GÉNÉRALE DES ARMÉES.

CHAPITRE II.

DE L'ARTILLERIE.

CHAPITRE III.

DE L'INFANTERIE.

CHAPITRE IV.

DE LA CAVALERIE.

CHAPITRE V.

DE L'EMPLOI COMBINÉ DES TROIS ARMES.

CHAPITRE VI.

www.ingramcontent.com/pod-product-compliance
Lightning Source LLC
Chambersburg PA
CBHW050455270326
41927CB00009B/1760